平凡社新書
878

バッハ

「音楽の父」の素顔と生涯

加藤浩子
KATŌ HIROKO

HEIBONSHA

はじめに

バッハほど、ローカルな大作曲家はいないのではないだろうか。

そう思うに至ったのは、「バッハへの旅」と題した、バッハゆかりの地を訪ねる旅の案内役をつとめるようになってからである。

きっかけは西暦二〇〇〇年、バッハ没後二五〇年のアニバーサリーイヤーに『バッハへの旅』(東京書籍)という本を出したことだった。写真と文章でバッハが暮らした街を紹介する一冊だったが、それがきっかけで、ある旅行社からこれらの街を周遊するツアーに同行しないかというお話をいただいた。書名と同じ「バッハへの旅」というタイトルをつけたツアーの第一回に出たのが二〇〇〇年の三月。以来毎年必ず、多いときは複数回催行され、これまで通算三〇回近く、参加者は延べ八〇〇人に迫っている。

繰り返しバッハの街を訪ね歩くうちに痛切に感じるようになったのが、バッハと「土地」、そして「時代」との結びつきである。バッハが暮らした街は、旧東独地域のザクセン、テューリンゲンという地方にほぼ固まっているが、これはバッハがルター派の音楽家であり、また職人階級に属する「音楽家一族」の出だったためだった。同時代のドイツ人作曲家でも、この前提がなければまったく異なる人生を送る。たとえばゲオルク・フリードリヒ・ヘンデル（英語名ジョージ・フレデリック・ハンデル）はバッハもよく訪れたザクセンはハレの生まれだが、外科医の息子で音楽家一族のしがらみから自由だったのでイタリアを経てロンドンへ行き、オペラ、オラトリオの作曲家として活躍した。

バッハがルター派の教会音楽の作曲家であったことは、おそらくキリスト教への苦手意識もあって、日本の一部の音楽ファンの間ではそれほど意識されていないように感じる。だが本書のなかでも繰り返し触れるように、バッハの音楽の大半はルター派の礼拝のために書かれた。バッハがルター派でなければ、《マタイ受難曲》や《ヨハネ受難曲》は生まれなかった。

カンタータや受難曲が教会の暦である「教会暦」に従って作曲されていることも、知識として知ってはいても現地に行って礼拝のなかなどで体験してみないと実感しづらい。バッハの受難曲がキリストが受難したとされる聖金曜日（復活祭前の金曜日）の礼拝のために作曲されたことも、日本ではまだまだ知られていないように思う。極端に言えば、だから日本では一年中《マタイ受難曲》が上演されているのである。ほんらい「受難曲」は聖金曜日のある受難週に上演されるものであり、むやみやたらに演奏するものではない。バッハが後半生を過ごしたライプツィヒでは毎年六月に「バッハ・フェスティバル」が開催されているが、ファイナルコンサートには必ず《ロ短調ミサ曲》が上演される。これは《ロ短調》がバッハの集大成的な大作であることと同時に、カトリックの礼拝音楽である「ミサ曲」なら季節に関係なく上演できることもあっての選択だろう。声楽の大作ということなら《マタイ》や《ヨハネ》も《ロ短調》と同じだが、六月に「受難曲」を上演するのは時期外れという感覚があるのだ。その代わり聖金曜日のある受難週になると、ドイツのルター派の地域ではどの街でも《マタイ》や《ヨハネ》が上演されている。人口数千人、数万人の街で、複数の教会で一斉に「受難曲」が奏でられていたりする。そのありさまは、まるで教会から受難曲が溢れ出してくるようだ。

教会音楽は、実はとても身近な音楽である。ひとびとが日常的に通う教会という場所で、クリスマスや復活祭といった祝日にふさわしい内容の音楽が演奏され歌われる、生活に溶け込んだ音楽だからだ。さらにルター派は、カトリックにはなかった自国語による「讃美歌（ドイツ語で「コラール Choral」）」という、信徒が自分で歌える歌を編み出した。カンタータや受難曲やオルガン曲は、ほぼすべてこの讃美歌がベースになっている。信徒にすれば自分がいつも歌っているなじみの歌を、オルガニストや合唱団の演奏で聴くわけだ。もちろん、信徒自身が合唱団の一員として受難曲やカンタータを歌うこともよくある。

二〇一七年の受難週に現地で何回かバッハの受難曲を聴く機会に恵まれたが、いちばん印象に残った公演は、伝統ある聖トーマス教会合唱団の演奏でも、今時のバッハ演奏の最先端を走る楽団の演奏でもなく（もちろんそれぞれ面白かったが）、ヴァイマルの市立教会で聴いた地元の合唱団による《ヨハネ受難曲》だった（ソリストはプロ）。合唱団が歌う讃美歌（＝コラール）が、実に確信に満ちて歌われていたのだ。教会のカントール（聖歌隊指揮者）の指導もよかったのだろうが、自分たちのなかに音楽と信仰が根づいている強みなのだろうと思わされた体験だった。

　もちろん、ルター派の信仰がなければバッハの音楽がわからないというつもりはみじんもない（筆者は仏教徒である）。逆に、信仰さえあればバッハの音楽がわかるというものでもないだろう。だが、ルター派とドイツ音楽との、そしてバッハとの関係を知ると、バッハの教会音楽は「とっつきにくい」という思い込みが変わる。讃美歌は「ドイツ・リート（歌曲）」をはじめドイツ音楽の源泉のひとつだし、バッハはルター派の「ジモティ」だったからこそこの本で紹介するような人生を送り、あのような音楽を書いた。

　バッハがどんな街で暮らし、どんなポストについたかを知ることも、彼の創作を知ることと切り離せない。マーラーは別荘にこもって交響曲を書いたが、バッハの時代にはそんなことは考えられなかった。音楽それ自体が目的の「コンサート」は、バッハの時代にはほとんど存在しなかった（その先駆け的な形の、コーヒーハウスでの公開コンサートはあったが）。バッハは雇い主の要望に応じて、教会や城館のような「場所」や、礼拝や祝宴のような「目的」にふさわしい音楽を書いたのである。

　『バッハへの旅』を刊行して二〇年近くが過ぎ、街のようすも、筆者自身の考えも変わった。バッハに関する貴重な新発見も相次いだ。本も絶版になったので、新しく書き起こすことになったのがこの小著である。前著の内容を参考にした部分もあるが、基本的には書き下ろしだ。

本書では、まず第一章でバッハとルターの関係を概観し、第二章では「バッハへの旅」で訪れるバッハが暮らした街について、街の歴史も交えながらバッハの人生と作品をご紹介する。現代におけるバッハの後継者であるオルガニストやカントール、演奏家へのインタビューも収録した。第三章では、作品が演奏された「場」からバッハの創作を振り返る。第四章ではバッハの家族をテーマに「家庭人」バッハの横顔を描いてみた。第五章ではバッハの代表的な作品について、ささやかなディスクガイドを試みた。まえがきでは教会音楽に触れる割合が大きくなってしまったが、本文ではもちろんそれ以外の音楽——世俗カンタータや器楽——にも言及している。それらのジャンルもまた「街」とかかわっているのは、お読みいただければおわかりいただけると思う。

「バッハ Bach は小川だ、しかし海 Meer だ」。ベートーヴェンのこの言葉は有名だが、実際は Bach という姓はおそらく「パン屋」を意味していた（三九ページ参照）。しかし小川かパン屋かは別にして、バッハの音楽が汲めども尽きぬ「大海」であることは事実である。この本を、その海を探検するささやかな手がかりとして少しでも役立てていただけるなら、これほど嬉しいことはない。

＊なお、章扉に用いているマークはバッハ自身の紋章である（詳しくは二八八ページ参照）

２枚のバッハの肖像画（1746年、1748年）。
下の絵の発見経緯については285ページ参照

バッハ●目次

バッハが暮らした街

● バッハが暮らした街
● バッハが訪れた主な街
○ ドイツの主要都市
シュレースヴィヒ=
ホルシュタイン州
メクレンブルク=
フォアポンメル州
ハンブルク
リューネブルク
ブレーメン
ニーダーザクセン州
ベルリン
ザクセン=
アンハルト州
ブランデンブルク州
ケーテン
ザクセン州
ノルトライン=
ヴェストファーレン州
ヴェヒマル
ハレ
ライプツィヒ
ミュールハウゼン
ヴァイマル
シュテルムタール
アイゼナッハ
ヴィーダーアウ
アルン
シュタット
オールドルフ
アルテンブルク
テューリンゲン州
ヴァイセンフェルス
ヘッセン州
ラインラント=
プファルツ州
フランクフルト
ザールラント州
バイエルン州
バーデン=
ヴュルテンベルク州
ミュンヘン
0
200km

バッハ略年表

（加藤浩子『バッハへの旅』東京書籍、2000年の略年表を元に作成）

1685年	0歳	3月21日、アイゼナッハで、父ヨハン・アンブロージウス、母マリア・エリーザベトの八男として生まれる
1693年	8歳	このころ、聖ゲオルク教会付属ラテン語学校に入学
1694年	9歳	母マリア死去
1695年	10歳	父アンブロージウス死去。兄ヨハン・ヤーコプとともに、オールドルフの兄ヨハン・クリストフに引き取られる
1700年	15歳	兄の元を離れ、リューネブルクの聖ミヒャエル教会付属学校に入学。聖歌隊に属す
1703年	18歳	新教会（現バッハ教会）のオルガニストに就任し、アルンシュタットへ
1705年	20歳	聖歌隊員と暴力事件を起こす 翌年までリューベックに滞在
1707年	22歳	ミュールハウゼンの聖ブラージウス教会のオルガニストに採用される ドルンハイムの聖バルトロメオ教会でマリア・バルバラ・バッハと結婚式を挙げる
1708年	23歳	ザクセン＝ヴァイマル公ヴィルヘルム・エルンストの宮廷オルガニスト兼宮廷楽師に就任し、ヴァイマルへ 長女カタリーナ・ドロテーア誕生
1710年	25歳	長男ヴィルヘルム・フリーデマン誕生
1714年	29歳	ヴァイマル宮廷楽団の楽師長に就任 次男カール・フィリップ・エマヌエル誕生
1715年	30歳	三男ヨハン・ゴットフリート・ベルンハルト誕生

1717年	32歳	アンハルト＝ケーテン侯レオポルトの宮廷楽長に任ぜられ、ケーテンへ
1720年	35歳	妻マリア・バルバラ死去
		《無伴奏ヴァイオリンのためのソナタとパルティータ》の浄書譜完成
1721年	36歳	ブランデンブルク辺境伯クリスティアン・ルートヴィヒに《ブランデンブルク協奏曲》を献呈
		アンナ・マグダレーナ・ヴィルケと再婚
1722年	37歳	《平均律クラヴィーア曲集》第一巻完成
1723年	38歳	ライプツィヒの聖トーマス教会カントールに就任し、ライプツィヒへ
		シュテルムタールのオルガンを鑑定
1724年	39歳	四男ゴットフリート・ハインリヒ誕生
		《ヨハネ受難曲》初演
1727年	42歳	《マタイ受難曲》初演
1731年	46歳	《クラヴィーア練習曲集》第一巻出版（第二巻は35年、第三巻は39年、第四巻は41年に出版）
1732年	47歳	五男ヨハン・クリストフ・フリードリヒ誕生
1734年	49歳	聖トーマス教会で《クリスマス・オラトリオ》第一部〜第三部初演（翌年1月初旬に第四部〜第六部初演）
1735年	50歳	六男ヨハン・クリスティアン誕生
1736年	51歳	ザクセン選帝侯宮廷作曲家に任命される
1739年	54歳	アルテンブルクで城内教会のオルガンを鑑定
1742年	57歳	《農民カンタータ》初演
1747年	62歳	フリードリヒ大王に《音楽の捧げもの》を献呈
1750年	65歳	7月18日ごろ、卒中の発作を起こし、7月28日に死去。聖ヨハネ教会に埋葬される

バッハ家略系図

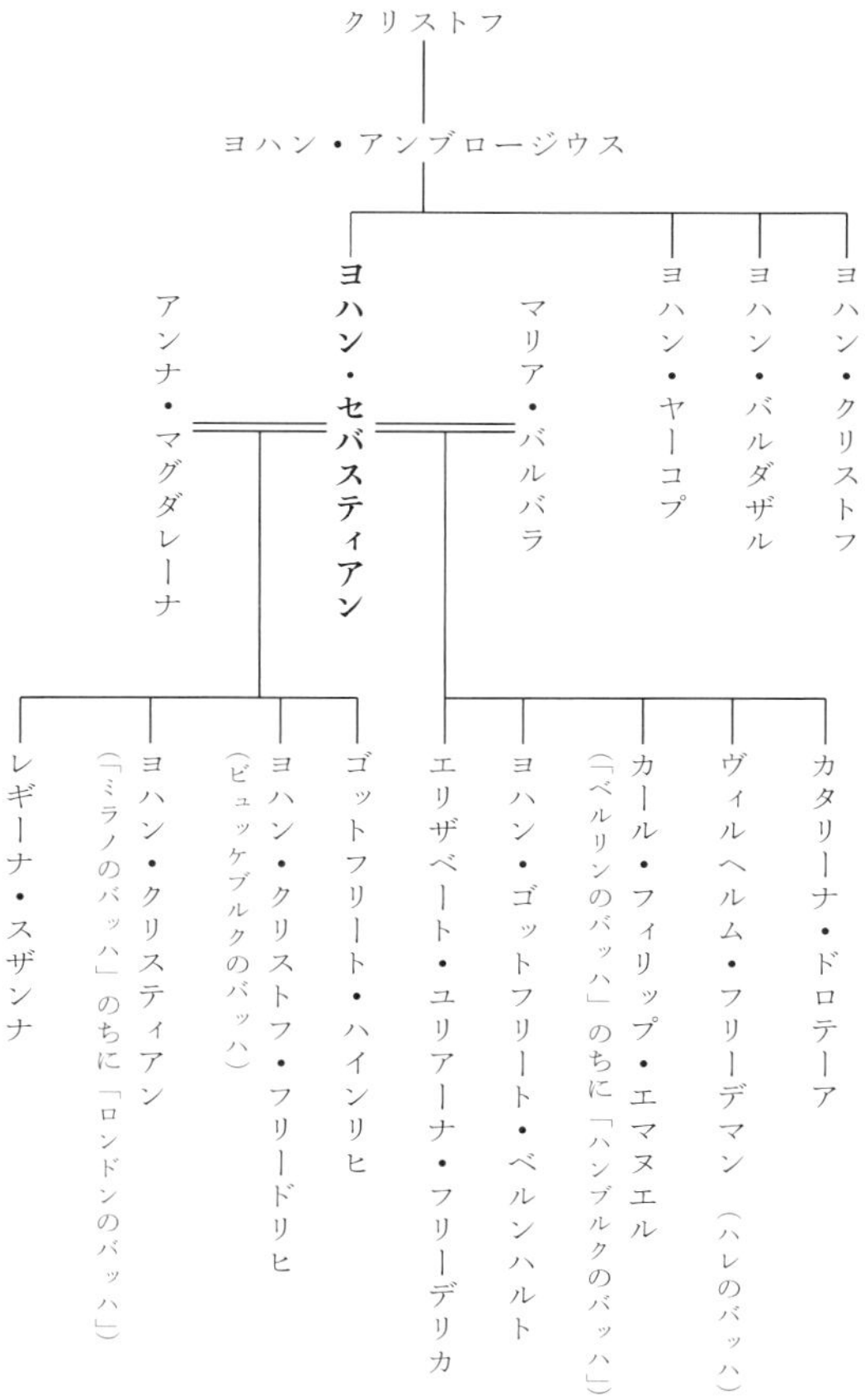

※バッハの子は、成人した男女のみ記載した

第一章　バッハとルター

時代の子バッハ

バッハは、時代の子である。

どんな作曲家も芸術家も多かれ少なかれそうだが、バッハもまた、そうだった。

「時代の子」という表現は、あるいはバッハからはいちばん遠いように感じられるかもしれない。「大作曲家」と呼ばれる人々の多くが常軌を逸した人生を送ったのに対し、バッハはごく普通の人生を送った。音楽家一族の家に生まれ、ごく自然に音楽家になり、当時の音楽家にならって宮仕えをし、家庭を営み、一生を終えた。

だがこのような人生が一般的だったのは、音楽家という職業の長い歴史のなかの一時期にすぎない。音楽家が職人のように先祖代々受け継がれる職業だったのは、いわゆるバロック時代、一七〜一八世紀が最盛期だった。イタリアのスカルラッティ一族、フランスのクープラン一族のように、ヨーロッパの多くの国に「音楽家一族」がいた。それは、生まれで仕事が決まった身分制社会の反映でもあった。

とりわけ同職組合が発達したドイツでは、音楽はじめ芸術にかかわる人々も職人の秩序に組み込まれていた。職人は、親方に弟子入り（＝徒弟時代）し、一通りのことを身につけると遍歴に出（＝修業時代）、そして独立する。バッハも同じ道のりをたどった。彼が自ら作成した「音楽家バッハ一族の系譜」に登場する、多くの先祖や同輩たちのように。

バッハは、土地の子である。

バッハの暮らした街は、ドイツ東部の、ザクセン、テューリンゲンと呼ばれる地方に固まっている。車で回れば一日でも回れる距離だ。この地域以外に住んだのは一度だけ、北ドイツのリューネブルクに「留学」したときだけである。これは「職人」の人生の過程でいえば「遍歴」の時期にあたる。

狭い範囲で人生を送ったのは偶然ではない。バッハ一族は、「ルター派」の音楽家でもあった。彼らの主な職場は、ルター派の教会だったのだ。

バッハ一族の本拠はドイツ中部のテューリンゲンだが、ここはルター派のお膝元にあたる地域である。バッハの生地アイゼナッハの郊外には、ルターが聖書をドイツ語に訳した、ルターの聖地ともいえるヴァルトブルク城が聳える。ルターが学生時代を過ごし、また出家した（カトリックの修道僧になった）エルフルトは、バッハ一族の重要な本拠地のひとつだった。ルターが生まれ、また人生を終えたアイスレーベンも、人生の大半を送ったヴィッテンベルクも、バッハが活躍した地域から目と鼻の先だ。ルターもバッハ同様、生涯ドイツの一部の地域を出な

アイゼナッハにあるかつての聖ゲオルク教会学校。ルターとバッハが学んだというプレートがある

かった。もっとも彼の場合は、カトリック教会から破門され、ドイツ（神聖ローマ帝国）皇帝からは帝国内での保護を放棄されていたので、うかつに動けないという事情があったのだけれど。

　バッハ一族が活動したテューリンゲンは、一七世紀には「音楽の国」と呼ばれるほど音楽がさかんになったが、その種を蒔いたのは礼拝で音楽を重視したルターだった。バッハ一族はルター派の伝播とともに勢力を拡大し、一七世紀には「音楽家といえばバッハ」といわれるほど、各都市の音楽家の仕事——教会のオルガニストやカントール（当時は音楽教師兼聖歌隊指導者）、都市の、あるいは宮廷の専属音楽家など——をほぼ独占していた。一族は定期的に集まって、就職先などの情報交換をしていたという。

　バッハ本人の人生も、ルターと深くかかわっている。何より、二人は学校の同窓生だった。バッハが通った生地アイゼナッハの聖ゲオルク教会付属ラテン語学校は、二〇〇年前、ルターが学んだ学校だったのである。ルターの最大の業績のひとつである新約聖書のドイツ語への翻訳がヴァルトブルク城で行われたことはすでに触れた。くり返しだが、バッハはまさにルターのお膝元で生まれ育ったのだった。

バッハはルターから生まれた

ルターはいうまでもなく、「宗教改革」の主導者として知られる。彼はそれまでラテン語で書かれていた聖書や、同じくラテン語で行われていた礼拝を、誰でもわかるようドイツ語にした。ルターが改革した礼拝で、重要な役割を担ったのが音楽だった。ローマ・カトリック教会が、信者を引きつけるために教会の建物の内外を飾り立てるのを嫌ったルターは、会堂は簡素にし、その分礼拝の中身を充実させた。その中核となったのが「音楽」である。信徒が歌う（各国語による）讃美歌（「会衆讃美歌」。日本の、とくに音楽関係の文献では原語の「コラール」と表記される。本書でも基本的にそれに従う）も、カンタータも受難曲も、ルター派の礼拝のための音楽だった。

一七世紀のドイツで活躍した作曲家のなかに、ハインリヒ・シュッツ（一五八五〜一六七二）、ヨハン・ヘルマン・シャイン（一五八六〜一六三〇）、ザムエル・シャイト（一五八七〜一六五三）という三人がいる。いずれも頭文字がSなので、後世の「三大B（＝バッハ、ベートーヴェン、ブラームス）」よろしく「三大S」と呼ばれることがある。とりわけシュッツは、バッハが「音楽の父」と呼ばれるのにならって、「ドイツ音楽の父」と呼ばれることもある重要な作曲家だ（ただし彼は、必ずしもルター派の音楽家というわけではない）。この「三大S」はいずれもこの地域の出身で、バッハ一族同様、テューリンゲン、そしてザクセンで活動した。ザクセンのグリュンハイムで生まれたシャインは、バッハと同じくヴァイマルの宮廷音楽家やライプツィヒの聖トーマス教会カントールをつとめ、ハレ生まれでオランダに学んだシャイトは、バッハや長男フリーデマンと関係が深いハレの聖母教会のカントールとして名声を馳せ、そしてシュッツは、やはりバッハと関係が深いヴァイセンフェルスの近くで生まれ、ドレスデンの宮廷楽長として活躍した。この地域での音楽がいかにさかんだったか、わかるというものだろう。その重要な背景こそ、繰り返しだがルターの存在であった。

「三大S」は、ルターからおよそ一世紀後に生まれた。そのさらに一世紀後の一六八五年、ルターが生まれておよそ二〇〇年後にバッハが生を享ける。この時代、ルター派礼拝における、そしてテューリンゲンにおける音楽は黄金期を迎え、そのなかからバッハという天才が出現したのである。

共通点の多い二人

ここでルターの人生をざっと振り返ってみたい。

マルティン・ルターは一四八三年、農民から鉱山労働者に転職し、さらに銅の精錬業の経営者として成功して財をなした父ハンスのもとに生まれた。当時のザクセンでは銀、銅、錫といった鉱山資源が発見され、農業から鉱山業に転向する人々が相次いで、産業の転換が起こっていた。ドイツでこれ以後都市が繁栄した背景には、鉱山業の隆盛がある。バッハが後半生を過ごしたライプツィヒも、商業と鉱山業が主要な産業だった。またルター訳の聖書が急速に広まった背景には、鉱山業のおかげで活版印刷がさかんになったことがあった。

ルター少年は幼い頃から学才を発揮し、一三歳で親元を離れてマクデブルクの大聖堂付属学校に入学、さらに二年後、後にバッハが通うことになるアイゼナッハの聖ゲオルク修道院（のち教会）学校に入学した。当時はまだカトリックの時代だったから、学校の母体はアウグスティヌス派の修道院だった。

この学校でのルターとバッハの共通点は、学校に付属する少年聖歌隊に入って歌っていたことだ。少年聖歌隊は、礼拝で歌う他に街に出て歌い、喜捨を求める活動もした。このような体験は、ルターが後に礼拝で音楽を重視するベースになっている。ルターはもともと音楽が好きで、リュートもよくしたというが、聖歌隊での体験は音楽への愛をいっそう深めた。

一五〇一年、一八歳のルターはエルフルト大学の法学部に入る。もと農民の息子が大学に入るのは大出世だったから、父は息子の将来を大いに楽しみにしていた。だからルターが、雷に打たれ、恐怖のあまり思わず（一家の生業だった）鉱山労働者の守護聖人である聖女アンナに助けを求め、助かったら出家するという誓いを立てて命拾いをしたため、それを守ってエルフルトにあるアウグスティヌス派の修道院に入った時は、父は激怒したという。

修道院でのルターはきわめて模範的で真面目な修道僧だったようだ。粗食と厳しい日課のせいで平均寿命が三〇代だったという修道院の厳格な生活に耐えた。真夜中から起き出し、日に七回勤行し、食事は雑穀の粥などを日に二回。神に近づくため、ルターは日々聖書と向き合った。

一五一一年、ルターはヴィッテンベルクの修道院に派遣される。ルターはこの地でさらに大学に通って神学博士になり、聖書の教授として教鞭を執ることになった。彼の講義は人気が出て、多くのひとが集まった。ルターは聖書を講じつつ学ぶなかで、「人間の救いはイエス・キリストの教えと働き、とりわけその十字架に具現されている」（徳善義和）など、独自の考えを獲得するにいたった。これは「十字架の神学」と呼ばれる。ルター派ではイエス・キリストの受難は非常に重要な意味を持つが、その原点となった考え方だといえよう。バッハの受難曲は、まさにキリストの受難を偲ぶ聖金曜日の礼拝のために作曲されたのである。

一五一七年、ルターはあるテーマについての討論を呼びかける。「贖宥《しょくゆう》の効力を明らかにするための討論提題」、俗にいう「九五カ条の提題」である（ヴィッテンベルクの城教会の扉に張り出されたといわれるが、確証はない。なお「提題」が発表された日付である一〇月三一日は、現在「宗教改革記念日」となっている）。ルターは教会のなすべきことはすべて聖書の言葉から発するべきだと主張し、悪名高い「贖宥状（日本では一般的に『免罪符』と呼ばれる）」にも矛先を向けた。「贖宥状」は、カトリック教会が、これを買えば現世の罪はもとより、煉獄《れんごく》で罪を清める試練を行っている霊魂すら許されると説いて、せっせと販売していた書状である。実際には贖宥状の売り上げはローマの聖ピエトロ寺院の改修費に充てられるなど、カトリック教会の重要な財源となっていた。

「提題」は印刷され、民衆や一部の諸侯の支持を得てじわじわと浸透し、やがてカトリック教会を揺るがす騒ぎに発展した。聖書の言葉が第一というルターの考えを徹底してしまうと、カトリック教会や教皇も否定されかねないからだ。カトリックの聖職者が教会を批判するなど、考えられなかった時代である。前の世紀にはボヘミアでヤン・フスが反旗を翻し、異端者として処刑された。ルターはいくつかの公開の場に呼ばれて、教皇や教会の権威を否定する「異端」であるかどうかを問われる「異端審問」にかけられたが、自説を撤回せず、さらにローマ教皇からも撤回を迫られたが応じなかったので、教皇レオ一〇世から破門を言い渡される。これは二一世紀の今でも解かれていない。

神聖ローマ帝国内で破門された者の処分は、皇帝に委ねられている。皇帝カール五世は、ヴォルムスで開催された帝国議会にルターを呼び、自説の撤回を迫るが拒否されたため、「帝国内における法的保護」を奪った。実質的な追放処分であり、帝国内でルターの身に危害が加えられてもお咎《とが》めなしということだ。かねてルターを後援していたザクセン選帝侯フリードリヒ三世は、民衆に人気のあるルターを見殺しにするのはまずいと考え、奇策に出る。ヴォルムスからヴィッテンベルクへ戻る途中のルターを「誘拐」したのである。行方不明になったはずのルターは、「修道士ヨルク」という偽名のもと選帝侯の居城のひとつであるヴァルトブルク城にかくまわれた。新約聖書のドイツ語訳をなしとげたのは、ここに隠れていた一〇ヶ月ほどの間のことだった。

ルターによる聖書のドイツ語訳は、キリスト教の歴史において画期的な出来事だった。彼は聖職者にしかわからないラテン語（聖書はギリシャ語も）で受け継がれ、それゆえ聖職者の独占物になっていた聖書を、誰もが共有できるようにドイツ語に訳したのである。彼の理想は「万人司祭」であった。

その後ルターはヴィッテンベルクに戻り、説教を通じて自説を広め、礼拝を改革した。さらに修道制度を批判し、その意見に共鳴して修道院を脱出してきた修道女のひとり、カタリーナ・フォン・ボラと結婚する。これもまた、カトリック教会からの激しい非難を招いた。聖職者は生涯独身であることが大前提だったカトリック世界で、結婚がどれほどスキャンダラスに受け止められたか想像に難くない。一方で、一部のカトリックの聖職者が堕落していたこと――教皇や枢機卿に公然の愛人や子供がいることは珍しくなかった――は周知の事実だったのだが。

ルター夫妻は六人の子供をもうけ、子供の教育にも熱心に取り組んだ。ヴィッテンベルクのルターの家は友人や学生や弟子など大勢の人で賑わい、食事のたびに数十人が食卓を囲んだ。

食事が終わると、ルターは別の部屋に移り、ビールを片手に議論に花を咲かせるのが常だった。記録されているルターの言葉の多くは、この「テーブルトーク Tischreden」で語られた内容だという。

こうして見てみると、バッハの生き方や性格は、ルターのそれと重なる部分が多い。真面目にそして精力的に仕事に取り組み、これと思ったら決して自説を曲げず、模範的な家庭を築き、人付き合いも好きだった。ライプツィヒ時代、バッハの家は友人や客人でいつも賑わい、「鳩小屋のよう」（バッハ家に弟子として同居していた、いとこのヨハン・エリアス・バッハの言葉）だったというエピソードは有名だ。バッハにとって、生まれたときから身近だったルターという人物は、知らず知らずのうちに人生のモデルとして刷り込まれていたのかもしれない。

ルターの礼拝改革

ルターによる聖書のドイツ語訳、そして礼拝のドイツ語化は、ドイツ史とドイツ文化史、そして「ドイツ人」の精神の形成に大きな影響を与えた。ルターと彼の業績がなかったら、現在のような「ドイツ」は存在していないのではないかと思う。

ルター訳の聖書は、二一世紀の今なおドイツにおけるスタンダードな聖書として使われている。そもそもルター訳の聖書は、今の「ドイツ語」の母体なのである。ルターの仕事があったからこそ、ドイツ人はいち早く自分の言葉を獲得できたのだ。聖書や、彼が著した膨大な文献は、グーテンベルクが発明し、定着しつつあった活版印刷の技術のおかげで瞬く間に伝播した。ここでも、ザクセン地方の鉱山業の繁栄が関係している。ルターもまた「時代の子」であった。

ルターが行った改革のなかでも重要なのが、礼拝における改革である。前述したようにルターは、信徒には理解できないラテン語で行われていた礼拝をドイツ語で行われるようにした。ルターは聖書と向き合い、その言葉の解釈に心を砕いたが、その結果礼拝においては聖書の解釈が、そして「説教」が重要になった。

余談だが、ドイツ人が理屈っぽいのは、おそらくこのようなルター派の礼拝のあり方も関係しているように思う。イタリア人で、ドイツでもよく仕事をするあるオペラ演出家から聞いた話だが、ドイツでは、オペラや演劇の演出において作品をどう「解釈」するかが重視される。そのため、時代を現代に置き換えたりするいわゆる「読み替え」演出などがよく行われるのだが、その背景には、ルターが開発した聖書の言葉の「解釈」を重視し、説教が重要な位置を占める礼拝の形式が大きく影響しているという。それに対してカトリック教国のイタリアでは、オペラの舞台に求められるのは「解釈」ではなく「美しさ」。ラテン語で行われるカトリックの礼拝では、言葉がわからないから、音楽や（司祭たちの衣装や用いられる道具も含めた）式次第の美しさが、信徒を魅了するカギになるというのだ。オペラもよく見る筆者にとっては、なかなか示唆に富んだ解説だった。

音楽好きだったルター

ルターによって姿を変えた礼拝で、もっとも重視されたのが音楽である。音楽はもちろんカトリックの礼拝でも重要だったが、ルターの改革において一番肝要なことは、ごく一部を除いて（ラテン語のままの部分もある）テクストをドイツ語にし、とりわけ信徒が自ら歌えるように、母国語（ドイツ語）による簡素な歌である「（会衆）讃美歌（＝コラール）」を導入したことだった。今は当然のようにどの国でも母国語で歌われている「讃美歌」は、ルターの発明なのである。

バッハのカンタータも受難曲も、土台となっているのはこの讃美歌（＝コラール）だ。バッハの作品のなかでも最難関と位置付けられることもある《マタイ受難曲》も、実は三分の一くらいは讃美歌（＝コラール）である。信徒にすれば、いつも自分たちが歌っている歌が受難の物語に取り込まれているわけなので、「難しい」音楽どころか、これ以上ないほど身近な音楽なのである。

一五二四年、ルターは友人の音楽家ヨハン・ヴァルターと組んで、初の『讃美歌集』を刊行した。讃美歌のメロディには、カトリックの典礼聖歌であるグレゴリオ聖歌のメロディもたくさん転用されている。ルターは決してカトリック教会と断絶しようと考えたわけではなかった。彼は教会を「改革」しようとしただけだったのである。

『讃美歌集』は、ルター派地域における学校教育の主要な教材となった。ルター派の教会には教会に付属したラテン語学校ができ、ラテン語や、ドイツ語による「教理問答」――ルターの考える日常生活の「心得」のようなもの――、そして「音楽」が主要な教科となる。このような教育制度も、ルター派の教会における音楽の重要性に大きな役割を担った。

音楽好きだったルターは、自分で作詞作曲もした。ルターが作詞した讃美歌はおよそ五〇曲、作曲した讃美歌はおよそ三〇曲にのぼる。それらの讃美歌のなかには、バッハの作品に使われている曲も少なくない。カンタータ第四番や第八〇番などは、ルターの讃美歌がベースになっている。とはいえそれらの音楽が一般の音楽ファンをも魅了しているのは、バッハがそこにつけた音楽がすぐれているため――たとえばヴァリエーション豊かな伴奏型――なのだけれど。

ルターが開拓した礼拝における音楽の伝統は、ルター派の地域では今日なお受け継がれている。礼拝は今でも、当時のようにオルガンによる前奏曲に始まり、オルガンに先導されて信徒が歌う讃美歌や、教会の合唱団が歌うモテットなど、音楽に満たされている。教会暦における当該祝日（聖霊降臨祭、復活祭など）のためのカンタータが礼拝のなかで上演されることも少なくない。「カントール」も「オルガニスト」もいまだに存在しているし（中規模以下の教会では、ひとりの音楽家が両方を兼ねる例も多い）、彼らの音楽家としてのレベルも高い。新しい教会ができれば、専属のカントールが選ばれ、雇われる。

ルターとバッハの国ザクセンには、ドイツを代表するふたつの少年合唱団、ライプツィヒの聖トーマス教会合唱団とドレスデンの聖十字架教会合唱団がある。このような聖歌隊に所属する少年たちの多くは、子供の頃は親に連れられて礼拝に参加し、信徒として讃美歌を歌っていたりした少年たちである。礼拝に潜り込み、子供も大人も讃美歌を唱和するのを聴いていると、ドイツが「音楽の国」である源流はここにあると感じないではいられない。

ルター派の教会における音楽は、日々の生活や季節の移り変わりと結びついている。キリストが受難した日である聖金曜日やそれをはさむ「受難週」には、各地の教会でバッハの《受難曲》が演奏される。聖金曜日や受難週におけるバッハの受難曲の演奏は、ザクセン、テューリンゲンに限ったことではなく、ドイツ各地やオランダなどでも一般的だが、ザクセン、テューリンゲンではどんな田舎町の教会でも、それこそ信徒たちが中心になってバッハの受難曲を歌っている。それが、復活祭の訪れとともにぴたりと止む。受難曲はあくまで「時期もの」なのである。

同様に、クリスマスには《クリスマス・オラトリオ》が、復活祭には復活祭のためのカンタータや《復活祭オラトリオ》が上演される教会も少なくない。

たとえば、二〇一七年四月一六日の復活祭の日曜日にドレスデンの聖母教会で行われた礼拝では、《復活祭オラトリオ》（抜粋）が演奏された。その時の礼拝の内容はこんな感じだ。演奏にあたったのは、聖母教会専属の楽団と合唱団。指揮は聖母教会の「カントール」である。礼拝に要した時間は一時間くらいだが、その半分以上は音楽が鳴り響いていた。

挨拶〜讃美歌〜《キリエ》と《グローリア》（合唱と会衆）〜挨拶〜祈り〜書簡朗読〜讃美歌〜福音書朗読〜音楽　バッハ《復活祭オラトリオ》より（二重唱、レチタティーヴォ、アリア）〜祈り〜《復活祭オラトリオ》より（レチタティーヴォ、合唱）〜信仰告白〜代願の祈り〜主禱文〜讃美歌

バッハが後半生を過ごしたライプツィヒで毎年六月に開催される「バッハ・フェスティバル」をはじめ、ケーテンのバッハ・フェスティバルなどバッハ関連のいくつかの音楽祭では、「カンタータ礼拝」などと銘打ってバッハ当時の礼拝を再現する試みも行われている。

以下に、二〇一七年のライプツィヒ・バッハ・フェスティバルにおいて、「洗礼者ヨハネの祝日」にあたる日曜日に、バッハがかつて活躍していた聖トーマス教会で行われた「バッハ時代の式次第にのっとったカンタータ礼拝」の内容をご紹介しよう（六月一八日）。

礼拝を復元したのは、神学者でバッハ研究の権威でもあった故マルティン・ペツォルト。礼拝は九時半に始まり、全部で二時間半くらいかかるが、そのなかで演奏される音楽は、オルガン曲五曲、合唱曲（モテット）八曲、カンタータ一曲、讃美歌六曲にのぼる。説教や告知の時間以外はほとんど音楽が鳴り響いているという印象だ。バッハの時代は礼拝はもっと長かった

というが（七時開始）、それは説教や告知の時間が長かったためだそう。今日の「復元」では、説教や告知はコンパクトになっている。カンタータは、当該祝日のためのバッハのカンタータBWV167《もろびとよ、神の愛をたたえまつれ》が演奏された。演奏を担当したのは、現聖トーマス教会カントール（トーマスカントール）であるゴットホルト・シュヴァルツ氏の指揮による聖トーマス教会合唱団とゲヴァントハウス管弦楽団である。両者とも、バッハと関係の深い団体だ。

（礼拝開始のオルガン音楽）ヨハン・セバスティアン・バッハ　オルガン・コラール（＝オルガン用に編曲された讃美歌）《われら皆一なる神を信ず》BWV765～合唱《聖霊に祈りたてまつる》（旋律　一三世紀、ヴィッテンベルク　一五二四）、ミヒャエル・プレトリウス《シオンの音楽　第五巻》より　四声合唱と通奏低音、ヨハン・ヴァルター　六声合唱と通奏低音のためのモテット《来たれ、聖霊よ》、ミヒャエル・プレトリウス《シオンの音楽　第五巻》より　四声合唱と通奏低音～オルガン（後に続く《キリエ》の前奏として）ヨハン・クーナウ《前奏曲　ト長調》～合唱　ゲオルク・フィリップ・テレマン《来たれ、聖霊よ、神よ》による小ミサ（＝《キリエ》と《グローリア》）四声合唱と通奏低音～アーメン～書簡朗読～オルガン音楽（讃美歌の前奏として）ヨハン・パッヘルベル　オルガン・コラール《われらの主キリストがヨルダン川に来たれり》～讃美歌《われらの主キリストがヨルダン川に来たれり》～聖書朗読『ルカ福音書』一、五七‐八〇～オルガン（主要音楽（HauptMusic＝カンタータのこと）の前奏として）ディートリヒ・ブクステフーデ《もろびとよ、神の愛をたたえまつれ》BuxWV214～ヨハン・セバスティアン・バッハ《もろびとよ、神の愛をたたえまつれ》BWV167（全曲のテクスト記載あり）～讃美歌《われら皆唯一の神を讃えまつる》～牧師挨拶～讃美歌《主イエス・キリストよ、われらの方を向きたまえ》EG155、1‐4～主の祈り～聖書朗読『ルカ福音書』一、五七‐八〇～説教、告知～全能の神～信仰告白～とりなしの祈り～主の祈り～説教壇からの祝福～讃美歌《われら賛歌を歌いたもう》～合唱　フランク・マルティン《サンクトゥス》～聖体制定の言葉～聖餐式（聖餐式の間の音楽　ヨハン・セバスティアン・バッハ　モテット《恐るるなかれ、われ汝とともにあり》BWV228、ヨハン・ヘルマン・シャイン《来たれ、聖霊よ、主なる神よ》三声と通奏低音のための）～聖体拝領歌《神は讃えられ、与えられる》EG214、《愛すべき魂よ、汝を飾れ》EG218～主への感謝～アーメン～オルガン曲ヨハン・セバスティアン・バッハ《ファンタジー　ト長調》BWV572

こんな感じである。文字にしてしまうとわかりにくいが、やたら音楽が多いということはご理解いただけるだろうか。このような形で体験すると、カンタータも礼拝のなかに組み込まれているということがよくわかる。日本では礼拝のなかでカンタータを体験することはなかなか難しいので、カンタータにご興味のある方なら、機会があればぜひ現地で体験していただきたい。

聖トーマス教会では、今でも日曜日と祝日の礼拝で、教会暦に従った音楽が上演されている。加えて、金曜日の夕方にはモテット、土曜日の午後にはカンタータの演奏も行われている。これは礼拝のなかではなく音楽としての上演で、聖トーマス教会合唱団とゲヴァントハウス管弦楽団が演奏にあたる。バッハの音楽は、それを求める人々のために、礼拝の枠を超えて演奏され続けているのである。

ルター派を超えたバッハの音楽

バッハの時代、ライプツィヒは「ルター派の牙城」と呼ばれたほど、ルター派の教会活動のさかんな街だった。礼拝での音楽も有名で、礼拝より音楽が目当ての「信徒」も多かったらしい。実際、礼拝は社交の場でもあり、聖トーマス教会にはオペラ劇場よろしくお金を払って購入する桟敷席もあったという。また、ライプツィヒ名物の見本市の時期には、見本市を訪れる各国のひとびとが、市が休みの日曜日や祝日になると音楽を当てこんで教会に詰めかけた。バッハは人生のほとんどを、このような音楽世界で生きていたのである。

だがバッハの音楽は、繰り返しだがルター派の一教会音楽家の範疇を超えていた。だからこそ、時代を超え国境を超え、そして宗教の枠を超えて、多くのひとに愛されている。

たしかに、ルター派(あるいはキリスト教全般)への信仰があれば、少なくとも礼拝音楽にかんしてはバッハとの距離は縮まるだろう。だが当然ながら、ルター派の信者なら誰でもバッハの音楽に関心を持つというわけではないし、信仰がなければバッハの音楽を理解できないというわけでもない。バッハの「音楽」は、たとえテクストのある礼拝用の音楽であっても音楽として自律している(礼拝と関係のない器楽曲がとっつきやすいのはもっともだが)。だからこそバッハの音楽は、多くのひとを引きつけるのだ。

ただ、バッハの音楽についてよくいわれる「心を落ち着かせる音楽」だという表現は、おそらく彼の信仰と関係している。音楽が聴き手の心を揺り動かすことを目的にするようになったのは、フランス革命以降、音楽が自己表現になって以来のこと。それ以前の音楽は、世界の調和の写し絵であるとされた。そしてルター派の信仰においては、音楽は神への捧げ物だった。目的が礼拝であろうと雇い主の娯楽であろうと、音楽は最終的には「あちら側」への捧げ物として創作されたのだ。バッハはおそらくその態度においても完璧で、「音楽」という自分の天分を磨き上げて、あちら側への捧げ物を織り上げた。

バッハは時代と土地から生まれ、そして音楽を通じて永遠になったのである。

第二章では、バッハが暮らした街々を、彼の人生の軌跡とあわせてご紹介する。彼の人生と作品がいかに「場所」と結びついていたか、ご理解いただければ幸いである。

第二章　バッハへの旅——街でたどる生涯

この章では、バッハの人生と作品を、彼が暮らした街とともにたどってゆく。一族発祥の地ヴェヒマル、バッハの生地アイゼナッハ、少年時代を過ごしたオールドルフ、「留学」を果たしたリューネブルク、最初の就職をしたアルンシュタット、一年あまりで去った帝国自由都市ミュールハウゼン、家族を持ち創作面でも飛躍したヴァイマル、器楽の名作を創ったケーテン、そして人生の半分近くを過ごし、現存している作品の多くを生み出したライプツィヒである。それぞれの街の成り立ちや特徴にも触れたが、それもバッハの創作と無関係ではないからだ。

「バッハへの旅」へ、ようこそ。

ヴェヒマル――「パン屋」から生まれたバッハ一族のふるさと

一族発祥の地

「バッハ Bach は『小川』だ、しかし『大海 Meer』だ」

はじめに」で、ベートーヴェンのこの言葉をあげたが、たしかに「Bach」は、ドイツ語では「小川」を意味する。だから「Bach」は「小川」さんという意味だと、これまでずっといわれてきた。

だが、「Bach」は、実は「パン屋」さんだったのではないか、という説が近年有力になっている。「パンを焼く」という意味の backen は、一六世紀以前は bachen と綴られていたというのがその理由だ。

大いに説得力がある説だと思える。なぜなら他ならないヨハン・セバスティアン・バッハ本人が、一族の祖先は「白パン職人」だと語っているのだ（バッハが五〇歳の時に書いた家系文書『音楽家バッハ一族の起源』より）。姓が職業に由来することはよくある。たとえばドイツに多い「ミュラー Müller」という姓は「水車」を意味し、職業が「粉屋」であることを暗示した。

ヨハン・セバスティアン・バッハ本人が「白パン職人」だと説明したファイト・バッハ（一

五五二〜一六一九）は、バッハの言葉によれば「ハンガリー」の白パン職人であり、ルター派の信仰を持っていたためにカトリックの国ハンガリーで弾圧され、テューリンゲンに逃れてきてヴェヒマルに住みついたという。彼はパンのための粉を挽く水車小屋を持っていて、その水車小屋で仕事の合間に「ツィトリンゲン」（リュートの一種）という楽器を奏でていた。バッハの言葉によれば、彼が奏でたツィトリンゲンの「妙なる響き」こそ、「彼の子孫たちの音楽の出発点」だったという。

だがファイト・バッハは、もともとヴェヒマルの生まれだった。父親は、ヴェヒマルで水車小屋を所有していたハンス・バッハ。ファイトは父の水車を引き継いだが、その後ハンガリーに移住する。しかしハンガリーではルター派への弾圧が厳しかったため、ヴェヒマルに戻ってきてパン屋の仕事を再開したというわけだ。最近の研究によれば、ハンガリーに移住したのはファイトの父親の「ファイト・バッハ」だという説も出ている。たしかにその方が、一代で移住を繰り返すより自然といえば自然だろう。

「音楽家バッハ一族の起源」について、ヨハン・セバスティアンはさらにこう書く。ファイトの息子たちも音楽を愛し、そのうちのひとりハンス・バッハ（一五七六〜一六二六）は、本業のかたわら副業として近隣の街で町楽師をつとめた。これがバッハ一族の最初の音楽家だった、と。

しかし実際には、バッハ一族から音楽家が生まれたのはもっと早かった。ファイトのきょうだいのひとりカスパールは、近くのゴータの街で町楽師になっているのだ。おそらくこのカスパールが、バッハ一族の最初の音楽家にあたる。

ファイトの息子ハンス・バッハは、ヴェヒマルの街で父から譲り受けた水車を維持し、パン屋を営み、また宿屋も経営していた。ハンスの息子の代になると音楽家を正業とするようになり、「音楽家バッハ一族」が本格的に始動するのである。ハンスの八人の子供のうち三人が音楽家になったが、そのひとりクリストフ・バッハ（一六一三〜六一）は、ヨハン・セバスティアン・バッハの祖父にあたる。クリストフの息子ヨハン・アンブロージウス・バッハ（一六四五〜九五）こそ、ヨハン・セバスティアンの父であった。

ヨハン・セバスティアンが記した「ヴェヒマル」は、こうしてバッハ一族の起源の街として知られるようになった。バッハ一族はこの地で一九世紀まで続いている。バッハ自身もおそらく、ヴェヒマルを訪れたことがあっただろう。

ヴェヒマルに発したバッハ一族は、ゴータ、エルフルト、アルンシュタット、アイゼナッハ、オールドルフと周囲の街々へ散り、一七世紀には各地の音楽職をほぼ独占した。『音楽家バッハ一族の起源』には五三人の「バッハ」があげられているが、そのうち実に四七人が音楽にかかわっている。「バッハ一族」は、ヴェヒマルから泉のように湧き出て、小川となりそして大河となって、テューリンゲンの森のなかをとうとうと流れたのだ。

ヴェヒマルのバッハの総本家

「ドイツ」でもっとも美しい村

ヴェヒマルの街は、バッハ一族の活動した地域のちょうど「へそ」のような位置にある。若きセバスティアンが暮らしたアルンシュタットやオールドルフもほど近い。鉄道駅はなく、最寄りの駅はゴータ。ゴータからは一二キロほどの距離だ。

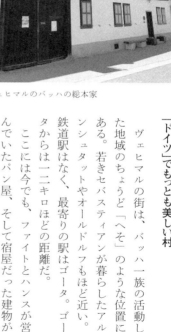

ここには今でも、ファイトとハンスが営んでいたパン屋、そして宿屋だった建物が「バッハの総本家 Stammhaus」として残っている。中部ドイツによくある、白壁に木組みが映える美しい建物だ。その木組みの間の隙間には、「一六〇〇年頃、この家で、ファイト・バッハとその息子ハンスによるパン工房が営まれていた。彼らは有名な音楽家バッハ一族のおおもとであり、我々の偉大なヨハン・セバスティアンの祖先である」というプレートがかかっている。

「総本家」から歩いてすぐのところには、ファイト・バッハが所有していた「上流の水車小屋 Obermühle」と呼ばれる小屋が建っている。一五八五年の建物だが、つい最近修復されて、

アンブロージウスの水車小屋

「総本家」よりいっそう手の込んだ木組みに飾られた姿をあらわした。ファイトの父ハンスは「下流の水車小屋 Niedermühle」を所有していたので、ファイトがもし父から「下流の水車小屋」を受け継いでいたとすれば、もうひとつ別の小屋を手に入れたことになる。なかなかのやり手だったということだろうか。

バッハ一族の「総本家」の街ヴェヒマルは、実際には「町」ではなく「村」。人口は三〇〇〇人足らず、面積は二八平方キロほどだ。村の入り口には、二〇〇二年には「ゴータ県」で、二〇〇三年には「テューリンゲン」で、そして二〇〇四年には「『ドイツ』でもっとも美しい村」に選ばれたという看板が、ささやかに、でも誇らしげに立っている。

実際、ヴェヒマルの村は可愛らしい。けれど、「バッハ」のほかにはなにもない。教会がひとつ、バッハ一族が一九世紀に教師をつとめたというこぢんまりした学校がひとつ。筆者が訪れた時は平日の昼間だったが、昼食をとりたくてもレストランもスーパーも見当たらず、困ってしまった記憶がある。トルコ人らしき男性が経営している「ケバブ」の店をようよう見つけたのだが、昨今のドイツでは特に田舎町でドイツ人が経営するレストランが激減し、外国人経営のトルコやギリシャ料理の店ばかりになってしまっている実情を改めて思い知らされた。

ともあれ、バッハ一族はこの小さな村からスタートし、ヨハン・セバスティアンをもってドイツ屈指の大都会、ライプツィヒにたどり着いた。

バッハの街をめぐる旅、バッハの人生を、そして出世の足跡をめぐる旅は、中部ドイツの田舎町をめぐる旅でもある。バッハの職場だったルター派の質素な教会や、宮殿と呼ぶのもはばかられるようなつつましい宮殿を目的に訪ね歩く小さな町。だがその背景には、「ドイツ」の歴史が、今の「ドイツ」を形作っている精神の一端が脈打っているのだ。

アイゼナッハ——生まれ故郷はドイツ文化の一大中心地

ドイツ文化の一大中心地

バッハが生まれた街は、アイゼナッハという。ドイツ中央部、テューリンゲン州にひろがる「テューリンゲンの森」と呼ばれる森林地帯の北西端、かつての東西の国境のすぐ近くにある、人口およそ四万人の小都市だ。木組みの家がちらほらある旧市街、教会と市庁舎が建つマルクト（市場）広場、街なかを潤す豊かな緑など、よくあるドイツの田舎町とさほど変わらない佇まいである。

だがアイゼナッハは東独時代から、西側からの観光客も含めて訪れるひとの多い街だった。バッハの故郷であるだけではなく、歴史上の大有名人と深くかかわり、文化的な観光資源に恵まれた街だったからである。ルター、ゲーテ、そしてワーグナー。ドイツ史上のそんなビッグネームが、アイゼナッハとかかわりを持った。ルターはこの街で学校に通い、新約聖書をドイツ語に訳した。バッハはこの街で生まれ、ルターと同じ教会学校に通った。ゲーテはこの街を愛して復興に尽力し、ワーグナーはこの街に触発されて、オペラ《タンホイザー》を書いた。

崖のうえに建つヴァルトブルク城

アイゼナッハの大きな観光名所は二つある。街の中心部にある「バッハハウス」とヴァルトブルク城だ。バッハの生家だと考えられており、それを記念する博物館として開館した。のちにバッハの生まれた家はここではなかったことが確認されたものの、博物館としてそのまま使われている建物である。

一方、街外れの丘のうえに聳《そび》えるヴァルトブルク城は、ドイツに数ある古城のなかでもおそらくルートヴィヒ二世が建造した「新白鳥城（＝ノイシュヴァンシュタイン城）」とならぶ知名度を誇る名城だ。創建は一一世紀。緑に覆われた崖のうえにせり出すように建つ山城だが、ロマネスクやルネッサンスの様式をとどめる堂々とした石造りの「宮殿」と木組みのある白壁を持つ「前城」からなり、一度見たら忘れられない個性的な外観をしている。一九九九年にはユネスコの世界遺産に登録された。城からの眺望も素晴らしく、ゆるやかに起伏する大地に広がる「テューリンゲンの森」を見渡すことができる。

だがこの城の魅力は、建物や眺望だけではない。ヴァルトブルク城はしばしば、ドイツの歴史における重要なできごとの舞台になってきた。もっともよく知られているのは、二六ページで触れたマルティン・ルターによる聖書のドイツ語訳である。

ルターが暮らしていた空間は「ルターの部屋 Lutherstube」として今でも残る。かつては監獄としても使われていたという殺風景な部屋だ。壁には当時のルターの偽名だった「修道士ヨルク」の肖像画がかかり、「ルター・チェア」の呼び名で知られるルターが使った椅子のレプリカ、古びたデスク、陶器製の暖房器具などが置かれている。この狭く粗末な空間から、ドイツを、そしてヨーロッパを揺るがした一大革命が起こったと思うと感慨深い。城内には博物館もあり、ルターが使った聖書や、ルターと親交があったドイツ・ルネッサンスを代表する画家、ルーカス・クラナッハ（父）によるルターの肖像画（クラナッハの作品はほかにも「ぶどうを持つ聖母子」など名作がある）なども飾られている。

この博物館には、ヴァルトブルク城で起こった別の歴史的なできごとのゆかりの品も展示されている。「ヴァルトブルク・ハープ」と呼ばれる一五世紀のハープや、「マンドラ」と呼ばれるリュートの一種がそれだ。この城では、このような楽器を奏でる騎士歌人——「ミンネゼンガー」と呼ばれる——が活躍していた。宗教改革を遡ることおよそ三世紀、一二〇七年に開催された「ヴァルトブルクの歌合戦」は、彼ら騎士歌人たちが歴史の表舞台に登場したできごとである。

「ヴァルトブルクの歌合戦」といえば、ワーグナーのオペラ《タンホイザー》を思い出す方も多いだろう。《タンホイザー》の正式なタイトルは、《タンホイザー、あるいはヴァルトブルクの歌合戦》であり、オペラの第二幕では、まさに「ヴァルトブルクの歌合戦」が繰り広げられる。一説によれば、ワーグナーはパリからドレスデンに旅した時にアイゼナッハを通り、ヴァルトブルク城の景観に心を打たれて《タンホイザー》を思いついたという。

その景観を復活させたのはゲーテだった。ヴァイマル公国の政府高官だったゲーテは、この街と城、周囲の景観や歴史に魅せられ、一七回もアイゼナッハを訪れて、街中にある方伯の居城（「レジデンツ」）やヴァルトブルク城に滞在した。ドイツのガイドブックでは、ゲーテゆかりの街々が「ゲーテ街道」としてくくられているが、アイゼナッハもそのひとつである。

ゲーテにとってアイゼナッハは、ドイツ文化の精髄が残っている場所だった。一七七七年、ゲーテはヴァルトブルク城の大改修を提案するが、具体的に計画が進み始めたのは一九世紀に入ってからのこと。だが、今日私たちがヴァルトブルク城の壮観を目にすることができるのは、ゲーテがこの城を「再発見」したおかげだといってもいい。

「ゲーテ街道」は、実は「バッハ街道」とかなり重なっている。バッハが生まれ、暮らしたアイゼナッハやヴァイマルやライプツィヒは、ふたつの「街道」に共通するのだ。また「ゲーテ街道」に含まれ、テューリンゲン州の州都でもあるエルフルトは、バッハ本人は住んでこそいないものの、バッハ一族の本拠地のひとつだった。そのエルフルトがルターゆかりの街であることは、二三ページで触れた通りである。小さな田舎町ながらアイゼナッハは、ドイツ文化のシンボルのようなできごとがぎっしり詰まり、大物たちの交差点となった街なのだ。

一六八五年三月二一日、ヨハン・セバスティアン・バッハは、この街で生を享けた。

「バッハハウス」の真実とアイゼナッハのバッハ一族

バッハが生まれた家だとかつて考えられ、博物館として一九〇七年に開館した「バッハハウス」は、バッハに関する最初の記念館である。博物館が発行している冊子によれば、音楽家に関する博物館としてはドイツでもっとも来館者が多いそうだ。

もともとの建物は一五世紀後半に建てられた二軒の家で、それが一六一一年にひとつの建物に改築された。そのため、かなり規模の大きな家である。建物は二階建て、花が咲き乱れる庭もあり、二階部分には庭に突き出した当時のトイレも残っている。さらに二〇〇七年には、展示ホールや売店などが入るモダンな新館が完成した。

この家は一九世紀、「バッハの生家」だといわれており、そのためバッハの研究機関である「新バッハ協会」が一九〇六年に買い取って、博物館として整備した。だがその後一九二八年に一六九四年の納税記録を調べたところ、バッハの父ヨハン・アンブロージウス・バッハは一六七五年、つまりバッハが生まれる一〇年前に、現在のルター通り三五番地にあたるところにあった家を購入し、亡くなるまで所有していたことがわかった（その家は現存しない）。そのためバッハは、ルター通り三五番地で生まれたのではないかというのが今日の定説である。

なぜ現在のバッハハウスが、「バッハの生家」だと誤って伝わってしまったのか。

第一にこの建物には、バッハの一族が住んでいたことがあった。第二に、建物の裏側を走る通りの向かい側には、アンブロージウス・バッハ一家が一六七一年から三年間にわたって間借りしていた家があった。そんなこんなで、混乱が生じたのだろう。

けれどこのことから、アイゼナッハにバッハ一族が多く住んでいたことがうかがわれる。アイゼナッハは実際、バッハ一族の本拠地のひとつだった。バッハが生まれた当時も、町楽師だった父のアンブロージウスをはじめ、父の双子のきょうだいであるヨハン・クリストフ（一六四五〜九三）は町楽師そして宮廷楽師として、父のいとこで同じ名前のヨハン・クリストフ（一六四二〜一七〇三）は、街一番の教会で、バッハが洗礼を受けた聖ゲオルク教会のオルガン奏者、そして宮廷のチェンバロ奏者をつとめていた。後者はバッハ一族のなかでも優れた音楽家として知られ、バッハ本人ものちに「本物の音楽家」だったと書き残した人物である。

バッハがいかに、「本物の音楽家」ヨハン・クリストフを敬愛していたかをうかがわせるエピソードがある。バッハは亡くなる数ヶ月前に、このヨハン・クリストフ・バッハが作曲した二重合唱モテット《愛する主なる神よ、私たちを目覚めさせてください》の器楽伴奏のパート

バッハハウス

譜を筆写しているのだが、それは自分の葬儀で歌ってもらうためではなかったかといわれているのだ。おそらくヨハン・クリストフは、バッハが誇りにしていた自分の家系のなかで、音楽家として一番尊敬する人物だったのだろう。

「バッハハウス」の展示も、バッハのみならず当時の音楽家一族の状況を知る上で参考になる。オリジナルの貴重な展示物はきわめて少ないながら、バッハの人生や、父アンブロージウスが就いていた町楽師の生活ぶりがわかるのだ。とりわけ、後者についての詳しい展示はめずらしい。当時の町楽師が使っていた楽器——ヴァイオリン、クルムホルン、ツィンク、ポンマー、リコーダー、トロンボーンなど——や、教会や学校で使われていた、つまりバッハも間違いなく使った讃美歌集『アイゼナッハ讃美歌集』（一六七三）などは、陶器や靴、衣服の断片といった生活用品よりもリアルに、町楽師の生活というものを伝えてくれる。当時の町楽師は、今のようにひとつの楽器に専念するのではなく、いくつもの楽器をこなし、また演奏するばかりではなく製作もするのがふつうだった。

当時の町楽師の仕事は、朝夕、市庁舎の塔にあるバルコニーで、時間を告げる「塔の音楽」を演奏することに始まり、教会の礼拝における演奏、彼らの雇い主である市の参事会の催しの際の演奏などがあった。また街に宮廷があれば、宮廷楽師としての仕事が加わった。アイゼナッハには、一六七二年からザクセン＝アイゼナッハ公の宮廷が置かれ、小さな宮廷楽団ができたので、アンブロージウスの仕事も増えたのである。この宮廷楽団には、一六七七年から一年間《カノン》で有名なヨハン・パッヘルベルが在籍して、アンブロージウス一家と親しくなった。また世紀が変わった一七〇八年から一二年までは、ゲオルク・フィリップ・テレマンが宮廷楽長をつとめている。

アンブロージウスは、これもバッハ一族の本拠地のひとつであるエルフルトで、町楽師をつとめていたクリストフ・バッハの息子として生まれた。父に連れられて移り住んだアルンシュタットで音楽教育を受け、楽師として修業を積み、遍歴し、二二歳で再びエルフルトに移って、父にならって街の楽師となる。終の住処となるアイゼナッハに引っ越したのはその四年後。毛皮加工職人の娘だった妻エリザベートと、息子のヨハン・クリストフ（エルフルトで男の子を二人授かったが、長男は夭折した）も一緒だった。ヨハン・クリストフは、後に孤児になったバッハを引き取ることになる。

当時の職人は修業～遍歴～親方という道をたどったが、音楽家も同じで、親方のもとで修業し、別の親方のところでの遍歴を経て、自身が「親方」＝「町楽師（＝シュタットプファイファー）」になる。アイゼナッハにやってきた頃、アンブロージウスはすでに「町楽師」として活動していた。家には家族のほかにも数人の弟子が住み込み、増え続ける子供――夫婦は男六人、女二人の合計八人の子供をもうけた――とあいまって、かなり賑やかな所帯だった。

アンブロージウス夫妻の末っ子だったバッハも、生まれるやいなやそんな環境のなかに投げ込まれた。子供は動けるようになったら家業を手伝うのが当然だったから、バッハも四、五歳くらいから父の手伝いをしたにちがいない。弟子以外にも、一族や楽師仲間がバッハ家を訪れてはリハーサルやレッスンを行っていた。少年バッハはそんな環境で、さまざまな楽器の演奏法はもちろん、目の前で楽器が解体されたり組み立てられたりする様子を目撃し、それぞれの楽器の構造や特性を理解し、また楽譜の読み方や写譜の技術を身につけたことだろう。

オルガンに関しては、聖ゲオルク教会で演奏していたヨハン・クリストフが師になってくれたようだ。聖ゲオルク教会のオルガンは改修中だったから、オルガンの構造も目の当たりにできたことだろう。

ルター派地域の学校教育

もうひとつ、バッハが幼い頃から親しんだのが、ルター派の宗教、そしてその音楽的な核としての讃美歌だった。

当時のドイツのルター派地域では、五歳から一二歳までの子供たちが義務教育を受けるよう定められていた。教育の内容は聖書、讃美歌、教理問答といった宗教教育がおもで、当然ながら聖書と讃美歌集が教材だった。学校はドイツ語学校とラテン語学校の二種類あり、ドイツ語学校は私立の小さな学校、ラテン語学校はたいてい教会付属の、より大きな学校で、こちらのほうが教育の場としてはメインだった。教会学校の生徒は、教会の礼拝では聖歌隊で歌うのが常だったから、実践と教育が同時にされていたわけである。

バッハは、正確な記録はないものの、義務教育が始まる五歳くらいで近所のドイツ語学校に入り、最初の教育を受けたと考えられている。さらに八歳で、聖ゲオルク教会付属のラテン語学校に入学した（こちらは記録がある）。いずれの学校でも、『アイゼナッハ讃美歌集』などの讃美歌集が教材として使われていた。

二三ページでも触れたが、聖ゲオルク教会学校はマルティン・ルターがかつて通った学校である。ルターは一四九八年、一五歳の時にアイゼナッハにやってきて、当時はまだカトリックの修道院だった聖ゲオルク教会の付属学校に三年間通った。少年ルターははじめ親戚のところに寄宿していたが、生活費の足しにするために少年合唱団に入り、家々を訪れて讃美歌を歌って喜捨を受けた。このような喜捨目的の合唱団を「クレンデ」という。ルターは音楽に造詣が深かったことでも知られるが、このクレンデでの体験も音楽への愛を深めたとされる。ルターは後に、「継ぎの当たったコートと靴を身にまとい、恵みのパンを戸口で乞う、そのような人々がしばしばもっとも善良な、もっとも気高い、もっとも学識ある人々になるのだ」と語ったという。ルターよりおよそ二〇〇年後に同じクレンデとして活動し、長じては音楽を通じてルターの思想を広めたバッハは、まさにルターが理想とした、学識があり、善良で気高い人間のひとりだったのではないだろうか。

クレンデでの活動は、ルターに喜捨収入以上のものをもたらした。ルターの伝記作者ヨハン・マテジウスによると、少年ルターの歌を気に入った参事会員コッタの夫人が、親戚のところに寄宿していた彼を自分の家に引き取ったというのだ。コッタ家は白壁に美しい木組みがはりめぐらされた美しい建物で、現在「ルターハウス」として公開されている。

聖ゲオルク教会はルターの影響で、一五二五年にルター派に改宗した。バッハの入学は一六九三年。生徒たちは聖書に基づいた教育を受けつつ聖歌隊に入って、週に四日は礼拝で歌い、週に二度クレンデとしての活動を行った。それ以外に、冠婚葬祭、とくに葬式で讃美歌を歌う仕事もひんぱんにあった。まさに音楽漬け、讃美歌漬けの毎日だった。

バッハは成績が優秀だった一方で、欠席も多かった。これは、父の仕事の手伝いにしょっちゅう駆り出されていたためだと思われる。町楽師一家の息子の宿命だったのだろう。教会と讃美歌、そして町楽師の世界。バッハのアイゼナッハ時代は、彼の一生を決定づけるものだった。実際バッハは、アイゼナッハで刷り込まれた世界、伝統的なバッハ一族が生きた世界をそのまま生きることになるのである。ただ彼の創り上げた音楽世界は、バッハ一族の枠組みをはるかに超えてしまったのだけれど。

恵まれた子供時代は短かった。教会学校に入学して三年後、バッハの幸福な日々はとつぜん断ち切られてしまう。両親の死という、早すぎた、けれど避けられようもない悲劇が襲ってきたからだ。

まず母が亡くなった。享年五〇歳。夭折したり自立した子供を除いて三人の子供を抱えていた四九歳のアンブロージウスは、五ヶ月後に一四歳年下の寡婦、バルバラ・マルガレータと再婚する。バルバラ・マルガレータにも二人の連れ子がいたので、所帯はまた大きくなった。だが、何とそのわずか三ヶ月後に、アンブロージウス自身が世を去ってしまう。定収入もなく遺された未亡人が、あわせて五人の遺児の面倒を見られるわけもなかった。

バッハは、わずか九歳だった。

オールドルフ——いちばん小さな「バッハの街」は「大バッハ」誕生のゆりかご

小さな街に残る少年バッハの足跡

「いちばん小さな『バッハの街』へ、ようこそ」。

「バッハへの旅」でオールドルフを訪れるたびに案内をしてくれる聖ミヒャエル教会前牧師のハンス＝ヨハヒム・ケーラー氏は、にこやかにそう挨拶をするのが決まりだ。

たしかに、オールドルフは小さな街である。田舎町が多いバッハゆかりの街のなかでも、規模も人口もいちばん小さい。現在の人口は六〇〇〇人足らず。バッハが住んでいた一七世紀の末には二五〇〇人ほどが暮らしていたという。いつ訪れても街は静かで、ほんとうに人が住んでいるのかと不思議に思ってしまうほどだ。

だが時が止まってしまったようなこの街が、バッハの人生において果たした役割は意外なほど大きい。孤児になったためにやむなく移ったオールドルフだったが、この街でバッハは、おそらくアイゼナッハに残るより充実した教育を受けることができた。オールドルフは、宗教的にも教育面でも、かなりの伝統を誇る街だったのだ。

それを教えてくれたのは、ケーラー元牧師である。

「バッハへの旅」に同行していると、訪れる街々で色々な方に案内してもらったり、演奏を聴かせてもらう機会に恵まれる。その大半は教会のオルガニストやカントールだが、オールドルフではオルガンを聴くことはまずない。というのも、バッハとも関係が深い聖ミヒャエル教会は第二次世界大戦で空爆され、オルガンも含めて建物のほとんどが破壊されてしまったからだ。かろうじて残ったのは、塔の下半分だけだった。

一九九九年、その塔が復元された。復元のための寄付活動に貢献したのが、当時まだ現役の

オールドルフの聖ミヒャエル教会の塔と図書館

ケーラー元牧師、聖ミヒャエル教会の図書館で

牧師だったケーラー氏である。ケーラー氏はバッハに傾倒しており、空爆を逃れて教会に残っている資料からバッハのオールドルフ時代に関係するドキュメントを探し出して調査、保存している。彼はいつも、筆者たちのツアーの一行を塔の二階にある図書館に案内してくれ、およそ二〇〇年にわたる約二〇〇〇冊の蔵書から抜き出したバッハに関連する書物を選んで見せてくれる。宗教改革以前のカトリック時代の聖歌集、マルティン・ルターの初期の著作集から、少年バッハがオールドルフにいた時に使った讃美歌集や礼拝の式次第から、バッハが通った聖ミヒャエル教会の上級ラテン語学校「リュッツェウム」の校長だったヨハン・クリストフ・キーゼヴェッターによる説教集（ラテン語）まで。

バッハは一〇代前半の多感な時期をオールドルフで過ごしているが、その頃のリュッツェウムの少年聖歌隊で使われていた讃美歌集は、当時の聖歌隊の実践を知る上で興味深い。これは一五八四年に刊行されたもので、バッハ時代のリュッツェウムのカントールだった、エリアス・ヘルダのサインがあるため彼の所有物だったことがわかるのだが、ひとりでは持てないくらいの大判だ。聖歌隊のメンバーは、何人かでこれを囲んで歌ったのである。また、当時の少年聖歌隊の規則集もあり、聖歌隊の正規のメンバーが一二人の「貧しい」学生に限定されていたこと、飲酒が禁じられていたことなどがわかる。正規のメンバーは学費が免除されたが、バッハもそのひとりだった。

バッハが教会付属のラテン語学校に在学していた一六九六年から九七年に行われた校長の説

教の内容を収めた手書きの説教集は、彼の音楽観や神学観に影響を与えた可能性が高い。というのも校長は説教のあとで、その内容に関する質問を生徒たちにしていたのだ。説教は一時間半くらいかかったが、あいだに休憩もはさまり、音楽も演奏されていたという。こうやって少年たちの心身に、神学や音楽が叩き込まれていったのである。

音楽の関連でいえば、バッハが入っていた頃の少年聖歌隊が葬式で歌った「マドリガル」の歌詞も保存されているし、いくつかのオルガンタブラチュア（オルガン用の奏法譜）も残っている。そのなかには、ケーラー元牧師がこの塔の屋根裏で見つけたものや、バッハの弟子のひとりヨハン・クリスティアン・キッテルの「変奏曲」もある。

図書館はカビ臭く、保存のためふだんは消灯されている。けれど壁を埋め尽くした古書はその錆色のページの隙間から、この街の歴史を訪問者に語りかけてくるのだ。

聖ミヒャエル教会の歴史は古い。その前身は、エセックス出身の有名な宣教師である聖ボニファチウスが、七二四年にテューリンゲン地方で初めてオールドルフで伝道を行い、それと前後して建てたテューリンゲンでもっとも古い修道院（ベネディクト派）に由来する。その修道院では、七四三年にすでに聖歌が歌われていた。つまりオールドルフでは、テューリンゲンで一番早く教会音楽が演奏されていたのである。また聖ボニファチウスは、故郷から書物も持参した。聖ミヒャエル教会の塔のなかにある図書館は、ボニファチウスの時代にまで遡れるものなのだ。こちらも、テューリンゲン最古の図書館というわけである。

修道院はやがてゴータに移り、その跡にはボニファチウスの名前をつけた礼拝堂ができた。礼拝堂は一四二一年に教区教会の聖ミヒャエル教会となり、一五二五年にはルター派に改宗。バッハが暮らしていた頃は、街で一番の教会として繁栄していた。

聖ミヒャエル教会のかたわらには、伝道するボニファチウスとその仲間をかたどったちいさなモニュメントがある。歩く修道士たちを象徴化したモニュメントだが、頭巾をかぶったように作られている頭の部分は、神との結びつきを暗示するように天を指して尖っている。

田舎町にひそむ深い歴史と文化。オールドルフもまた、バッハにとっては豊かな街だった。

オールドルフでの学びとヨハン・クリストフ

なぜ、バッハはこの街にやってきたのだろう。

九歳で孤児になったとき、家には彼のほかにふたりのきょうだいが残っていた。一七歳だった姉のマリー・ザロメと、一四歳の兄ヨハン・ヤーコプである。マリー・ザロメは、エルフルトにある母エリザベートの実家に引き取られた。そして末の男きょうだいふたりは、オールドルフの聖ミヒャエル教会のオルガニストとして、きょうだいのなかで唯一自立していたヨハン・クリストフ・バッハ（一六七一〜一七二一）のもとへ引き取られていったのである。

ヨハン・クリストフは、アンブロージウスとエリザベートの次男である。長男のヨハン・ルドルフは生後半年で亡くなったので、実質的にはヨハン・クリストフが長男だった。クリストフは一五歳のときに、おそらく家族ぐるみで付き合いがあり、当時はエルフルトに住んでいたヨハン・パッヘルベルに弟子入りする。三年間の修業の後、エルフルトの聖トーマス教会のオルガニストになり、その後アルンシュタットでオルガニストをしているおじの助手を一年間つとめた。そして一八歳で、オールドルフの聖ミヒャエル教会にオルガニストとして就職したのである。結局ヨハン・クリストフはオールドルフに骨を埋めるが、埋葬記録には「とても有能な芸術家」と記された。彼の子孫は一七〇年にわたってオールドルフに定住し、クリストフの息子がオールドルフのカントールになるなど、その多くが音楽家として活躍している。ヨハン・クリストフは「オールドルフのバッハ」と呼ばれているが、それも当然のことなのだ。

バッハは、この兄とはほとんど面識がなかった。ちょうど彼が生まれた頃に、エルフルトへ行ってしまったからだ。それ以後は、ひょっとしたら一族の結婚式で会ったかもしれないという程度の関係だった。四歳のときに兄と別れたヨハン・ヤーコプには多少はクリストフの記憶があったかもしれないが、近しい存在とはいえなかっただろう。だが、他に選択肢はなかった。

ヨハン・クリストフのほうでも、弟たちを受け入れることにためらいがなかったわけではないだろう。彼は数ヶ月前に結婚したばかりで、弟たちが来てから四ヶ月後に第一子が生まれている。その二年後には二人目の子供が誕生。最終的にクリストフは九人の子供に恵まれた。

家族は増えるが、オルガニストの給料は安い。ヨハン・クリストフの給与は四五フローリンで、これはバッハが最初に定職を得たアルンシュタットの新教会の初任給五〇フローリンより安かった。後に、弟たちが通った「リュッツェウム」の教師の口を得るが、その頃には弟たちはもう巣立っていた。

バッハはオールドルフで五年間を過ごした。一緒に引き取られたすぐ上の兄ヨハン・ヤーコプは一年でアイゼナッハに戻り、父の後継者の町楽師に弟子入りしている。だがバッハはそうすることなく、「リュッツェウム」の学生として五年間を過ごすことができた。リュッツェウムは今の高校（ギムナジウム）にあたる上級ラテン語学校だが、オールドルフのリュッツェウムはこのあたりの領主であるホーエンローエ・グライヒェン伯爵が一三〇年ばかり前に創設させたもので、教育の質が高いことで知られ、遠方から入学してくる生徒もいたという。

実はバッハは、一族のなかでは飛び抜けて長いあいだ教育を受けている。幼少の頃通ったドイツ語学校を別にして、アイゼナッハで三年間、オールドルフで五年間、さらに北ドイツのリューネブルクで二年間、合計一〇年間にわたってラテン語学校で教育を受けているのだ。自分のきょうだいも、父や祖父のきょうだいも、誰ひとりとしてバッハのように長く学校に通った人間はいなかった。後にバッハは、自身が大学に行かなかったことを残念がり、息子たちは大学にやりたいと願うが（そして実際、息子たちの大半は大学に通った）、バッハの世代の町楽師の息子としては、法外といっていいエリート教育を受けたのである。

なぜ、そんなことが可能だったのだろうか。

間違いなくいえることは、バッハが優秀だったということである。アイゼナッハで三年間ラテン語学校に通ったバッハは、オールドルフではその分を飛び級して入学したが、わずか一二歳で所属していた第三学年（上から三番目の学年）で十数人の生徒中一番の成績を収めている。さらに二年後、一四歳で最高学年の第一学年に進級するが、これは平均より四年早かった。そして成績はいつも上位だった。バッハは結局リュッツェウムを卒業することなくオールドルフを後にするが、最後までいたらトップクラスの成績で卒業したにちがいない。きっとバッハは、勉強することが好きだったのだろう。

オールドルフでの勉学は、校舎のなかだけにとどまらなかった。アイゼナッハでもそうだったが、バッハは絶えず音楽を「実践」していた。学校の聖歌隊に入り、「クレンデ」として生活費を稼いだ。オールドルフには、ホーエンローエ・グライヒェン伯爵の第二の居城であるエーレンシュタイン城があり、少年聖歌隊はそこにも出張したと思われる。エーレンシュタイン城は一六世紀の後半に建造されたルネッサンス・スタイルの城で、内部は現在博物館になっており、バッハのリュッツェウム時代の学籍簿が展示されている。

だが何より、兄クリストフから学んだことは大きかったはずだ。クリストフはおそらく、バッハの最初のオルガンの「師」といっていい存在だった。というのも彼のいとこの音楽家ヨハン・ゴットフリート・ヴァルターが著し、バッハの生前に出版された『音楽事典』（一七三二年）には、バッハが「クラヴィーアの基礎」を「ヨハン・クリストフ・バッハから習った」と記されているのである。

バッハと兄ヨハン・クリストフとの関係といえば、「月光の下の筆写」という有名なエピソードがある。ヨハン・クリストフは、師のパッヘルベルをはじめ、フローベルガーやケルルといった有名な作曲家たちの鍵盤作品を集めた曲集を持っていた。兄から練習用に与えられた作品を早々にマスターしてしまったバッハはこの曲集を弾いてみたいと思ったが、いくら頼んでも見せてもらえなかった。その曲集はふだん鍵のかかる棚にしまわれていたのだが、どうしてもそれが見たくなったバッハは、家族が寝静まった夜遅くに起きだして、格子戸になっていた扉の隙間から手を差し込み、仮綴じ状態だった楽譜をぐるぐる巻きにして抜き出し、月の光を頼りに六ヶ月をかけて写し取った。だが兄に見つかって取り上げられてしまい、兄が亡くなるまで見ることはかなわなかったという逸話である。バッハの次男カール・フィリップ・エマヌエルと弟子のヨハン・フリードリヒ・アグリーコラが編纂したごく初期の伝記『故人略伝』(一七五四年)に登場する話で、話の出どころはバッハ本人だという。

かつてこのエピソードは、弟の才能に嫉妬した兄の意地悪のように受け取られてきた。だが最近では、きょうだい仲はむしろよかったと考えられるようになっている。

まず、楽譜は手書きのものだと考えられるが、当時はたいへん高価な貴重品だった。作曲者にお金を払って写譜させてもらうことも珍しくなかったのである。きょうだいだからといって、簡単に見せたり写させたりできるものではなかった。まして勝手にそんなことをされたら、自分がそれを持っている価値がなくなってしまうのだ。

バッハのほうでも、そのことで兄を恨んだりはしなかっただろう。というのもバッハは、後に《ヨハン・クリストフ・バッハを讃えて》BWV993というカプリッチョを作曲しているし、かつて兄にしてもらったように兄の息子たちを自分の弟子として受け入れ、自宅に住まわせたりしている。ちゃんと恩返しをしているのだ。

おそらくヨハン・クリストフは弟に嫉妬していたどころか、その才能を高く買っていた。というのもクリストフは、たぶん後世に残すことも考えて、弟の作品を筆写していたのである。クリストフは、《メラー手稿譜》と《アンドレーアス・バッハ本》と呼ばれる、ドイツからフランス、イタリアに至る作曲家の作品を集めた鍵盤作品集を編纂しているのだが、そこにはヨハン・セバスティアンの作品も含まれている。これらの曲集には、クリストフの師のパッヘルベルはもちろん、北ドイツの大作曲家ブクステフーデや、フランス・バロックの大家リュリ、イタリアの人気作曲家アルビノーニまで、当代を代表する作曲家の作品が収められているのである。そのなかに弟の作品を加えたということは、弟を高く評価していたからに他ならないだろう。曲集がクリストフの名前で呼ばれていないのは最終的な所有者によるためだが、「アンドレーアス・バッハ」はヨハン・クリストフの息子である。クリストフはこれらの作品を、息子や子孫に伝承しようと考えていたのである。

バッハもまたヨハン・クリストフのもとで、この曲集に収められたような作品に接する機会を持てたはずだ。バッハは、有能な音楽家だった兄から、かなりの英才教育を受けていたといえるのではないだろうか。加えて兄がつとめていた聖ミヒャエル教会のオルガンは、バッハの格好の研究対象になったに違いない。聖ミヒャエル教会には二台のオルガンがあったが、大きなほうは改修中であり、バッハはその過程を目撃することで、オルガンの構造を知る機会を得たと考えられる。

総じてオールドルフで、バッハは豊かな教育に恵まれた。それを可能にしたのは、兄の力に加え、バッハ自身の能力が飛び抜けていたからだった。

「月光の下の筆写」はバッハの若い頃のエピソードのなかでも有名な話であり、バッハのオールドルフ時代を代表する逸話として語られている。バッハ没後二五〇年のアニバーサリーイヤーだった二〇〇〇年を目前にした一九九九年、街のギムナジウム（バッハが通ったリュッツェウムの後継の高校）の生徒たちの手で、聖ミヒャエル教会の塔のそばにバッハ記念碑が造られたが、そのモティフも、バッハと関係が深い聖ミヒャエル教会の塔やオルガンのパイプなどと「月光の下の筆写」のエピソードを組み合わせたものだ。中心になるのは聖ミヒャエル教会の「塔」で、その周囲に「月光の下の筆写」に登場する格子戸や巻かれた楽譜、バッハ一族を象徴する「系図の木 Stammbaum」、オルガンのパイプなどが配置されている。記念碑の下部には空襲や火災での破壊を象徴するひしゃげたパイプが置かれ、それが伸びて聖ミヒャエル教会の塔につながる形になっているが、それは教会と音楽との結びつきを暗示しているそうだ。塔の後ろには金色の棒が配され、塔の頂を超えて天をさして伸びている。これはバッハの音楽の栄光の象徴だそうで、それが教会の塔を超えて天に達する様子を表現しているという。「バッハは創作のためのインスピレーションを天から得ていた。なぜならバッハは作品の最後に、いつも『ただ神の栄光のためにSoli deo Gloria』と書き記していたから」(ケーラー元牧師)。

この記念碑について、そしてバッハの足跡について説明してくれるケーラー元牧師は、いつも誇らしげで、ちょっぴり嬉しそうだ。きっと彼も、記念碑の建造にあたってイニシアティブをとったのではないだろうか。オールドルフにおけるバッハの足跡を、さまざまな方法で伝えることに情熱を傾けるケーラー元牧師は、バッハゆかりの教会で彼の音楽を伝えるオルガニストやカントールにも勝るとも劣らない、バッハの伝道師である。

古地図が明かした「バッハの住まい」

最近見つかった一七四七年のオールドルフの地図(絵図)は、バッハの、つまり当時のヨハン・クリストフの住まいが、これまでいわれてきた場所と違う場所にあったことを証明した。これまでクリストフの家は、かつての「シュールガッセ(「学校通り」)」、現在の「ヨハン・セバスティアン・バッハ通り」)にあるとされ、当該の場所には記念のプレートもかかっているのだが、一七四七年の地図では「シュールガッセ」は現在のところまで延びていなかった。現在のところまで延びたのは、一七五三年に街を襲った大火の後である。この通りは、当初文字通り「ノイエ・ガッセ（新通り）」と名付けられた。その「新しい通り」に家を持ったのは、クリストフではなく、クリストフの家系から出た最後のオルガニスト、ヨハン・ゲオルク・バッハだった。
クリストフ一家が住んでいたのは、今は潰されてしまった古い「シュールガッセ」の脇、「ラッペンガッセ」にあった家である。ケーラー元牧師によれば、この家の位置だと、夜に「月光」が入りやすいという。「月光の下の筆写」のエピソードも、ここのほうが信憑性が高いというわけである。

ちなみにこの古地図に描かれている聖ミヒャエル教会の塔の形は、現在とは違う。一九九九年の再建では空爆前の塔が復元されたが、それはバッハが知っていた塔ではなく、その後火災で失われ、再建された塔だった。バッハが見ていた塔はてっぺんが尖っていたが、今の塔は球形の屋根をい

かつてバッハの住まいと考えられていたところに作られたプレート。地図が発見されて否定された

現在、バッハが住んでいたと考えられている場所。建物自体は新しい

ただいている。塔が建つ小さな広場の石畳には、かつての聖ミヒャエル教会の建物の輪郭が色の違う石で描かれているが、それを見るとかなり大きな教会だったことがわかる。

それもこれも、「伝道師」であるケーラー元牧師の力によるところが大きい。「バッハへの旅」をやっていると、このような地元の「伝道師」たちが、「バッハ」という存在を、文字通り草の根で脈々と伝えていることが実感できるのだ。


バッハは勤勉だった。しかし兄のところにいつまでもいるわけにはいかなかった。前に触れたようにすぐ上の兄ヨハン・ヤーコプは、わずか一年で楽師の修業のためにオールドルフを去っている。バッハにも、自立の時は迫っていた。

一七〇〇年のリュッツェウムの学籍簿には、バッハの人生についての重要な記録がある。第二学年で二番目と優秀な成績を収めていたバッハは、「ホスピティア（裕福な家庭の家庭教師を務める代わりに食費や奨学金をもらうシステム）を受けられなくなったため、一七〇〇年三月一五日に、リューネブルクへ旅立った」。

一七〇〇年三月一五日といえば、一五歳の誕生日（二一日）のわずか一週間ほど前である。人生の岐路だった。

リューネブルク——北ドイツを代表する観光地はバッハの第二の故郷

北ドイツを代表する美しい街

リューネブルクは、バッハが暮らした街のなかで唯一、北ドイツに位置する街である（他の街はすべて、ドイツ中部のテューリンゲン州とザクセン州に属している）。同じドイツ連邦共和国とはいえ、ザクセン、テューリンゲンの風景と北ドイツの風景は別の国のように違う。多分に地理的なものだが、北ドイツの風景はテューリンゲンよりむしろオランダに近い。

北ドイツの街には、独特の美しさがある。とくにこのリューネブルクをはじめ、ハンブルクやリューベックなど歴史のある街は趣がある。大きな理由は、建物に煉瓦《れんが》が使われていることだ。中部ドイツでは、教会など公共の建物の多くは花崗《かこう》岩をはじめとする石材で造られているのに対し、北ドイツでは石材が採れないため人工の建材である煉瓦が使われるのだが、その煉瓦色の街並みこそ北ドイツの街の美観の源泉だ。やや錆びた赤色をした煉瓦の壁に、白く塗られた窓枠や、縦横斜めに走る木組みが彩りを添える。

バッハが一五歳から一七歳まで学んだリューネブルクは、北ドイツの大都会ハンブルクの南東五〇キロほどのところに位置する。旧市街の端を縫うイルメナウ川は、かつての貿易路。川のほとりには柳が揺れ、荷物の上げ下ろしに使われていたクレーン、昔のニシン貯蔵庫や製粉所といった歴史的な建物が、堂々とした姿を見せている。ニシン貯蔵庫も製粉所も今ではホテルになっていて、リューネブルクの夜を忘れがたいものにするにはうってつけの宿だ。

リューネブルクは、塩の産地として栄えた。塩を積んだ船はイルメナウ川を通ってリューベックにある港まで運ばれ、主にスカンジナビアへ送られた。北ドイツやスカンジナビアでは、バルト海で獲れるニシンなど海産物を保存するために塩が求められていたのだ。塩のおかげで、リューネブルクは中世において北ドイツからバルト海にかけての経済圏を独占したドイツの都市同盟「ハンザ同盟」を代表する街のひとつとなり、とりわけ一四世紀から一六世紀前半にかけて屈指の繁栄を誇った。街に残る豪勢な建物の大半は、塩商人の商館だという。

この街はビールも名物だ。塩のせいで喉が渇くため、ビールの醸造がさかんになったという。一六世紀にはおよそ八〇軒の醸造所があったそうで、今でも醸造所をかねたビアホールは多い。

現在のリューネブルクの人口はおよそ七万人。一七五万都市のハンブルクの二五分の一の規模だが、この街は北ドイツでも屈指の観光地である。「塩」のおかげで富み栄えた名残りをとどめる歴史的な街並みが、ほぼ戦禍を逃れて残っているからだ。かつては運河に面し、船が荷揚げをしていたという「アム・ザンデ（砂地）広場」には、珍しい黒焼きの煉瓦で作られた「黒い煉瓦の家」をはじめ、この街独特の階段状になった破風や、赤い瓦が美しい切妻屋根を備えた華やかな建物が建ち並ぶ。広場のどんづまりに地面から立ち上がっている大木のように

リューネブルクの街並み。北ドイツらしいかわいらしい建物が並ぶ。尖塔はゲオルク・ベームが働いていた聖ヨハネ教会

そびえる尖塔は、街の主要教会のひとつ、聖ヨハネ教会のそれ。一二世紀に遡る、リューネブルク最古の教会だ。華やかなバロック風のファサードが印象に残る市庁舎とならぶ、リューネブルクのシンボルである。

リューネブルクの魅力は街だけではない。郊外には、夏の終わりから秋のはじめにかけて「ハイデ」（ヒース）の花が咲き乱れる「リューネブルガー・ハイデ」と呼ばれる草原地帯が広がる。秋の高い空と澄んだ空気、ほのかに黄色に染まった木々の梢、薄紫色のハイデのじゅうたんが風に揺れる野……ドイツ人がこの地に魅せられるのもよくわかる。

リューネブルクの「塩」は、地下の塩泉から採掘された。地下四〇メートルのところに、岩塩の層があったのだ。塩水は井戸から汲み上げられ、水分が蒸発するまでかまどで加熱された。製塩は一九八〇年まで行われていたという。このような採塩方法は、リューネブルクの景観に影響している。街の一部で地面が沈下しているのだ。塩盤の上にある街の西側には、その痕跡がありありと残る。なかでも地盤沈下が著しいのが、「アウフ・デム・メーレ」通り周辺の一帯。煉瓦と木組みと赤い屋根、ときに壁面にからむ蔦に彩られた民家や商店がひしめく細い路地の地面が傾いでいたりする光景は、ほかではちょっとお目にかかれない。

そんな眺めに感嘆しながら歩いていくと、バッハが学んだ聖ミヒャエル教会に突き当たる。この教会も、「塩の街」リューネブルクの証人である。地盤沈下の影響で、床も柱も傾いでいるのだ。「ピサの斜塔」のミニチュア柱版のような煉瓦の柱を目の当たりにしながらオルガンの響きに耳を傾けるのは、なかなか乙な経験である。

二一世紀の観光客にも、新鮮な驚きをたくさん与えてくれるリューネブルク。まして一五歳になったばかりのバッハにとっては、ワンダーランドだったに違いない。

リューネブルクとオールドルフの深い関係

リューネブルクは、それまでバッハが暮らしたなかで一番大きな街である。生まれ故郷アイゼナッハの人口は六〇〇〇人、オールドルフは二五〇〇人。それに対してリューネブルクの人口は一万人を超え、建物の数は二〇〇〇軒にのぼったという。街を飾る華やかな建築の多くは当時すでにあったから、静まりかえったオールドルフからやってきたバッハは、目の眩む思いがしたのではないだろうか。

バッハがリューネブルクにやってきたのは、オールドルフの聖ミヒャエル教会のカントールで、リュッツェウムの教師でもあったエリアス・ヘルダ（一六七四～一七二八）の薦めである。ヘルダはテューリンゲンのライナという小さな街の出身だが、一六八九年から九五年にかけて、リューネブルクの聖ミヒャエル教会付属ラテン語学校に学んでいたのだ。ここには、音楽的に優れた生徒を奨学生として受け入れている少年聖歌隊があった。テストを受けてこの聖歌隊のメンバーになれば、多少だが給料ももらえる。ヘルダは、「ホスピティア」を切られて、オールドルフのリュッツェウムでそれ以上勉強を続けられなくなったバッハに、聖ミヒャエル学校の奨学生という可能性を教えてくれた（当時のリュッツェウムの校長のメモから、リューネブルクの奨学生枠に空きがあったことがわかる）。さもなければバッハは勉学を諦めて、どこかの町楽師に弟子入りしなければならなかった。リューネブルクに留学したおかげで、バッハはラテン語学校を卒業することができた。当時のドイツも学歴社会だったから、バッハにとってヘルダは恩人といっていい。

もうひとり、リューネブルクとバッハとの縁を結んでくれた人物がいる。バッハがリューネブルクに行く二年前から、リューネブルクの聖ヨハネ教会でオルガニストをつとめていたゲオルク・ベーム（一六六一～一七三三）である。バッハの次男カール・フィリップ・エマヌエルの手紙によると、バッハはベームを尊敬し、その作品を収集し、影響を受けたという。

ベームとバッハの関係については、二〇〇六年に重要な発見がなされている（本書二六五ページも参照）。バッハがベームの指導のもとで書き写したことが明記された、ラインケンの作品の筆写譜（オルガン・タブラチュア）である。これはバッハがリューネブルクで学んでいた一七〇〇年に成立しているから、彼の留学時代のことだった。

バッハは、リューネブルクに行く前からベームのことを聞き知っていたと思われる。まずベームは、オールドルフの近くのホーエンキルヒェンで、オルガニストの息子として生まれている。バッハと同じテューリンゲンの音楽家一族である。さらにベームはバッハ一族の本拠地のひとつであるゴータのラテン語学校やイエナの大学に学ぶが、その間にバッハ一族の誰かに師事した可能性もあるし、ラテン語学校や大学の同窓生にはバッハ一族の関係者がごろごろいた。

一六九三年、ベームは北ドイツのハンブルクに赴く。ハンブルクで何をしていたかはわかっていないが、そこで五年を過ごした後、一六九八年にリューネブルクの聖ヨハネ教会のオルガニストに就職し、亡くなるまでそのポストにあった。

聖ヨハネ教会のオルガンは、北ドイツでも指折りの歴史と美しさを誇る名器である。一六世紀の半ばにオランダ人のヤスパー・ヨハンセンとヘンドリック・ニーホフによって建造され、一八世紀のはじめにベームの依頼により、リューネブルクに工房を構えていたマティアス・ドローパによって改修された。高さ二二メートル、三段の鍵盤に二二のストップ、およそ四五〇〇本のパイプを持つ大オルガンである。見事なのはその装飾性で、外箱は手の込んだ金色のレリーフや奏楽天使の彫像で飾られている。オルガン台の手前には、ドイツでもっとも古いというリュックポジティフ（オルガン台の手前にある小さなオルガンのようなパイプ群。詳しくは二六〇ページを参照）がついている。その上でトランペットを吹き鳴らす三人の奏楽天使は、ことのほか優雅だ。

リューネブルクの大教会で華麗なオルガンを奏でている、同郷の先輩ベーム。バッハは、兄のヨハン・クリストフやカントールのエリアス・ヘルダから、その噂を聞いていたことだろう。

バッハがオールドルフからリューネブルクまでおよそ三〇〇キロを旅したことは、伝記のなかで驚きの声とともに語られてきた。わずか一五歳の少年が、それほど長い道のりを、おそらくほとんど歩いて（二週間ほどかかった）旅

壮麗な聖ヨハネ教会のオルガン。北ドイツ特有のリュックポジティフが手前に見える

したことについて、である。

もちろん、勇気のある行動だったことに間違いはない。またバッハ一族のなかではるばる北ドイツまで留学したのも、バッハが初めてだった。

だが、リューネブルクとオールドルフ、あるいはテューリンゲンの間には、ベームやヘルダの例に見るようにかなり密な関係があった。とりわけ、テューリンゲンから出てリューネブルクで勉強し、またテューリンゲンに戻ってカントールの仕事をしているヘルダは、バッハの目に生きたお手本のように映ったことだろう。加えてリューネブルクでは、テューリンゲンの音楽家が優秀だということはよく知られていたようだ。少年聖歌隊の隊員を補充する際にも、テューリンゲン出身の人間は歓迎されたという。テューリンゲンはマルティン・ルターのおかげで「音楽の国」になったが、バッハ一族がテューリンゲンの音楽家の名声を押し上げるのに果たした役割も大きい。一族出身のバッハは、期待をもって迎えられたのではないだろうか。ヘルダなどを通じて、バッハが優秀だということがリューネブルクに伝わっていた可能性もある。

一五歳の少年にとってオールドルフからリューネブルクまでの三〇〇キロは、未知の、不安もある道のりではあっただろうけれど、先人もいて希望もある道のりでもあったのではないだろうか。

それに、バッハはひとりではなかった。同じオールドルフのリュッツェウムで学んだ仲間のゲオルク・エルトマンが同行していたのだ。彼は長じて外交官に出世し、バッハは後に俗に

バッハが学んだ聖ミヒャエル教会のオルガン

「エルトマン書簡」と呼ばれる有名な手紙（一六六ページ参照）を書いて、転職の相談を持ちかけたりしている。その頃はバッハも、ライプツィヒの聖トーマス教会のカントールという、ドイツの音楽家としてはトップクラスのポストについていたのだが。

そう、リューネブルクの聖ミヒャエル教会のラテン語学校は、高い水準の教育が受けられるエリート校だったのである。

旧市街のはずれに佇む聖ミヒャエル教会は、ベームが活躍していた聖ヨハネ教会と比べると規模も小さく、内部も簡素だ。オルガンはマティアス・ドローパの作（一七〇五〜〇八年。後世に全面的に改修）。ドローパは聖ヨハネ教会のオルガンの改修も手がけたオルガン製作者である。多くのひとに讃えられてきた聖ヨハネ教会の華麗なオルガンに比べると、聖ミヒャエル教会のオルガンはやや小ぶりだが、木製の外箱はレリーフで飾られ、それぞれのパイプ群のいただきには王冠が置かれて、調和のとれた佇まいを見せている。北ドイツのオルガンによく見られるリュックポジティフもついている。ちなみにバッハがリューネブルクを去ったのは一七〇二年の春なので、彼はこのオルガンを知らない。

けれどバッハ当時の聖ミヒャエル教会は、今からは想像ができないほど活気にあふれていた。まずこの教会には、二つの教育施設があった。ルター派の教会に伝統的に付属しているラテン語学校と、貴族の子弟が寄宿して勉学する騎士学院である。さらについ数年前までは、「コレギウム・アカデミクム」と呼ばれる、大学に準じる教育機関も開設されていた。

バッハが入学したのは、ラテン語学校である。聖ミヒャエル教会がカトリックの修道院だった一四世紀に創設され、アイゼナッハの聖ゲオルク教会学校やオールドルフの聖ミヒャエル教会のリュッツェウム同様、宗教改革を経て教会付属のラテン語学校になった。このラテン語学校は、教育水準が高いことで有名だった。多くの教科で大学教授が教鞭を執り、生徒たちは大学で学位をとる準備教育を受けたのである。ラテン語、ギリシャ語、ドイツ語学、神学、修辞学、算術、古典文学、歴史、地理など科目は多岐にわたり、個人指導される科目も少なくなかった。のちにバッハが、大学を出ていないにもかかわらずライプツィヒの音楽家のトップであるトーマスカントールになれたのは、この学校で学んだことも大きかったようだ。

さらにバッハにとってプラスになったのは、騎士学院の存在である。貴族の子弟の学校である騎士学院は、貧困家庭の子供が多いラテン語学校とは科目も世界も違った。宮廷人の公用語であるフランス語、社交に必須の剣術や乗馬、貴族社会に不可欠の舞踏……。もちろん、バッハが騎士学院の授業を受けられたわけではない。だが、二つの学校の生徒は同じ屋根の下に住んでいた。貧民層がほとんどだったラテン語学校の生徒は、騎士学院のお坊ちゃんの下働きやダンスの伴奏をして小遣いを稼いだ。フランス語も、その気になれば学べただろう。バッハはフランス語もできたが（ブランデンブルク辺境伯に献呈された《ブランデンブルク協奏曲》の献辞はフランス語で書かれている）、リューネブルクの騎士学院で基礎を身につけた可能性は高い。

しかもこの学校では生計も立てられた。バッハは月一二グロッシェンの給料と引き換えに「朝課合唱団」のメンバーとして、朝晩の礼拝やクレンデに参加した。さらにこの合唱団は器楽奏者も加わる「コルス・ムジクス」として土曜日曜の礼拝音楽を担当し、難しい多声音楽も歌った。このような音楽の実践活動が、バッハにとって生きた学びだったことはいうまでもない。

聖ミヒャエル教会の朝課合唱団に所属したメリットは、新しい、そして広大なレパートリーを習得できたことである。この教会の付属図書館は、北ドイツでも五本の指に入る重要な図書館で、膨大な数の聖歌隊用の楽譜を所有していた。ドイツやイタリア、そして音楽の先進国だったフランドル地方などの作曲家の一七世紀の作品を中心とした楽譜が、およそ一二〇〇冊、曲数にして一万曲以上所蔵されていたのである。勉強好きのバッハ少年にとっては、新しい刺激の連続だったに違いない。ちなみにこの楽譜コレクションは、一八一九年にラテン語学校と図書館が閉鎖された後リューネブルクの市庁舎に移されたが、ほとんどが散逸してしまった。

繁栄の面影をとどめた美しい北の都で、バッハは自立を果たした。職人の生涯でいえば「徒弟」から「遍歴」「修業」の時代に入った、それがリューネブルクだった。

ツェレ、ハンブルク行きの真実

六五ページで紹介したバッハの初期の伝記『故人略伝』には、リューネブルク時代のトピックとして「ツェレ」の大公お抱えの楽団で「フランス趣味をしっかりと身につけ」たこと、「ハンブルク」にときおり旅行し、カタリーナ教会で「ラインケンの演奏を聴」いたことが出てくる。

ツェレは、リューネブルクの南南西、直線距離で七五キロほど離れている。車だと一時間くらいはかかる距離だ。一六世紀から一九世紀にかけて造られた、およそ四五〇軒にのぼる木組みの家が残るため「北ドイツの真珠」と呼ばれる美しい街である。ハノーヴァーを州都とするニーダーザクセン州に属し、北ドイツというより中部ドイツに近い。木組みの家の壁も煉瓦造りはほとんどなく、漆喰や木造が大半である。

ツェレは、一四世紀の後半から一八世紀の初頭までここを治めたブラウンシュヴァイク＝リューネブルク公爵の城下町として発展した。木組みの家が賑やかにひしめく旧市街と道を一本隔てて建つツェレ城は、一七世紀の後半に、最後のブラウンシュヴァイク゠リューネブルク公爵ゲオルク・ヴィルヘルムによって完成されたもの。外観は簡素だが、内部はイタリアの美術家たちの手できらびやかに飾られている。一六世紀に建造された城内礼拝堂は、当時の先進国であるフランドルの芸術家たちの手によって、細密画のように繊細な空間となった。

ゲオルク・ヴィルヘルムの時代のツェレ城では、フランスから輿入れしてきた妃エレオノールの趣味で、フランス音楽が愛好されていた。妃に首ったけだったゲオルク・ヴィルヘルムは、エレオノールの要望で一六七五年、城内にオペラ劇場を造る。席数三〇〇ほどのこぢんまりとした劇場だが、ドイツの中小の領主にとってオペラ劇場を持つことは夢だったから、公爵にとってはかなり思い切ったことだった。この劇場は現在でも使用されているが、現役の宮廷劇場としてはドイツ最古である。

ちなみにゲオルク・ヴィルヘルムとエレオノールの間の一人娘ゾフィー・ドロテーアは、美貌で聞こえた姫君で、ハノーヴァー選帝侯に嫁いだものの、冷たい夫との不幸な結婚生活に苦しみ、恋に落ちて幽閉されるという悲劇的な生涯を送ったことで知られている。一方で彼女の息子と娘は、それぞれイギリス国王、プロイセン王妃（そしてフリードリヒ大王の母）という栄達を遂げたので、ゾフィー・ドロテーアはツェレ城の女神のような存在だ。

『故人略伝』の記述に疑問を持つ人は少なくない。絶対主義身分制社会の全盛期に、一五、六歳の貧乏学生で、しかも歌ってお金をもらっているバッハが、仕事を休んで七五キロの道のりを歩いて往復し、お城に入れてもらってフランス音楽やオペラに親しむなどということができただろうか。バッハ研究の大家クリストフ・ヴォルフは、バッハはリューネブルクにあった公爵の第二の城で、公爵家のフランス音楽に触れたと主張している。これなら可能性は高い。というのも、バッハも出入りしていた騎士学院では、公爵家に仕える舞踏教師でヴァイオリン奏者のトマ・ド・ラ・セルが、踊りの指導に当たっていたのである。セルのつてでバッハがリューネブルクの公爵の城に出入りし、宮廷楽団の演奏に触れたり、そのなかに混じって演奏したことは十分に考えられる。

またハンブルク行きの話も、少なくとも個人的には、まったく疑問を感じないといえば嘘になる。安月給の身で、仕事をさぼって、これも片道五〇キロのハンブルクに何度も往復できただろうか。バッハのハンブルク行きを、一七〇二年に聖ミヒャエル教会学校を卒業してからだと考える研究者もいるが（マルティン・ゲック）、ありうる話だと思う。バッハ自身の探究心や、彼の音楽への影響からいえば、「ツェレのフランス音楽」より「ハンブルクのオルガン」のほうがはるかに重要だっただろう。

ハンブルクをはじめとする北ドイツは、ドイツのなかでもオルガン音楽の先進地だった。オルガン音楽は、一六～一七世紀にかけて、経済的に発展していたネーデルラント——オランダ、ベルギー、ルクセンブルクなど——でいち早く発展したが、その影響がドイツでもっとも早く及んだのが地理的に近い北ドイツだった。一六世紀オランダのオルガン音楽の大家にヤン・ピーテルスゾーン・スヴェーリンク（一五六二〜一六二一）がいるが、驚異的な即興演奏の技術で「アムステルダムのオルフェウス」と呼ばれたスヴェーリンクのもとには、北ドイツから多くのオルガニストが弟子入りした。そのなかにはラインケンの師で、ハンブルクの聖カタリーナ教会におけるラインケンの前任者でもあったハインリヒ・シャイデマンもいる。北ドイツのオルガン音楽は、スヴェーリンクの弟子たちと彼らの蒔いた種によって発展したのである。

楽器ももちろん発達した。小さなオルガンを前にくっつけたようなリュックポジティフは北ドイツのオルガンによく見られるが、北ドイツのオルガンは、リュックポジティフをはじめ、一群のパイプの塊——中心部のハウプトヴェルク、その上にあるオーバーヴェルク、演奏台のすぐ上にあるブルストヴェルク——がそれぞれひとかたまりになり、別々の鍵盤と連結されているため、いくつものオルガンが同居しているような壮麗な響きがする。さらに足鍵盤（ペダル）も加わるので、深い響きも得られるのである。このような音響効果に富んだ楽器は、作曲家のインスピレーションにも大いに影響したはずだ。

それまで、アイゼナッハやオールドルフで建造中や改修中の楽器ばかり見ていたバッハにとって、たとえば名手のラインケンが奏でるハンブルクの聖カタリーナ教会の大オルガンがどれほど衝撃的だったか、想像するにあまりある（このオルガンは一六七四年に建造されたが、残念ながら第二次大戦で破壊され、現存しない）。ベームが弾いていたリューネブルクの聖ヨハネ教会のオルガンも、バッハにとっては息を呑むような楽器だっただろう。

バッハは生前、第一にオルガニストとして名声を得ていた。そんな彼は子供時代から、アイゼナッハの父のいとこヨハン・クリストフ、オールドルフの同名の兄など、優れたオルガニストに囲まれて育った。いわばバッハ一族の楽器でもあるオルガンへの興味は、人一倍強かったに違いない。リューネブルクやハンブルクへ行けば素晴らしいオルガンに出会えることも、聞き知っていたのではないだろうか。

リューネブルクでの「留学」時代は二年で終わった。充実した教育と、数々の素晴らしい音楽との出会い。以後、北ドイツはバッハの第二の故郷になる。後日、人生に行き詰まったとき、バッハは「北」を目指すようになるのだ。

バッハ、一七歳。

アルンシュタット――バッハの青春の街は一族の本拠地

自立を果たした記念すべき街

田舎町である。

赤く塗られた市庁舎が建つ中央広場には、木々がそよいでいる。ほんとうに人が住んでいるのだろうかと思うくらい静かな日も、珍しくない。広場に日用品を売る市が立つと多少はごった返すが、そうでもなければ人通りはまばらだ。

アルンシュタットのバッハ像

そんな広場の中央に、ユニークな銅像が建っている。いや、座っているといったらいいだろうか。傲岸不遜《ごうがんふそん》な雰囲気を漂わせた青年が、足を前に投げ出して座っている銅像だ。

バッハの銅像だという。生誕三〇〇年の一九八五年に、ハレの彫刻家ベルント・ゲ

シンプルながらもかわいらしいバッハ教会

バッハ教会の華麗なオルガン

ーベルによって作られたものだ。生意気そうな顔つきなのは、この広場であわや決闘！の騒ぎを起こしたという青年バッハの血気盛んぶりをあらわしているらしい。

市庁舎に向かって右側の奥に、質素な教会が建っている。やや黒ずんだ石造りの壁に、赤茶色の瓦屋根。街のまんなかにある教会にしては地味だ。

内部も簡素である。堂内はかまぼこ型で、壁は木張り。バルコニー席はあるが、古い教会なら手すりなどに見られる装飾もない。

ただひとつ豪華なのがオルガンである。味もそっけもない田舎町の教会の、祭壇代わりの十字架と向き合うバルコニーの上、半円形のカーブを描く天井にてっぺんを接して、堂内からはみださんばかりの雄大さと華麗さでそびえるオルガン。外箱は白と金に塗られ、金色のレリーフがパイプを抱きかかえるように包み込む。ライトアップされ浮かび上がる大オルガンは、地上に姿を見せた天国の門のようだ。

現在の「バッハ教会」、当時の「新教会」に造られたこのオルガンが完成したとき、その音色をひとびとに披露したのは一八歳のバッハだった。

アルンシュタットは、バッハがはじめて定職を得た街である。一七〇三年七月、一八歳のバッハは街に完成したばかりの新教会（現バッハ教会。一九三五年のバッハ生誕二五〇年を記念して改名された）に新造されたオルガンの鑑定をかねた奉献演奏をしてひとびとを魅了し、翌八月、この教会のオルガニストのポストに就いた（なお、新しいオルガンができたときの機能チェックとデモンストレーションをかねた披露演奏のことを「鑑定」と呼ぶ）。

演奏の腕前が超一流であったことは疑いない。一八歳の若さで新造のオルガンの鑑定を任されたのも、異例である。けれど一族発祥の地ヴェヒマルにほど近く、バッハが少年時代を過ごしたオールドルフからも一五キロしか離れていないアルンシュタットは、バッハ一族の本拠地のひとつだった。バッハの就職も、一族のネットワークあってこそだったはずだ。バッハが優秀な音楽家でオルガンの構造を知り尽くしていることも、一族の間で知られていたのだろう。

一七世紀の前半から一八世紀の末にかけ、アルンシュタットでは一七人の「バッハ」が生まれ、二五人の「バッハ」が骨を埋めた。新教会以外の街の二つの教会や、この街の領主だったシュヴァルツブルク・ゾンダーハウゼン伯爵の宮廷礼拝堂のオルガニストは、長い間バッハ一族が独占していた。宮廷楽団でもバッハ一族は常連で、バッハ当時の伯爵アントン・ギュンター二世は、「次もバッハがよい」と一族の能力を高く買っていたという。

ヨハン・セバスティアンの家族とも、アルンシュタットは縁が深かった。父ヨハン・アンブロージウスは、子供時代から青年時代にかけてアルンシュタットで過ごし、オルガニストや町楽師をつとめたし、アンブロージウスの双子の兄ヨハン・クリストフは、この街で人生のほとんどを送った。おじのハインリヒ・バッハも、聖母教会などのオルガニストをつとめている。

バッハ一族とこの街との濃密な関係を教えてくれる場所が、中央広場からちょっと下がった

「リート Ried」という広場にある。ホテル兼レストラン「黄金の太陽 Goldene Sonne」だ。入り口には、こう書かれた青いプレートがかかっている。

「ホテル太陽亭（Hotel zur Sonne）一四九七年に初めて記録にあらわれ、一八世紀には音楽家一族バッハ家の集会場所だった」

ホテル太陽亭。バッハ一族が集ったというプレートがかかる

　バッハ一族は毎年、一族が多く住んでいる街で、情報交換をかねた集まりを開いていた。アルンシュタットはそのひとつで、「黄金の太陽」はその名高い集会の場所だったのである。

「黄金の太陽」で出てくるのは、典型的なこの地方の郷土料理だ。玉ねぎのスープ、牛肉の煮込み、「クロス Kloss」と呼ばれる、じゃがいもと小麦粉のダンプリング（団子）……素朴で味わい深いが、塩気はかなりきつい。舌に残る塩味を洗い流すには、名産のビールがぴったりだ。
バッハ一族の集まりのような宴会で余興に歌われたとされるのが、《クオドリベット》と呼ばれる楽曲である。俗謡を即興的に歌い継いでいってできる曲で、バッハもBWV524という番号がついた《クオドリベット》を残している（自筆譜で断片のみ現存）。バッハの真作かどうかは不明だが、真作だとしたらこれが厳粛な教会音楽を書いたバッハの曲かと驚いてしまうような、音楽も歌詞もくだけた曲だ。何しろ、こんな感じの歌詞なのだから。

「（前略）おや、ザロメ姉さん
口元にしわを寄せて困り顔
そうか、馬番のやつが
フォークでくすぐってるんだ
（中略）
大きな婚礼には　大きな喜び、
大きな刀には、大きな鞘、
大きな判事には、大きな廷吏（後略）」
（杉山好訳）

この《クオドリベット》が、どんな目的で書かれたかはわかっていない。バッハ本人の結婚披露のためだったと主張するひともいるが、証拠はない。歌詞から推測すると、エルフルトに嫁いだ姉のマリー・ザロメの結婚式で歌われた可能性もありそうだ。まじめで厳格なひとだと思われているバッハも、宴会のときには皆と一緒にこんな曲を歌っていたのである。

「テューリンゲンの森」のほぼ中央に位置するアルンシュタットは、八世紀にさかのぼる歴史を持つテューリンゲン最古の街である。一四世紀の半ばから一八世紀の初めにかけては、シュヴァルツブルク＝ゾンダーハウゼン伯爵という小さな領主の宮廷も置かれていた。南ドイツのバイエルン州以外で初めて「小麦ビール Weinzenbier」が醸造された記録があったり、テューリンゲン名物の「テューリンガー・ソーセージ」にかんするもっとも古い記述もこの街に残されていたりと、さすがに古いだけのことはある。

とはいえ現在のアルンシュタットは、いたって鄙《ひな》びた田舎町だ。現在の人口はおよそ二万五〇〇〇人だが、バッハがやってきた頃は四〇〇〇人に満たなかった。華やかなリューネブルクや大都会ハンブルクを知っている若者バッハの目には、かなり地味な街に映ったことだろう。

しかしアルンシュタットは、バッハが文字通り「青春」を謳歌した街となった。バッハはこの街で音楽家としての第一歩を踏み出し、伴侶にめぐりあい、喧嘩をして街を騒がせ、休暇を延長して北ドイツで再度の修業に励んだ。この街で、バッハは若く独り身だからこそできた、濃密で自由奔放な体験を重ねたのである。

リューネブルクのラテン語学校を卒業した一七〇二年の春からしばらく、バッハの足取りは途絶える。生涯で唯一、記録のない時期である。オルガニスト、神学者でバッハ研究でも名高い故川端純四郎氏は、バッハはテューリンゲンに帰り、オールドルフのヨハン・クリストフのところに滞在していたと推測している。ヨハン・クリストフは、バッハがリューネブルクに行っている間にリュッツェウムの教師になり、経済状態はよくなっていた。またバッハは北ドイツから、貴重な楽譜を兄のために持ち帰っている。ヨハン・クリストフがその後編んだ《アンドレーアス・バッハ本》や《メラー手稿譜》には、ブクステフーデやラインケン、ベームといった北ドイツの作曲家たちの作品や、リュリやマルシャンといったフランスの作曲家たちの作品が収められているのである。どれも、クリストフが知らない、そしてテューリンゲンでは知られていない作品ばかりだった。ヨハン・クリストフが狂喜したのは間違いない。バッハは「月光の下の筆写」での借りを十二分に返した。また六六ページでも触れたように、カプリッチョ《ヨハン・クリストフ・バッハを讃えて》BWV993というチャーミングな作品を兄に献呈し、これまでの恩に報いている。

テューリンゲンに戻ったバッハは、もちろんじっとしていたわけではなく、積極的に就職活動を行った。その年の七月には、ザンガーハウゼンという街のヤコブ教会のオルガニストのポストに応募している。一七歳のバッハは町の議会でオルガニストに選ばれるが、ザクセン＝ヴァイセンフェルス公爵の横槍が入り、別のオルガニストにポストを持って行かれてしまった。およそ三〇年後、バッハは今度は息子のヨハン・ゴットフリート・ベルンハルトをこのポストにつけるため、骨を折っている。

その後の足取りがわかるのは翌年の一月、ヴァイマルのヨハン・エルンスト公爵の宮廷で「従僕」（実態は従僕をかねた楽師。一三八ページも参照）の仕事を得たときである。そして七月、一八歳のバッハは新教会に完成したオルガンの鑑定のためにアルンシュタットに招聘され、八月九日、オルガニストの辞令を受ける（承諾は一四日）。アルンシュタットに新しくできる教会でオルガニストを募集しているという情報はバッハ一族からもたらされたに違いないが、ヴァイマルにいた若きバッハに声をかけたのは、新しいオルガンの責任者でもあったアルンシュタットの市長、マルティン・フェルトハウスだったらしい。フェルトハウスは妻の姉妹がバッハ一族に嫁いでいた縁で、バッハの縁戚に連なっていたのだ。最終的には領主のアントン・ギュンター伯爵の承認が必要なことがらだったので、フェルトハウスがバッハを支持したことは重要だったと思われる。

「新教会」と名付けられたその教会は、一五八一年に火災で焼失した「聖ボニファチウス教会」の二代目である。焼失後、聖ボニファチウス教会に通っていた人々は、それ以外のふたつの教会で礼拝に参加していたのだが、街の人口が増え、市民のための教会を再建する必要ができたため、一六七六年から八三年にかけて建てられた。内部が質素なのは、途中で予算が足りなくなったからだという。

だが、音楽的にはそれが幸いした。木造で柱もない堂内は、小さなコンサートホールのように音響がいい。大きな教会は内部に柱が林立していることが多いが、あれは結構音楽の邪魔になる。新教会（現バッハ教会）のすっきりした内部は、音楽の演奏には理想的なのである。

オルガンはヨハン・フリードリヒ・ヴェンダーの作。一六九九年から一七〇三年にかけて建造された、二段鍵盤、ペダル、二一のストップを持つ中規模のオルガンだ（オリジナルのオルガン台は、アルンシュタットのお城のなかにあるバッハ博物館に展示されている）。後世に何度も改造されたが、バッハ没後二五〇年のアニバーサリーイヤーだった西暦二〇〇〇年を目前にした一九九九年に修復され、バッハ当時の響きがよみがえった。バッハ・オルガンの下にはロマン派の演奏に向いたオルガンも建造されていて、オルガニストはふたつの楽器を自由にできる恩恵にあずかっている。バッハが知ったら、羨ましがるかもしれない。

はじめて得た仕事で、バッハは前任者の、そして彼がヴァイマルで稼いでいたおよそ三倍にあたる八四フローリンという収入を手にした。四年後にこの仕事を継ぐいとこ――父の双子のきょうだいヨハン・クリストフの息子――のヨハン・エルンスト・バッハはほぼ半額しかもらえなかったから、バッハへの評価の高さがうかがえる。仕事は新教会で週四回行われる礼拝での演奏（讃美歌の伴奏や前奏、礼拝の前後の即興的なオルガン演奏など）が主で、自由な時間もかなり持てた。初めて自由に使える楽器、それもできたばかりの楽器を手に入れたバッハが喜び勇んだのは想像できる。オルガンを演奏する際に必要なふいご係にかかる費用も公費だった。

教会以外の活動の場所は、一族の音楽家が何人も仕えていたアントン・ギュンター伯爵の宮廷だった。一七〇五年にはバッハの指揮で、ラテン語学校＝リュッツェウムの生徒も加わって、伯爵のために《ビール醸造法におけるお上の才覚》なる「オペレッタ」が上演されている。いかにも「テューリンゲン最古」の小麦ビールを誇るアルンシュタットらしい作品だ。テクストしか残っていないので、バッハが作曲したかどうかはわからないが、もしこれがバッハの作品で音楽が残っていたらどんなに愉快だっただろうかと想像してしまう。バッハは後に、《コーヒー・カンタータ》を作曲することになるのだから。

ちなみに父のアンブロージウスをはじめバッハ一族は、「自宅でビールを醸造する権利」を先祖代々引き継いでいた。その嗜好はバッハにも確実に受け継がれたようだ。

アルンシュタットでのバッハの住まいは、候補はあるものの確定されているわけではない。一族の誰かが住んでいた場所はいくつか明らかにされていて、そのなかには「黄金の太陽」も含まれる。バッハをアルンシュタットに呼んだ市長フェルトハウスの住居跡もあり、ここにバッハが住んでいた可能性も高いようだ（だとしたら、フェルトハウスに引き取られていたマリア・バルバラとひとつ屋根の下に住んでいたことになる。詳しくは二九四ページを参照）。市庁舎広場からちょっと入った「コールガッセ」七番地の家は、バッハの父アンブロージウスの双子のきょうだいヨハン・クリストフとその息子が住んでいた建物で、「バッハも暮らしていたのでは?」と希望をこめていわれているが、確証はない。建物は当時のままなので、もし住んでいたことが証明されたら、つい最近証明されたケーテンでの住まい（一六〇ページ参照）とならんで、彼が暮らした空間が残っているとても貴重な例になるのだが。

本格的な創作活動が始まるのもアルンシュタット時代である。バッハの代名詞のようになっている《トッカータとフーガ ニ短調》BWV565もこの時代に成立したと考えられているが、実は本作には偽作説も根強い。《トッカータとフーガ ニ短調》は自筆譜が残っておらず、J・リンクという人物による筆写譜で伝承されていて、「Bach」と記されていたためバッハの作とみなされてきたのだが、繰り返し書いてきたようにバッハ一族は何十人もいるのだから、これだけでヨハン・セバスティアンの作と断定はできない。また作品の様式からみて疑問を呈する声もある。

それはそれとして、この時代に書かれたと考えられているオルガン作品の多彩で充実していることは目をみはるばかりである。今日わかっているだけでも、以下の作品がアルンシュタット（一部はリューネブルク時代の可能性もある）時代に生まれた。《パッサカリア》BWV582、《パッサカリアとフーガ》BWV582、《前奏曲》BWV531、535a、549a、568、569、921、《ファンタジア》BWVanh205、570、オルガン・コラールBW

V715、722、724、729、732、739、764、《前奏曲とフーガ》BWV533、551、566、《前奏曲と模倣曲》BWV563、《フーガ》BWV574、578、《パルティータ》BWV766、《カンツォーナ》BWV588、《アラ・ブレーヴェ》BWV589。

本来の任務であるコラール（讃美歌）、礼拝中に演奏される自由な曲である前奏曲、ファンタジア、パッサカリア（変奏曲の一種）に加えて、オルガン音楽探求の成果だと思われるイタリア生まれの《カンツォーナ》《アラ・ブレーヴェ》……。ジャンルはこのように多岐にのぼり、しかも聴きごたえのある作品が多い。

アルンシュタットでは、バッハの声楽曲のメインのジャンルであるカンタータの創作も始まっていた可能性がある。現存するもっとも古いカンタータであるカンタータ第一五〇番《主よ、我が魂は汝を求め》BWV150は、様式的にみて、この時代に書かれた可能性が高いと指摘されているカンタータだ。この作品を含め、バッハの初期カンタータは若書きとは考えられないほど名作ぞろいで、人気も高い。歳を追うにつれ作品の完成度が高くなるベートーヴェンやヴェルディなどと違って、最初から完成度の高い曲を書けたのがバッハだった。

《主よ、我が魂は汝を求め》は、一五分にも満たない短い曲だが、二〇歳前後の作曲家の作品とは思えない、凝った、そして悲痛な雰囲気をたたえた作品である。半音階の下降音型が作り出す痛切な音楽に巻き込まれてしまう冒頭のシンフォニアも、ソプラノによるささやかなアリアも、決然とした三重唱も美しいが、全七曲中四曲を占める合唱の多様さには心を奪われる。

「チャコーナ」と題された最終曲の合唱は、低音部に置かれたテーマが終始繰り返される器楽曲「シャコンヌ」を合唱に応用したもので、低音部の主題は後にブラームスが《交響曲第四番》の最終楽章に使ったことで知られる。この作品がどんな機会に演奏されたのかは不明だが、後述するようにかなり水準が低かったらしいリュッツェウムの聖歌隊がこの合唱を歌いこなすのは、まずもって難しかったことだろう。

曲を作っても、演奏できる団体がない。このジレンマに、バッハがそう長く耐えられなかったとしても無理はない。

恋と喧嘩とリューベック行き

さて、バッハのアルンシュタット時代のエピソードとして見逃せないのが、最初の伴侶であるマリア・バルバラと知り合ったことと、リュッツェウムの生徒との喧嘩騒ぎとその顛末、そしてリューベック行きである。

マリア・バルバラとの出会いと結婚については本書第四章で詳しく触れているのでそちらをご参照いただきたいが、実際にアルンシュタットを訪れてみると、この狭い街で二人が接近したのは自然ななりゆきだっただろうとうなずけてしまう。

喧嘩騒ぎとリューベック行きは、資料が極めて少ない「人間バッハ」を教えてくれる貴重なエピソードでもある。公文書に残されているバッハの言動から、彼がいかに自負心が強く、自己の芸術の追求に熱心な人間だったかがうかがえるのだ。

トラブルは、新教会で歌や奏楽を担当していたリュッツェウムの生徒との間に起こった。もともとバッハの職務は、「オルガン演奏」に関することだと辞令に明記されていたが、新教会での礼拝には、リュッツェウムの生徒による聖歌隊がしばしば入り、バッハはこちらの指導もするよう要求されていた。バッハは基本的には聖歌隊の指導は断り続け、学校の上級生に担当させたりしていたのだが、ときどきは応じなければならなかったようだ。けれどリュッツェウムの生徒、とくに新教会の聖歌隊に配属される生徒は、アルンシュタットのより重要な教会に優秀な生徒をとられた残り（失礼！）だったので、真面目でも優秀でもなかったらしい。

そんなバッハと生徒たちとの軋轢《あつれき》を証明するのが、一七〇五年の夏に起こった「ガイヤースバッハ事件」と呼ばれる有名な出来事である。どんな場面でのことだったかはわからないが、バッハが自分より三歳年長のガイヤースバッハという生徒のことを「よぼよぼファゴット吹き」と罵ったのだ。ガイヤースバッハの腕前はたしかに褒められたものではなかったようだが、罵倒されて火がついた。ある夜、バッハが宮廷での仕事を終えて、市庁舎前の広場を通りかかったところ、仲間たちとたむろしていたガイヤースバッハがからんできて、しまいには棍棒《こんぼう》で殴りかかってきたのだ。バッハは、宮廷楽師の制服についていたという剣を抜いて応戦した。幸い、ガイヤースバッハと一緒にいた学生たちが割って入り、大事には至らなかった。

だが後がたたった。腹の虫がおさまらないバッハは、ガイヤースバッハの処分を求めてこの一件を当局である聖職会議に訴え出る。聖職会議は訴えを受け、二人とその夜居合わせた生徒たちを呼び出したが、二人は互いに相手が悪いと言って譲らなかった。最終的に二人とも「今回は大目に見る」ことで落着するが、バッハは聖職会議から「生徒たちとの折り合いが悪いと噂が立っている。もっとうまくやるように」「合唱や合奏の音楽も作るように」と注意されてしまう。こちらから学生の暴力を訴え出たのに、思わぬお叱りを受けてしまったのである。

バッハはその場はおとなしく聞いていたかもしれない。けれどたぶん、腹のなかは煮えくり返っていた。それからしばらく経った一一月、バッハは四週間の休暇を申し出る。北ドイツのリューベックへ行き、名オルガニスト、ディートリヒ・ブクステフーデ（一六三七頃〜一七〇七）を聴きたいというのがその理由だった。

リューベックはハンブルクからさらに北、トラヴェ川に臨む港町である。現在の人口は二二万人弱。一二世紀半ばに誕生して以来一六世紀まで、バルト海まで一七キロという地の利とリューネブルクから運ばれてくる塩を武器に、ハンザ同盟の中心的な都市として「ハンザの女王」と呼ばれるほどの繁栄を誇った。全盛期には、市民一〇人あたりに一隻の船があったという。

煉瓦色の旧市街はぐるりを運河に囲まれ、世界遺産に指定されている。一五世紀に建てられた、ずんぐりむっくりとした教会のような「ホルステン門」をくぐった向こうの街中には、五つの教会から伸びる七つの塔がひしめき、黒煉瓦が印象的なルネッサンス建築の市庁舎の向か

リューベックの街並み。左の尖塔が、バッハがブクステフーデを訪ねた聖マリエン教会

いには、リューベックが発祥とされるアーモンドの粉が原料のお菓子「マルチパン（マジパン）」の老舗「ニーダーエッガー」の総本店が鎮座して、甘い香りを振りまいている。

とりわけ強い印象を受けるのが、煉瓦色の街並みから空を突き刺すようにそそり立つふたつの尖塔をもつ聖マリエン教会の大伽藍だ。街いちばんの教会だが、宗教的にはより権威があるカトリックの大聖堂より市民が建てた教会である聖マリエン教会のほうが重要とされているのが、商人の街リューベックらしいところ。夜、ライトアップされた尖塔の脇に銀色の月がかかる情景は、夢のなかにいるように幻想的だ。この聖マリエン教会こそ、当代を代表するオルガニスト、ディートリヒ・ブクステフーデの本拠地であり、二〇歳のバッハの目的地だった。

ブクステフーデはデンマーク生まれ。母国で活躍した後、一六六八年にリューベックの市民権を獲得し、フランツ・トゥンダー（一六一四〜六七）の後を受けて、聖マリエン教会のオルガニストに就任。亡くなるまでここを本拠に活躍した。

ブクステフーデが有名になったのは、オルガニストとしての腕前に加えて、トゥンダーが始めた「夕べの音楽」と呼ばれる公開の音楽の催しを受け継ぎ、発展させたことも大きい。「夕べの音楽」とは、礼拝での奏楽のようなオルガニストの本来の任務とは別の、音楽中心のコンサートのような催しである。もともとのモデルは、北ドイツのオルガン音楽に多大な影響を与えたオランダのオルガニスト、スヴェーリンクが、オランダの教会がカルヴァン派になって、礼拝での音楽が激減してしまったために、自分がつとめていたアムステルダムの旧教会で、市の求めに応じてはじめたオルガン・コンサートだった。その習慣が北ドイツに受け継がれ、リューベックではトゥンダーによって導入されて、街の名物になったのである。トゥンダーは「夕べの音楽」を毎週木曜日に開催し、オルガン音楽だけでなく声楽作品も演奏するようにして、リューベックの富裕な商人たちに支持された。

ブクステフーデは「夕べの音楽」をトゥンダーから引き継ぎ、さらに発展させた。開催日を年に五回の日曜日にしぼり、午後の礼拝の後に引き続いて行うようにして、大規模な作品を上演した。この催しのためにハンブルクから歌手を招いた記録もあるという。

ブクステフーデの「夕べの音楽」は評判になり、街の外からも大勢のひとがそれを目的に聖マリエン教会に足を運んだ。バッハはリューネブルクでブクステフーデの「夕べの音楽」の評判は聞いていただろうが、行く機会には恵まれていなかった。不本意な叱責を受けたとき、かねてからの憧れだったリューベック行きを実行しようという思いにかられても不思議ではない。

「夕べの音楽」のもっとも重要な開催日は、クリスマス前の待降節、第二、第三、第四日曜日だったので、バッハが一一月に休暇をとったのも当然だった。とくにこの一七〇五年の待降節には、神聖ローマ皇帝が代替わりしたため、前任者のレオポルト一世の追悼カンタータと新皇帝ヨーゼフ一世の即位を祝うカンタータの上演が予定されていたのである。バッハは、飛び立たんばかりの勢いでリューネブルクに向かったことだろう。

バッハは、四〇〇キロ以上離れたアルンシュタットから「徒歩で」（『故人略伝』）リューベックに向かった。一日に五〇キロ進むとしても一週間以上かかる計算である。同じ時期に、バッハのいとこで、アイゼナッハでオルガニストをつとめていたヨハン・クリストフも、リューベックに滞在していた。

聖マリエン教会は第二次世界大戦で爆撃され、建物もオルガンも戦後の再建だが、いずれも唖然とさせられる規模だ。それもそのはずで、聖マリエン教会は、煉瓦作りの教会としてはドイツ最大のもの。北ドイツのゴシック建築を代表する名建築でもある。建物の長さは一〇八メートル、塔の高さは一二五メートル、天井高は八三メートル。オルガンはその天井に接するように造られていて、姿を見るには首をそらせてはるか上を仰がなければならない。このオルガ

荘厳さを感じさせる、聖マリエン教会のオルガン

ンは一九六八年にリューベックのケンパー工房によって完成したもので、五段鍵盤とペダル、一〇一のストップ、八五一二本のパイプを持つ巨大なもの。ブクステフーデが使っていた三段鍵盤とペダル、五二ストップの楽器よりおそらくふたまわりくらい大きいのではないだろうか。

堂内にはもうひとつ、「死の舞踏礼拝堂」に置かれていたため「死の舞踏」オルガンと呼ばれるオルガンがあるが、これも空爆されて戦後に再建されたものだ。とはいえこちらも三段鍵盤、五六ストップ、パイプ数四四九七本という「大」のつくオルガンである。

大オルガンの位置は再建とはいえ、ブクステフーデの頃と変わらないという。豪華なオルガンと、見たこともないような大編成の楽団と合唱団から降り注いでくる音の洪水に浸り、ブクステフーデの勇姿を目の当たりにしたバッハは、どんな心持ちだっただろうか。あんな田舎町でくすぶっていることはない、ここに自分の道があると武者震いをしたかもしれない。しかも北ドイツではオルガニストの地位はとても高く、尊敬されると同時にカントールをうわまわる給与を得ていたのである。

大オルガンの下の壁には、バッハがブクステフーデを訪問したことを記念する石板がかかっており、オルガンの前に座って指を鍵盤に置いているブクステフーデの後ろで恥ずかしげに身をよじる若者バッハの姿が彫られている（ヴァルター・ジョン作、一九二六年）。大先輩に対するバッハの憧憬《どうけい》が伝わってくるような構図だ。

実際、バッハはブクステフーデの後継者になる野心を抱いたようだ。四ヶ月近くリューベックにとどまっていたのは、その可能性を探っていたためともいわれる。

だが、後継者になるには条件があった。ブクステフーデの娘で、バッハより六歳年長のアンナ・マルガレータと結婚しなければならなかったのだ。当時はよくあった話であり、ブクステフーデ自身、前任者であるトゥンダーの娘を娶《めと》ることで、聖マリエン教会のオルガニストの地位を手に入れた。バッハが踏みとどまったのは、アルンシュタットで自分の帰りを待っているマリア・バルバラの存在もあったのだろう。

気の毒なのはアンナ・マルガレータだ。実はあのゲオルク・フリードリヒ・ヘンデルも、一八世紀ドイツを代表する作曲家、音楽理論家のひとりで、ハンブルクで活躍していたヨハン・マッテゾン（一六八一〜一七四六）も、聖マリエン教会への就職を考えたものの、同じ条件を持ち出されて引き下がっているのである。実像は知られていないにもかかわらず、アンナ・マルガレータはこのエピソードだけで歴史に名前を残してしまった。彼女は後に父の意を受け、父の弟子であるシーファーデッカーというオルガニストと結婚を果たすが、そして当然シーファーデッカーはブクステフーデの後継者になったのだが、夫が歴史上では無名な一方でバッハやヘンデルが大有名人になってしまったために、とばっちりを受けてしまったのである。

ともあれリューベック行きは、バッハにとってエポックメーキングな出来事となった。バッハの作風はアルンシュタットに戻ってから明らかに変わる。メンデルスゾーンが愛したことでも知られる、堂々と華麗な《プレリュードとフーガ ホ短調》BWV533や、二〇〇八年に発見されたばかりで、現在のところバッハの最新の作品番号であるBWV1128をつけられているコラール・ファンタジーで、やはり即興性に富む華やかな一曲《主なる神、我らの側にいまさずして》は、一七〇五〜一〇年頃に作曲されたと思われ、ブクステフーデ体験の成果と考えられている。また、二年ほど後にミュールハウゼンで作曲された大規模な祝典カンタータ第七一番《神はわが王なり》BWV71は、リューベックの「夕べの音楽」の体験があったからこそ書かれた音楽だともいわれる。バッハがリューベックで「夕べの音楽」の演奏に加わっていたのではないかと考える研究者もいるが、十分ありうることだろう。

バッハは生涯、「外国」に足を踏み入れたことがなかった。就職先も、すべて出身地であるテューリンゲン、そしてお隣のザクセンにとどまっている。そんな彼にとって、北ドイツは唯一の「外国」にひとしかった。ドイツ国内にあっても、自分の手の届く範囲の音楽を驚異的なスピードと能力で消化吸収していったバッハのこと、北ドイツという「外国」から受けた刺激がどれほどのものだったか計り知れない。

バッハがアルンシュタットに戻り、仕事に復帰したとき、新しい年に入って一ヶ月以上が経過していた。およそ四ヶ月、仕事を休んだことになる。無断で休暇を四倍に延ばしたバッハは、ふたたび聖職会議から呼び出され、叱責を受けた。

叱責に対するバッハの答えがふるっている。長い不在を咎められると「リューベックで自分の芸術にかかわる何かを得たかった」と堂々と目的を述べ、「(自分の本来の仕事である)オルガン演奏については、代理の人間がやってくれたはずだから、そのことで文句を言われる筋合いはない」と開き直っているのだ。田舎町のオルガニストの仕事より自分の芸術を向上させてくれる体験のほうが重要だと、上司に向かってはっきりといい放っているのである。

さらに聖職会議はふたたび、バッハが「生徒たちと折り合おうとしない」「合唱の指揮を行わない」ことを問題にした。前にも触れた通り、バッハの職務には聖歌隊の指導は含まれていなかったが、それでも期待されていたのである。

けれどバッハにも言い分があったようだ。当時のリュッツェウムの学生は素行不良で有名だったし、ガイヤースバッハのようにバッハより年長の学生も多かったから、その点でもやりにくかった。バッハは「適切な指導者がいれば自分も協力する」と答えている。

音楽的な変化も、賞賛どころか非難の理由になった。バッハは礼拝の際に「奇妙な変奏」「耳慣れない音」を混ぜ、「会衆を困惑」させたと糾弾されたのだ。

ヨーロッパ屈指の大教会で、オルガニストが尊敬され、高い収入を得、大楽団を率いて最先端の音楽を演奏していた華やかな商業都市と、どこにでもあるような質素な教会で、変わった演奏をすれば咎められ、不熱心な生徒たちのしろうと聖歌隊の指導を求められる田舎町。その落差は、若いバッハの心に深く刻まれたことだろう。

そろそろ潮時。バッハがそう考えても、無理はない。

バッハ、二二歳。

田舎町のアルンシュタットだが、春のはじめの復活祭の時期に、他の街とはちがう賑わいを見せる夜がある。テューリンゲン州が主催するバッハの音楽祭「テューリンゲン・バッハ週間」のコンサートが、バッハ教会で行われる夜だ。

ふだんは観光客の姿をほとんど見かけないアルンシュタットだが、この時は街の外から観光バスが何台もやってくる。というのもバッハ教会では、フェスティバルのハイライトとなるような、世界的なアーティストによる受難曲が上演されることがよくあるからだ。

前も触れたようにバッハ教会は音響がよく、コンサート会場としてうってつけだ。といっても小さな教会なので、大オーケストラや大合唱には向かず、今流行りのピリオド楽器による小編成のグループの演奏にぴったりなのである。

二〇一七年の復活祭の時期にここで聴いた、ソロモンズ・ノット・バロック・コレクティヴというイギリスの団体による《ヨハネ受難曲》は、一パートひとりという古楽団体ならではの編成に加え、《ヨハネ》上演時の礼拝で演奏された曲も再現するという、きわめて意欲的な試みだった。演奏の水準も高かったし、メンバーひとりひとりの独立性が高く、きわめて個性的な上演が堪能できた。そんな世界的な水準の演奏会をこんな小さな街で実現できるのも、ここにバッハが住んでいたからなのである。

一八世紀に時代遅れの田舎町だったアルンシュタットで、二一世紀の今、最先端のバッハ演奏が行われている。ブクステフーデ当時のリューベックのように。

バッハが知ったら、何というだろうか。

インタビュー① バッハの後継者たち その一――アルンシュタット・バッハ教会オルガニスト ヨルク・レディン

バッハが暮らした街には、彼が就いていた「オルガニスト」や「カントール」という職業がそのまま残っていて、後継者たちが活躍している。「宮廷」の消滅とともに、宮廷楽師や宮廷楽長が姿を消したのとは対照的だ。

とはいえ「オルガニスト」や「カントール」の仕事も、三世紀を経て微妙に変化している。一番大きな変化は、「作曲」という仕事が必要なくなったことだ。加えて、バッハゆかりの街でのカントールやオルガニストには、ほかの街にはないバッハにからむ特別な仕事が重要な位置を占めている。

インタビューの①と③では、かつてバッハが就いていた教会のオルガニストやカントールのポストに現在就いている音楽家たちの言葉を通じて、「オルガニスト」や「カントール」の現在の姿をお伝えする。

アルンシュタットのバッハ教会（当時の新教会）のオルガニストは、バッハが一八歳で初めて得た定職。今その任にあるのは、一九七三年生まれのヨルク・レディンだ。北ドイツのヴェーニゲローデに生まれ、ハレの音楽大学を卒業。ウィーンやハンブルクにも学び、いくつかの非常勤の職を経て、バッハ同様アルンシュタットで初めて常勤のポストを得た。今のレディンの肩書きは「カントール」であり、仕事の内容は「カントール兼オルガニスト」に相当する。オルガニストとしてオルガンを演奏し、カントールとして合唱団を指揮したり、コンサートのオーガナイズをするのである。

——現在のお仕事の内容について教えてください。

レディン（以下R）「主な仕事は三つあります。ひとつはオルガニストとしての仕事で、メインは週に一回から三回行われる礼拝でのオルガン演奏。それに年二回のオルガンセミナー、それからオルガンのガイドツアーですね。ガイドツアーを申し込んだグループに対して、オルガンを紹介し、演奏を披露する。これがすごく多いです。年に七五回くらい。とくに夏場は、世界中から観光客が『バッハの演奏したオルガン』を見学にやってきます。

ガイドツアーで演奏する

バッハ教会のオルガニスト・レディン氏

プログラムは自分で決め、毎年変えています。バッハが主ですが、彼に大きな影響を与えたブクステフーデやベームを入れることもあります。

二つめの柱は、コンサートの企画とオーガナイズです。バッハ教会では『午後のコンサート』という二〇分くらいのミニコンサートから、オラトリオのような大曲を取り上げるコンサートまで、年に四〇回から四五回くらいのコンサートが開催されています。今年（二〇一七年）はメンデルスゾーンの交響曲第二番《賛歌》をやりました。もちろん《クリスマス・オラトリオ》は定番です。

外国のオルガニストとの交流も活発で、欧米のオルガニストを招き、交換で私が招かれて現地でコンサートを開くということもやっています。

三つめの仕事は、合唱団の指導です。児童合唱団からシニアの合唱団まで、五つの合唱団を指導しています。児童合唱団は幼稚園児の合唱団で、年に三回から五回くらい本番があります。《クリスマス・オラトリオ》に加わったりという程度ですけれどね。シニアの合唱団は午後に練習時間が取れるので、ありがたいです。

メインは五〇人のメンバーからなる『バッハ合唱団』と、一六人のメンバーがいる『カンタータ合唱団』です。カンタータ合唱団はいわゆる室内合唱団ですね。ついこの間、カンタータ合唱団とCDを録音しました。合唱団のメンバーはみな、アルンシュタットとその周辺に住んでいるひとたちです」

――コンサートや合唱がさかんなのは、やはり「バッハ」がこの教会にいたからですか？

R「それはそうですよ。バッハがここにいたからこそ、今これだけの活動ができるのです。今の仕事にはとても満足しています」

——バッハの音楽の礎はルター派の信仰ですが、バッハ教会の現状はどうなのでしょう。

R「教会に行く人は減っていますよ。礼拝の参列者は、夏で七〇〜一〇〇人くらい、冬場はぐっと減って二五〜五〇人くらいです」

——あなたにとってバッハとはどういう存在ですか？

R「難しい質問ですね（笑）。もちろん、バッハの音楽は子供の頃から私のそばにありました。でも最近は、人間としてのバッハにもとても惹かれます。

二年前、バッハの『リューベック体験』を身近に感じてみたくて、ライプツィヒの聖トーマス教会のオルガニストで仲良しのウルリヒ・ベーメと、アルンシュタットからリューベックまで自転車で旅をしたことがあるんです。とても印象的な旅でした。リューベックに着いて聖マリエン教会に足を踏み入れたら、その建物に圧倒されました。バッハもこんな気持ちだっただろうなと。アルンシュタットから外へ出たくなったのだろうなと思いました。

バッハは、素晴らしいオルガン作品をたくさん書いています。魅力的で、心に響く作品ばかりです。一九歳の時に作曲した作品でも、とても成熟しているものもある。けれど、彼の作品を自由に操るのはとても難しい。それができているアーティストは、ほんのひとにぎりなのではないでしょうか」

ミュールハウゼン——帝国自由都市での「自立」と充実した日々

歴史ある古都

「ローテンブルク」という街をご存知だろうか。ドイツ最大の観光街道、いわゆる「ロマンティック街道」のハイライトとなっている美しい古都だ。城壁に囲まれ、色とりどりの壁に赤い切妻屋根を載せた建物がひしめく街並みは、誰もが夢見る「ドイツの街」そのものである。

バッハが二〇代前半の一年ほどを暮らしたミュールハウゼンは、「テューリンゲンのローテンブルク」と呼ばれる。やはり城壁に囲まれ、赤い切妻屋根の街並みが美しい。個々の建物はローテンブルクに比べるとかなり質素だが、城壁の上に作られた遊歩道から望む一一ある教会の塔が林立するさまは圧巻だ。第二次大戦の末期にアメリカ軍の空爆を受けて戦後復元されたローテンブルクと違って、ミュールハウゼンは戦火を免れ、中世の街の姿をそのまま残している。

ふたつの「ローテンブルク」は、かつて「帝国自由都市」だった。ドイツは長い間、「神聖ローマ帝国」という名前でありながら実態は中小の国々に分裂している「帝国」だったが、その神聖ローマ帝国にあって、領主の支配を受けることなく帝国に直属する、いわば自治都市に近い街々があった。それが「帝国自由都市」である。フランクフルトやハンブルクといった有名な大都会の多くは、その昔は帝国自由都市として、独立した国のようなものだった（ハンブルクは今でも、一都市ながら「州」と同等の権限を持っている「特別市」だ）。ドイツはイタリア同様地方色が強い国だが、それは「帝国」と呼ばれながらも、そのなかに中小の「国」があったり自由都市があったりと、無数の「一国一城」が林立していた歴史があったからである。

数ある帝国自由都市のなかでも、ミュールハウゼンは個性的な歴史を持つ街である。街の起源は一〇世紀の半ば。繊維産業や商業で繁栄し、一三世紀には帝国自由都市となってハンザ同盟に加入。テューリンゲン地方ではエルフルトに次ぐ規模の街として隆盛を誇った。一二二四年には、ドイツ語によるもっとも古い法律がこの街で成立している。

ミュールハウゼンの歴史のハイライトは、宗教改革をきっかけに諸侯の圧政に対して農民が蜂起した「農民戦争」の重要な拠点になったことである。農民側の指導者となったトーマス・ミュンツァーは、ミュールハウゼン第一の教会である聖マリエン教会の牧師をつとめていた。テューリンゲンの北、ハルツ地方に生まれたミュンツァーは、神学を学んだ後、ルターに出会って信奉者となるが、諸侯ら特権階級への反発から共産主義的な思想を抱くようになり、農民や労働者の熱狂的な支持を得る。ミュンツァーの批判の矛先は、領主たちから庇護され下層階級には冷たかったルターにも向けられ、両者は決裂。折から農民一揆が頻発し、ミュンツァーは軍を組織して武力革命を模索する。ルターは領主たちの挙兵を認め、農民軍を弾圧する側に加わった。士気だけはあったもののろくな装備もなかった農民軍は徹底的に叩かれ、およそ一〇万人が虐殺された。ミュンツァーは捕えられ、拷問の末に処刑されている。

旧東独時代、ミュールハウゼンは「トーマス・ミュンツァーの街」と呼ばれていた。財産を共有し、すべての人間が平等な社会をめざした共産主義的なミュンツァーの思想は、旧東独政府に都合がよかったのだ。ミュールハウゼンの市庁舎には、一五二四年にミュンツァーが農民とともに立ち上げた「永遠議会」を宣言した広間が残っている。

この戦争をきっかけに、ルターは広く農民の支持を失った。農民戦争の発端となった農民たちの反乱は南西ドイツで起こり、南はチロル、北はザクセン、テューリンゲンにまで広がったが、農民戦争におけるルターの態度は、南ドイツにおけるルター派嫌いを決定的にした。今でもドイツの南部ではカトリックが圧倒的に優勢だ。ミュールハウゼンもルター派にはなったが、農民戦争のほとぼりが冷めた一五五七年のことで、テューリンゲンにしてはかなり遅かった。

フランス革命後の一八〇二年、ミュールハウゼンはプロイセン王国に吸収される。だが独立心旺盛な空気はその後も残ったようで、一八四八年にドイツ全土で起こった革命では、リベラル派の本拠地のひとつとなった。三つ子の魂百までといったら大袈裟だろうか。

ミュールハウゼンの街の中心には、ふたつの大伽藍が建っている。織物の聖人である聖ブラージウスを祀る「聖ブラージウス教会」と、聖母マリアを祀る「聖マリエン教会」である。前者はバッハが一年ほどオルガニストをつとめた教会で、ロマネスクとゴシック、微妙に様式が

ロマネスク様式とゴシック様式が混在する独特な魅力をたたえた聖ブラージウス教会

バッハがこの教会でオルガニストをつとめたという記念のプレート

異なるふたつの塔が圧巻だ。塔の下にある正面ファサードの右手には、バッハがオルガニストをつとめたという記念のプレートがかかり、建物の左脇には、ごく最近造られた若き日のバッハの銅像が建つ。ノートルダム寺院のそれを模したというバラ窓も有名だ。

一方、堂々としたゴシック建築（塔は一九世紀のネオ・ゴシック）の聖マリエン教会は、前述のようにトーマス・ミュンツァーゆかりの教会である。旧東独時代の一九七五年にミュールハウゼン市の所有になり、ミュンツァーに関する展示を行う「トーマス・ミュンツァー記念館」になった。

ふたつの教会の間は徒歩で一〇分くらいだが、その中間には市庁舎がある。ドイツの市庁舎といえば、ハンブルクやミュンヘンのように街のまんなかの広場に堂々とそびえる建物が多いのだが、ミュールハウゼンの市庁舎は、通りの途中に、それも他の建物と棟続きにある、いわれなければそれとわからない簡素な建物だ。この建物のなかで、ドイツ全土を揺るがしたミュンツァーの檄が飛ばされた歴史が嘘のように、ひっそりと佇んでいる。

一七〇八年二月のはじめ。ふたつの教会と市庁舎は、華やかな行列と音楽に沸き返った。年に一度行われる市の参事会の開会を告げる祝典に際して、バッハの新作のカンタータ《神はわが王なり》BWV71が上演されたのである。カンタータは慣習に従って二度上演された。四日の土曜日には聖マリエン教会で、そして翌五日の日曜日には聖ブラージウス教会で。それは、ミュールハウゼンの市民がおそらくそれまで聴いたこともなかった、華やかで壮麗な音楽だった。トランペットのファンファーレに彩られた冒頭合唱の三和音が鳴り響いた時、ひとびとは耳を疑い、バッハの才能に驚きの目を見張ったにちがいない。それは、バッハがリューベックで体験してきたブクステフーデの「夕べの音楽」の、バッハ流の成果だった。

日曜日の式典の後、市庁舎では豪勢な宴会が行われた。そのハイライトは、街のパン職人による、「メールプラッツ」と呼ばれるこの街独特のお祝いのケーキだったようだ。ひょっとしたらバッハの新作の話題も、宴席に彩りを添えたかもしれない。

このカンタータの初演から半月あまり後、バッハは自分の職場だった聖ブラージウス教会のオルガンの大規模な改修を提案し、ただちに承認され、予算が組まれた。二二歳の若い音楽家は、間違いなく絶大な信頼を得ていたのである。


当時の音楽家としてはごく一般的なことだが、バッハは何度も転職した。そのたびに、収入も社会的地位も上昇した。それは、ひとにぎりの優秀な音楽家だけに許された道だった。さらにバッハの場合、芸術的な野心も転職の理由になった。音楽家が職人だった時代にあっては、これはかなり珍しいことだったと思われる。

帝国自由都市ミュールハウゼンは、明らかにアルンシュタットより魅力的な職場だった。全盛期は過ぎていたもののテューリンゲンではエルフルトに次ぐ街であり、人口も七五〇〇人とアルンシュタットのおよそ倍を数えていた。バッハが就職した聖ブラージウス教会は、ルター派が導入されて以降ミュールハウゼンの音楽の中心となっており、改宗後初のオルガニストとなったヨアヒム・ア・ブルク、バッハの前任者だったアーレ父子などによって、教会音楽の豊かな伝統も築かれていた。ア・ブルクによる《ヨハネ受難曲》（一五六八年）も出版されているし、音楽つきの宗教劇も上演されていたという。三十年戦争の最中の一六二七年にはミュールハウゼンで諸侯会議が開催され、ハインリヒ・シュッツが聖マリエン教会で自作を上演した。

一七〇七年六月一五日。バッハは聖ブラージウス教会のオルガニストに任命された。四月二四日の復活祭に行われた、試験演奏をかねた礼拝をパスしての選定である。バッハはおそらくこの試験のためにカンタータを作曲しており、多くの研究者はその作品がルターの復活祭コラールをテクストにしたカンタータ第四番《キリストは死の縄目につながれたり》BWV4ではないかと推測している。名作であると同時に、ルターとバッハの深い絆が音楽として形になった重要なカンタータだ。

バッハがどうやって聖ブラージウス教会のオルガニストの採用試験があることを知ったのかは、不明である。ミュールハウゼンは、バッハの生まれ故郷でバッハ一族が大勢住んでいたアイゼナッハに近いから、一族や音楽家たちのネットワークから知ったのかもしれない。ミュールハウゼン出身で、アルンシュタットの新教会のオルガンを製作し、聖ブラージウス教会のオルガンの改造にもかかわったオルガン製作者、ヨハン・フリードリヒ・ヴェンダーが仲介した可能性もあるといわれる。ふたつの街の市の書記が、バッハ一族の縁戚だったことを指摘する専門家もいる。いずれにせよ、帝国自由都市の歴史ある教会のオルガニストの職は、二二歳のバッハを飛びつかせるに十分だった。

収入も、アルンシュタットより増えた。オルガニストの給与としては、バッハはアルンシュタットと同額を要求して受け入れられたが、これは前任者より二〇ターラー多かった。それに加えて、さまざまな現物支給や臨時の仕事があった。市内の別の教会のオルガニストのポストを、複数のオルガニストとともに受け持っていた記録もある。繰り返しだが、バッハは転職するたびに必ずよりよいポストと条件を獲得していったのである。

辞令に書かれていた職務はオルガンに関することだけだったが、慣習的に他の仕事も求められた。聖ブラージウス教会のオルガニストは市の音楽監督のような仕事もしており、前に触れた市の参事会の開会式のような公的な行事の音楽を任されていたのだ。バッハは、市の参事会が雇った楽師や、聖ブラージウス教会と聖マリエン教会付属の二つのラテン語学校の合唱隊を指揮して、そのような音楽に取り組んだ。

「家族」ができるのも秒読みだった。ミュールハウゼンに来て四ヶ月ほど後の一〇月一七日、バッハはドルンハイムの聖バルトロメオ教会で、マリア・バルバラと結婚式を挙げる（詳しくは二九四ページを参照）。またこの街で、バッハは初めての弟子を取っている。結婚し、弟子をとることで、バッハは職人階級の「親方」にあたる立場となり、大家族への第一歩を踏み出した。兄のもとを離れ、リューネブルクに旅立ってから七年。バッハはここでほんとうの「自立」を果たしたのである。

活発な創作と結婚、「オルガン改造計画」

ミュールハウゼン時代は、バッハの創作の上ではカンタータの創作が本格的に始まった時代として重要だ。この時代に生まれたと推定されるカンタータは、ＢＷＶ４、71、１０６、１３

1、196の五曲（BWV4がミュールハウゼンにおける就職試験のためだとすれば、すでにアルンシュタットで作曲されたことになる）。いずれも、結婚式や葬儀、式典など、何かの「機会」のための作品だと考えられている。バッハは、定期的な礼拝音楽を監督するカントールでは（まだ）なかったから、カンタータを作曲するには何か特別なきっかけが必要だった。

とはいえ、参事会の式典用のBWV71を除いた作品は、どんな機会に作曲されたのかわかっていない。状況証拠から、この機会のためではないかと推測されているだけなのである。

リコーダー二本が印象的なメロディを奏でる冒頭のシンフォニアが有名な第一〇六番《神の時こそいとよき時》BWV106は、バッハの数あるカンタータのなかでも屈指の人気を誇る作品。「死」をテーマとした内容から、母方の伯父のレンマーヒルトの葬儀のために書かれたのではないかとされている。二九五ページで触れるように、レンマーヒルトの遺産が転がり込んだおかげでバッハは結婚できたのだから、恩人の伯父のためにはりきって名曲を書いたと考えるのはなかなか魅力的だ。

第一九六番《主はわれらをみ心に留めたまえり》BWV196も、自分の結婚式つながりで生まれたと推測されている作品。自分の結婚式を司ってくれた牧師、シュタウバーの結婚式のために書かれたのではないかといわれている。演奏時間一〇分余、楽器編成は弦楽器と通奏低音のみと規模は小さいながら、新郎新婦への主の恵みを願う内容にふさわしい喜ばしい佳曲だ。編成はそれぞれ二本のリコーダーとヴィオラ・ダ・ガンバに通奏低音とごく小規模で、この点からも、シュタウバーの（その前にはバッハ自身の）結婚式が行われたドルンハイムの小さな教会で上演されるのにはぴったりである。

バッハと親交があった聖マリエン教会の牧師アイルマールの依頼によって書かれた第一三一番《深き淵より、われ汝に呼ばわる》BWV131も、緊張感に富む名作だ。バッハ着任直前の大火災に対する悔い改めの礼拝用に書かれたといわれてきたが、確証はない。第三曲の合唱の甘く切ないオーボエや、ヴァイオリンの音色が伴ったへ短調の揺れ動くようなフーガなど、頭をぐいと掴まれてあちら側へ持っていかれるように美しい。

これら初期のカンタータの特徴は、イタリア生まれの最新流行だった「レチタティーヴォとアリア」（詳しくは一四五ページを参照）がまだなく、コラールやモテット風の合唱、アリアで構成され、さらに、当時のバッハのメインのジャンルだったオルガン曲の形式——たとえば第一三一番の終楽章は「プレリュードとフーガ」であり、コラールの変奏曲である第四番は、北ドイツで流行していたオルガン用コラールの変奏曲「コラール・パルティータ」の応用である——が取り入れられていることである。「オルガニスト・バッハ」の影が濃い作品群なのだ。

参事会の開会という大きな式典のために作曲され、トランペットやティンパニ、多数の木管楽器を含むBWV71を除き、これらのカンタータはいずれも小編成で難易度が高い。後にバッハはライプツィヒの聖トーマス教会のカントールになり、毎週の定期的な礼拝のためにカンタータを量産するが、その時の作品の大半よりとくに歌唱パートに対する要求が高いのである。

最近、これらのカンタータは、「オルガニストの音楽」と呼ばれるジャンルとして書かれたと考えられるようになった。「オルガニストの音楽」とは、小編成のプロ集団によって上演される礼拝用の多声音楽のことで、ルター派の教会の多くで行われていたような、ラテン語学校の生徒による合唱団が担当する礼拝用の多声音楽より難易度が高い、プロフェッショナルな演奏家向けの音楽のことである。バッハが訪れてきたばかりの北ドイツでは、このような「オルガニストの音楽」がさかんだった。

このようなレベルの高い音楽をミュールハウゼンで上演するのは、なかなか難しいことだったようだ。というのも、バッハがミュールハウゼンの仕事をやめる決心をし、参事会に提出した一七〇八年六月二五日付の辞職願いには、以下のように書かれているのである。

ミュールハウゼンでは、自分が「究極目的」としている「整った教会音楽」を上演したいと思っても、「悶着を起こさずにことが運んだためしはなく」、しかも「先ざき状況が変わるかもしれない」「といったきざしもほとんど見られない」と（酒田健一訳）。

「整った教会音楽」を上演することが、なぜミュールハウゼンでは難しいのか。それに対する正確な答えは、まだ出ていない。積み重ねられているのは、やはり状況証拠による推測である。ひょっとしたらバッハの書いたカンタータは、バッハが思い描いたようなレベルでは上演できなかったのかもしれない。どんな機会のためかもわからないのだから、演奏家が誰だったのかもわからない。ライプツィヒの聖トーマス教会学校の生徒たちが動員されたとわかっている、のちの聖トーマス教会カントール時代とはわけが違うのである。

　また同じ辞職願いには、周辺の村々ではしばしば「当地よりもかたちのよく整った合唱音楽」が行われている、とも書かれている。帝国自由都市ミュールハウゼンより、周辺の村々のほうが演奏のレベルが高かったのだろうか。川端純四郎氏は、周辺の村々における演奏に、近くの宮廷の音楽家やバッハ一族が参加した可能性を指摘している。それならたしかに、ラテン語学校の生徒が主であるミュールハウゼンの街の合唱団より演奏の水準は高いだろう。川端氏は、バッハがミュールハウゼンからヴァイマルの宮廷に転職したのは、宮廷のほうがプロ集団が揃っていることも大きな理由だったのではないかと考えている。

　いずれにせよ、バッハはミュールハウゼンの音楽の状況にかなり失望していたようだ。ミュールハウゼンはバッハが来る直前、一七〇七年の五月三〇日に大火災に見舞われ、経済的に厳しい状況にあったので、それも関係しているのだろうか。

　そんな状況でも、バッハが提案したオルガンの改造には予算がついたのだから、市のほうではバッハを認め、彼の求めに応えようとしていたことはたしかだろう。

　バッハはこうして、ミュールハウゼンを去った。成立も演奏者もわからない、でも途方もなく魅力的ないくつかの作品を残して。少ない手がかりを頼りに、その背景を掘り下げようとする専門家が後を絶たないのは、作品が放つ強力な磁力のゆえである。

カンタータの充実に引き換え、ミュールハウゼンでの本来の職務だったオルガン作品で伝承されている作品はきわめて少ない（もともとオルガン作品は、年代が特定できないものが多いという事情もあるが）。ミュールハウゼン時代に成立したとされるオルガン作品は、筆写譜に書き込まれたオルガンのストップが聖ブラージウス教会のそれと一致することから、一七〇九年の宗教改革記念日に演奏されたと推測されているオルガン・コラール《われらが神は堅き砦《とりで》》BWV720くらいである。だが、この時代を含めて前後数年間に書かれたとされるオルガン曲はかなりの数にのぼるし、職務に応じたオルガン作品は相応に作曲されたはずだ。

オルガニスト・バッハのミュールハウゼンの音楽界における貢献は、聖ブラージウス教会のオルガンに対する「改造計画」として結実している。この文書は今でも残っていて、オルガンに対するバッハの深い知識と並々ならぬ情熱を教えてくれる。

当時の聖ブラージウス教会では、宗教改革後初のオルガニスト、ヨハヒム・ア・ブルクの就任にあたって一五六三年に建造され、一七世紀の末にヴェンダーが改修したオルガンが使われていた。二段鍵盤、三〇ストップのこの楽器にバッハは飽き足らず、「さまざまな欠陥」を発見したため、オルガンの改造計画を文書にし、参事会に提出する。オルガンの改良につとめることは、バッハの正規の仕事に含まれていた。主な改良点は、鍵盤をもう一段付け足すほかに、低音のストップ群などを加えたり、いくつかのストップを交換することだった。それによって、オルガンの能力が飛躍的に充実することは間違いなかった。

参事会はすぐにバッハの提言を受け入れ、責任者にヴェンダーを任命する。だがバッハは、改造を提案してから五ヶ月もたたないうちにヴァイマルに転職。改修作業はヴェンダーに丸投げされた。ただし翌年の一〇月に改修が終わった際には、バッハが奉献演奏をしたという説が有力である。

「バッハが思い描いた理想のオルガン」だったはずの聖ブラージウス教会のオルガンだが、このオルガンも時代の趣味には逆らえなかった。一九世紀に入り、このオルガンはロマン派の音楽が演奏できるようふたたび改造される。バッハの響きへの興味が頭をもたげたのは、第二次世界大戦後のこと。当時の聖ブラージウス教会のカントールだったハインツ・シュヴァーベと、バッハ研究者、オルガニストとしても有名な医師のアルベルト・シュヴァイツァー博士らの提案で、バッハの改造計画書に基づいたオルガンを復活させようという運動が起こったのだ。

改修はポツダムのシューケ社により一九五六年から二年間にわたって行われ、一九五八年五月、新しいバッハ・オルガンが完成した。ただし後世の作品にも対応できるよう、五つのストップが加えられている。予算の関係もあり、歴史的なオルガンに比べれば外箱は質素だが、オルガニスト兼カントールをはじめとした聖ブラージウス教会の関係者たちは、「バッハ自身が思い描いた響きが実現された唯一のオルガン」（現カントールのシュテッヒバルト氏）を持っていることを誇りにしている。

「整った教会音楽」ができないといい残して去ったミュールハウゼンだったが、バッハと街の関係はその後も良好だった。バッハはヴァイマルに転職してからも、この街の参事会交代式のためのカンタータを作曲しているし（音楽は散逸）、オルガンにも引き続きかかわっていた。聖ブラージウス教会のオルガンは今でももちろん現役で、バッハが思い描いた響きを伝えている。空気を振動させて伝わる音はシャープで、潔い。ノン・ヴィブラートが定番の、古楽系の合唱や合奏によくなじむ響きである。

現在の聖ブラージウス教会のカントール、オリヴァー・シュテッヒバルト氏は、外見はミュールハウゼン当時のバッハもかくやと思われるほど若々しいが、実はもう一〇年以上カントールの職にあるベテランだ。「バッハをスカウトしてくれたヴァイマルのお殿様が自分には現れないから、こんなに長くここにいるんだけど」と冗談を飛ばして、快活に笑う。けれどオルガンの腕前は素晴らしく、「バッハが創った響きを再生できるのは幸せ」だと語っていた。

バッハ一族は絶えたが、バッハの音楽の深い魅力は、彼の音楽に奉仕する新しい「一族」を今なお産み出し続けているのである。

ヴァイマル——ドイツ屈指の文化都市はバッハの飛翔の場

ドイツ史のハイライトを飾る街

ヴァイマルは魅力的な街だ。バッハゆかりの街のなかで、プライベートでのんびり滞在したい街はどこかときかれたらヴァイマルと答える。緑が多く、文化の空気が濃く、街の規模が手ごろで、歩いていて心地がいいからだ。何より、公園のなかに街があるような環境が素晴らしい。一五分もあれば横切れてしまう旧市街の一方の端は、そのままイルム川に沿って開ける広大な公園につながっている。芝生のあいだを遊歩道が縫い、菩提樹やら柳やらの大木が点在するイルム公園は、よく手入れされた沃野のよう。ヴァイマルらしいのは、木々のあいだや茂みのふところから、「リストの像」や「シェイクスピアの像」やら「ゲーテの別宅（ガーデン・ハウス）」やら「リストの家」やらが現れることだ。ちなみにシェイクスピアはヴァイマルに足を踏み入れたことはないが（シェイクスピア当時の一六世紀、ヴァイマルはドイツの片田舎だった）、街にゆかりのゲーテとならぶ古典文学の巨匠ということで、モニュメントが作られたようである。

ヴァイマル人の博物館好きも有名だ。ゲーテやシラーやリストが住んだ家や、ヴァルター・グロピウスによってここで創設され、現代建築の源流のひとつとなった美術学校「バウハウ

イルム川公園に建つゲーテのガーデンハウス

ス」の一部が博物館になっているのは当然だが、いちょうやら蜂やら傘やらの博物館があるのは面白い。葉が「ハートの形に似ている」ためゲーテのお気に入りだったというい ちょうは、ヴァイマルのシンボルになっている。ヴァイマルに住んだことのないアルベルト・シュヴァイツァーの記念館があったりするのも、文化人好きのこの街らしい。

　第二次世界大戦中に閉鎖されたバウハウス美術学校の名前を受け継いだバウハウス大学にフランツ・リスト音楽大学と、小さな街にふたつの大学があることも、ヴァイマルの街の落ち着いた雰囲気作りに一役買っている。リスト音楽大学は、一九世紀にこの街で宮廷楽長をつとめたリストがオーケストラの楽団員の養成所をつくることを提唱したのを受けて、弟子たちが創設したもの。今でも、テューリンゲンで唯一の音楽大学だ。メインの建物は、街の中心部の「民主主義広場」にヴィルヘルム城と向かい合って建つが、それ以外にも旧市街の歴史的な建物のいくつかが校舎になっていて、かつての宮殿の並びの建物の窓から、音大生が練習するピアノやヴァイオリンの音色が漏れ聞こえてきたりする。

ホテル・エレファントのバルコニーに立つルターの像

ヴァイマル人は、今でも文化的なモニュメントづくりに熱心だ。街のへそである市庁舎広場に面して建つ、街で一番古い高級ホテル「ホテル・エレファント（象の館）」の広場に面したバルコニーには、毎年、街にゆかりがあり、その年に何かのアニバーサリーを迎えた人物の銅像が置かれる。西暦二〇〇〇年は没後二五〇年を迎えたバッハだったし、宗教改革五〇〇周年の二〇一七年はルターだった（ルターはヴァイマルで八回説教をしている）。アニバーサリーにあたる人物を毎年探すのは大変だが、多少こじつけても誰かしら見つかるのがヴァイマルという街の懐の深さだ。ここで晩年を過ごし、没した画家のルーカス・クラナッハ（父）、やはりヴァイマルで逝った哲学者のニーチェ、ゲーテと同時期に宮廷に仕えた文学者のヴィーラント、哲学者、神学者として活躍し、ゲーテに招聘されて市立教会の牧師をつとめたヘルダー、宮廷楽長だったリスト、国民劇場の指揮者だったリヒャルト・シュトラウス、「バウハウス美術学校」創設者のグロピウス、そしてあのグレタ・ガルボ（ガルボはリスト音大でヴァイオリンを専攻したが、手首を痛めて卒業を断念した）……。この街に暮らしたり、この街を愛した有名人は、次から次と現れる（だから、この街を知らないシェイクスピアの像があっても大目に見たくなる）。一九九九年に「ヨーロッパ文化首都」に選ばれたのは、いかにもこの街にふさわしい。

ヴァイマルを文化の香りが漂う街にした立役者は、ずばりゲーテである。フランクフルトに生まれ、ライプツィヒとストラスブールに学んだヨハン・ヴォルフガング・フォン・ゲーテ（一七四九〜一八三二）は、一七七五年当時の公爵カール・アウグストに招かれて宮廷の閣僚となり、亡くなる一八三二年までの六〇年近くをヴァイマルに暮らした。街の中心部には、彼が一七八二年から一八三二年まで住み、最期を迎えた大邸宅が残るほか、イルム公園のなかには来たばかりの頃の仮住まいだった「ガーデン・ハウス」が佇む。ガーデン・ハウスは公園のなかでも日当たりのいい場所にあり、ゲーテは街中に移ってもこの家を愛し、ひんぱんに訪れては趣味の園芸に励んだ。

そのゲーテが引き立てたのが、ヴァイマルを代表するもうひとりの文豪、フリードリヒ・フォン・シラー（一七五九〜一八〇五）である。日本ではベートーヴェン《第九交響曲》の「歓喜の歌」の作者としてばかり有名なシラーだが、ドイツではゲーテと並び称される大文学者だ。古典派の代表選手とされるが、劇的で情熱的な表現はドイツ・ロマン派への一里塚となった。フランス革命の時代にあって「自由」を重要なテーマとし、出世作『群盗』から最晩年の代表作『ウィリアム・テル』まで独立心旺盛な人物を好んで描いた。オペラ化された作品が多いのも、人気が高かった証拠だろう。そのシラーは、ゲーテとの友情が縁でヴァイマルに移り住み、生涯最後の五年間を過ごした。彼が最晩年を暮らし、生涯を終えた家は、並木がすがすがしい街の目抜き通り「シラー通り」の中ほどに建っている。

ドイツ国民劇場の前に建つゲーテ（左）とシラーの銅像

　ゲーテとシラー。ヴァイマルの二大アイドルは、ドイツを代表する劇場のひとつで、かつて彼らが活躍したドイツ国民劇場前の「劇場広場 Theaterplatz」に銅像となってあたりを睥睨《へいげい》している（エルンスト・リーチェル作、一八五七年）。ヴァイマルの典型的な風景としてよく絵葉書などでも見かける、街のシンボル的な銅像だ。ゲーテは右手に月桂冠を掲げ、シラーは左手に巻き紙を持つ。実際は一六九センチだったゲーテが一八一センチのシラーと同じくらいの背丈になっているのは、ゲーテに敬意を表してのことだそうだ。

「国民劇場」は、ドイツの地方都市によくある、オペラ、コンサート、演劇、バレエをすべて舞台にかけている劇場である。劇場の規模は中程度ながら専属のオーケストラや合唱団があり、スタッフも含めれば数百人の職員が働いている。

だが、ほかにないこの劇場の魅力はその歴史である。ゲーテはここで四半世紀の間監督をつとめ、自作の『ファウスト』からシラーの『ウィリアム・テル』まで、自他の名作を次々と舞台にかけた。二人が活躍した時代は、ドイツ古典文学の黄金時代と呼ばれる。音楽家ではリストやリヒャルト・シュトラウス、フンメルやワーグナーがこの劇場で指揮を執った。リストは一八五〇年、この劇場でワーグナーの《ローエングリン》を、一八八九年から九四年までこの劇場の第二指揮者だったリヒャルト・シュトラウスは、在職中の一八九三年に、ドイツ・メルヘン・オペラの名作であるフンパーディンクの《ヘンゼルとグレーテル》をここで初演している。

国民劇場は、歴史の舞台としても重要だ。一九一九年、第一次大戦後にヴァイマル共和国が建国された際、第一回の議会がこの国民劇場で招集され、「ヴァイマル憲法」が発議された場所だからだ。国民劇場の向かいにはバウハウス博物館があるが、バウハウス美術学校も憲法と同じ年に生まれている。

共和国の運命ははかなかった。わずか一四年後、ヒットラーが首相に選ばれ、共和国は実質的に葬られる。バウハウスも運命をともにした。その四年後には、街の郊外のブーヘンヴァルトに、悪名高い強制収容所が造られる。

わずか数年間の光と影。希望と絶望。ヴァイマルは、文化に加え、ドイツ現代史のハイライトが垣間見られる街でもあるのだ。

一八世紀の新古典主義時代の様式で建てられた国民劇場の向かって右手には、バウハウス様式で建てられたというデパートがある。古典建築とモダニズム建築の共存。この小さな広場では、歴史だけでなく美術史をも目の当たりにすることができるのである。

読んでいただいておわかりのように、ヴァイマルはバッハがこれまで暮らしてきた街とはかなり異なる佇まいを持っている。そもそもヴァイマルは、「バッハ一族」の街ではなかった。たとえばアルンシュタットの有名人は「バッハ」だけだが、ヴァイマルではバッハは数多い有名人の一人に過ぎない。バッハは、一族のネットワークが濃い街から、次第に遠ざかっていく。

ヴァイマルがドイツ史において特別な街なのはこれまで述べてきた通りだが、バッハがこの街にやってきたとき、ヴァイマルはまだ田舎の一宮廷都市に過ぎなかった。そのおよそ七〇年後にゲーテがやってきたときも、状況はさして変わらなかった。街なかにある風格ある建物の大半は、バッハやゲーテが来た頃には影も形もなかったのである。

とはいえ、バッハにとってヴァイマルは、初の本格的な「宮廷」都市だった。ヴァイマルから転職していくケーテンでも、バッハは「宮廷」の音楽家として働いた。それは、市の参事会に雇われてきたこれまでとは、かなり勝手が違う職場だった。自分を雇っている君主の意向が最優先。それが良い方に出るときもあり、悪い方に出るときもある。バッハもまた、それに振り回された。一喜一憂したこともあっただろう。だがバッハは最終的には、自分の人生と創作を優先した。君主との間に生まれた貴重な信頼の絆を、多少顧みないことがあったとしても。

宮廷都市の複雑な政治事情

バッハがヴァイマルに転職することになったのは、ヴァイマルの公爵であるヴィルヘルム・エルンストの目にとまったからである。一七〇八年の六月、おそらく宮廷礼拝堂のオルガンが改修されたのに際して試奏のためヴァイマルに招かれたバッハは、公爵ヴィルヘルム・エルンストを感服させ、空席になっていた宮廷オルガニストのポストにスカウトされた。

もっとも、バッハがヴァイマルで働き口を見つけたのはこれが最初ではない。九五ページで触れたように、リューネブルクのラテン語学校を出てからアルンシュタットの新教会に就職するまでの間の一時期、一七〇二年の一二月から一七〇三年の五月にかけて、中断期をはさんでヴァイマルの宮廷に「従僕」(宮廷の記録)として仕えていたことがあったのである(『故人略伝』では「宮廷楽師」と記されているが、宮廷に雇われた音楽家の大半は音楽以外の仕事も請け負う「従僕兼楽師」だった)。そんなわけで、音楽家バッハの才能は、ヴァイマルではいち早く知られていたはずだ。

とはいえここがややこしいのだが、そのときバッハを雇ったのはヴィルヘルム・エルンストではなかった。ヴァイマルにはもうひとり「公爵」がいたのである。当時のドイツが中小の国々の集まりだったことは何度も触れてきたが、そうなった一因に、長子相続が確立されていなかったことがある。その結果、国がどんどん細分化されてしまったのだ。

ヴァイマルの先代の公爵ヨハン・エルンスト三世の二人の息子に公国を共同統治するよう遺言した。だが両雄並び立たず。二人の「公爵」による統治が円満であるはずもなかった。一七〇二年にバッハを雇ったのは、今回の雇い主であるヴィルヘルム・エルンストではなく、弟のヨハン・エルンスト三世の宮廷だったのである。

一七〇八年七月、ヴァイマルに戻ってきたバッハを待っていたのは、新しい主君であるヴィルヘルム・エルンストと、前年に亡くなったヨハン・エルンスト三世の息子で、後継となったエルンスト・アウグスト、つまりヴィルヘルム・エルンストの甥だった。伯父甥の仲は、きょうだい同士にもまして悪かった。ヴァイマルの宮廷楽団――バッハ当時は一四、五人のメンバーで構成されていた――は両方の公爵家に仕えることになっていたのだが、エルンスト・アウグストはそれとは別に、自分専用のお抱え楽団を持っていた。対抗意識を燃やすヴィルヘルム・エルンストは、宮廷楽師たちに甥の城での演奏を禁じる（バッハは無視したが）。そんなや

ヴァイマルの市庁舎広場。一角にはバッハの旧居跡を示すプレートがかかる

やこしい「政治」に、バッハはヴァイマル到着と同時に巻き込まれてしまうのである。人口五〇〇〇人のうち宮廷関係者が三分の一という狭苦しい街の、身内のいがみあいに。

　そのいがみあいがいかに狭い空間で行われていたか、バッハの住まいがあった場所を訪ねてみるとよくわかる。市庁舎広場の一角、「ホテル・エレファント」の並びの場所だ。バッハが住んだ家は第二次大戦で破壊されたが、場所は確定されていて、「バッハが住み、ヴィルヘルム・フリーデマンとカール・フィリップ・エマヌエル・バッハが生まれた」と彫られたプレートがかかる。プレートに刻まれた二人の誕生日が間違っているのはご愛嬌か。

けれど、このプレートを背に街のほうに向き直ると、当時のヴァイマルの「政治」が見えてくる。目の前にそびえる灰色の建物は、今は警察署として使われているが、かつては赤く塗られていたので「赤の城」と呼ばれた、エルンスト・アウグスト三世の住まいだった。そしてこの「赤の城」の向こう側に広がる広場の端には、ヴィルヘルム・エルンストの居城だった「ヴィルヘルム城」が威容を見せているのだ。ふたつの城の間は数百メートルくらいしか離れていない。

やれやれ。仕事に行くために家を出るとき、バッハは何度となく気の重い溜息をついたのではないだろうか。住まいのはす向かい、ちょうど「赤の城」の脇には小さなバッハの胸像があるが、苦虫を嚙み潰したような顔に見えなくもない。

だがバッハは、ふたりの公爵との付き合いをやめるわけにはいかなかった。職務上もだが、ふたつの城は、バッハにまったく異なった音楽の機会を提供してくれたのである。ヴィルヘルム城では「教会」の仕事、「赤の城」では「世俗」の仕事がバッハを待っていた。

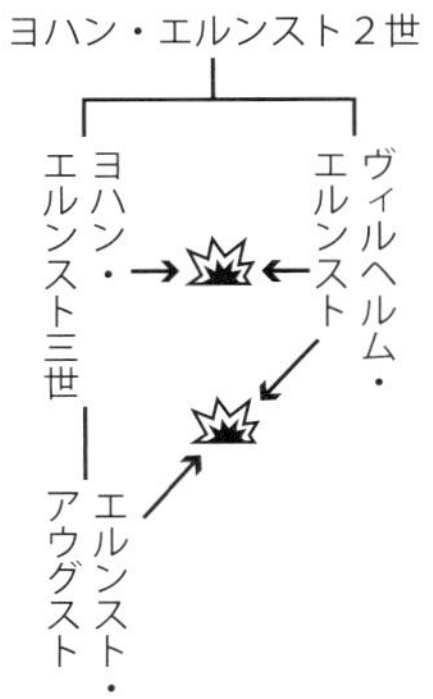

ヴァイマル公爵家の系図

ヴァイマルでのバッハのメインの仕事は、繰り返しだが、ヴィルヘルム・エルンスト公爵の「宮廷オルガニスト」としてのそれだった（のちに「楽師長（コンツェルトマイスター）」に昇進する）。給与も、前任地のミュールハウゼンでもらっていた年俸八五フローリンのほぼ倍額、一五〇フローリンが支給された。また昇給もひんぱんで、一七一四年に「楽師長」に昇進した時には、二五〇フローリン！　にまであがっている。穀物やビールは現物支給された。バッハがミュールハウゼンの市参事会に出した「辞職願い」では、「給与の安さ」も辞職の理由にあげられていたが、そのときはもうヴァイマルへの就職が決まっていたのだった。

イエナ大学の神学部に学んだヴィルヘルム・エルンスト公は、きわめて信心深い君主として知られており、音楽も宗教的な真面目な音楽を好んだ。オペラも試したが性に合わなかったらしく、四年でやめている。大の読書好きで、宮廷に立派な図書館を作り、よくそこにこもった。花や果実の栽培や、貨幣のコレクションも趣味。最近発見された公の誕生日を祝う歌曲《すべては神とともに》（詳しくは二六四ページ参照）は、公の人生のモットーだった言葉である。

だがその生真面目ぶりは、しばしば常軌を逸していた。自分と同じような厳しい信仰生活を宮廷人や市民にも強制したのだ。たとえば宮廷人は、礼拝が終わった後でその内容について公爵からテストをされたし、市民は日曜日の礼拝が終わるまで市外に出てはならなかった。日曜日の市も、楽師たちの流しの音楽も禁じられた。せっかくの日曜日なのに、ひとびとは労働から解放されても息抜きを許されず、ただ祈っていろと命じられたのである。

やれやれ。信心深いことではおそらく公にさほど劣らなかっただろうバッハでも、ときどきそんな溜息をつきたくなったかもしれない。

そんな空気を作り上げた公爵は、私生活では必ずしも幸せとはいえなかった。結婚はしたものの妻とそりがあわず別居し、子供もなかった。彼が亡くなると、犬猿の仲の甥エルンスト・アウグストが権力を一手に握ってしまう。ヴィルヘルム・エルンストが自他に厳しかったのは、家族の縁が薄かったことも無関係ではないのかもしれない。

「宮廷オルガニスト」のいちばんの仕事は、宮廷礼拝堂での礼拝のときの奏楽である。アルンシュタットやミュールハウゼンのような街の教会での一般信徒相手の奏楽とは異なる、宮廷人向けの内輪の礼拝だ。

この宮廷礼拝堂は、一七七四年にヴィルヘルム城が火災にあったときに失われ、それきり再建されていない。が、「天の城」と呼ばれたそのユニークな構造は、多くのバッハの伝記に当時の銅版画とともに掲載されている。天井高はなんと三〇メートル、しかも銅版画を見るとわかるが、天井に穴があいていて、その上の屋根裏部屋のような空間に、オルガンと聖歌隊席があるのだ。まさしく、天から降り注ぐような音楽が体験できただろう空間である。

二五〇ページで触れるヴァイセンフェルスの城内教会は、イラストで見る「天の城」（二七二ページの絵参照）に近い印象を受ける。ここも、オルガンは天井に限りなく近い場所に造られていて、やはり宮廷人のための礼拝堂なのでこぢんまりしている。ここでオルガンを聴くたびに、ヴァイマルの「天の城」を想像してしまうのだ。ちなみにヴァイマル時代に書かれたオルガン作品のなかでも屈指の大曲のひとつである《トッカータとフーガ　ヘ長調》BWV540は、（少なくとも前半のトッカータの部分は）ヴァイセンフェルスの城内教会のオルガンのために書かれたと推測される作品である。

礼拝でのオルガン音楽は比較的質素だったようだ。オルガンは讃美歌の伴奏のほか、礼拝を始める時のコラール前奏曲（讃美歌を歌う前に演奏される、讃美歌のメロディを入れこんだオルガン曲）、礼拝をしめくくる後奏曲を受け持った。加えてヴァイマルの宮廷では、オルガンを聴かせることが目的のコンサートのような催しも行われていたようだ。そうでもなければ、ヴァイマル時代のバッハの幅広いジャンルにまたがるオルガン音楽は説明できない。今日伝えられているバッハのオルガン音楽の半分以上は、ヴァイマルで書かれたとされる（ただし、おそらく残っている以上の数の作品が失われた。オルガン作品は声楽曲よりひんぱんに演奏されるので、楽譜の劣化が早いという）。ヴァイマルに九年間（これはライプツィヒの二七年間に続く二番目の長さ）いたこと、宮廷オルガニストという職務を考えれば、不自然ではない。職務が創作とダイレクトに結びついていた時代に、バッハの人生でもっとも深くオルガンと深く結びついていたのがヴァイマル時代だった。

一方、カンタータの創作も本格化する。すでに着任以来いくつかのカンタータを書いていたと思われるバッハだが、とりわけ一七一四年に「楽師長」に昇進してからは、月に二回、礼拝のためのカンタータを創作、上演することが正規の仕事に加わった。演奏の際には今日のような指揮者はおかず、バッハがヴァイオリンやヴィオラ、あるいは通奏低音を弾きながら指揮もかねた。このようにして生まれたヴァイマル時代のカンタータは、およそ二〇曲を数える。

ヴァイマル時代のカンタータの特徴は、「レチタティーヴォ」(「叙唱」。歌とせりふの中間のような形式)の導入である。バッハの受難曲などに親しんでいる方ならご存知のように、《マタイ》や《ヨハネ》はレチタティーヴォで物語が進行していくが、これはイタリアからやってきた、そしてもともとはオペラから生まれた新しい形式だった。イタリア・オペラは一七世紀の中頃以降、基本的に「レチタティーヴォ」と「アリア」の交替で成り立つようになる。この新しい形式は、イタリアの世俗的なカンタータでもスタンダードとなり、そして一八世紀の初めにドイツの教会音楽にも導入されたのだ。後述するように、バッハはイタリアの宗教音楽もヴァイマルで筆写、研究している。

カンタータ第一二番《泣き、嘆き、憂い、怯え》BWV12は、ヴァイマル時代を代表するカンタータのひとつ。一七一四年の復活祭後第三日曜日のために作曲された。器楽のシンフォニアに始まり、合唱、レチタティーヴォ、アリア三曲、コラール(讃美歌)の七曲で構成される。「悲しみが喜びに変わる」というイエスの言葉を用いたテクストの内容がそのまま曲調に反映され、五曲目のアリアから喜ばしい空気が支配する。三曲連続するアリアでは、オーボエ、ヴァイオリン、トランペット(コラールを演奏)というそれぞれの独奏楽器も美しい。終結のコラールは短いが晴れやかに神の御心を歌い上げ、さわやかなカタルシスをもたらす。

だがこの曲のハイライトは、二曲目に置かれた合唱である。バスに置かれたテーマが執拗に繰り返される（オスティナート・バス）上で変奏曲が展開する「シャコンヌ」という器楽のジャンルを合唱曲に応用した音楽で、痛切な不協和音が効果的だ。この曲は、後にバッハの声楽曲の集大成といえる傑作《ロ短調ミサ曲》ＢＷＶ２３２の第一七曲《十字架につけられ》に転用され、バッハの半世紀近くにわたる声楽曲の見本市といえる同曲のなかで、初期の合唱を代表する珠玉の一曲として不動の位置を占めた。

カンタータ第二一番《わがうちに憂いは満ちぬ》ＢＷＶ21は、一一曲からなり、上演に四〇分近くを要する大曲で、初期のカンタータの大曲の代表格とされている。宮廷教会での礼拝用ではなく、市教会で行われた追悼式のためのカンタータとして作曲されたとされるが、その後何度も改訂されているので、バッハもお気に入りの一曲だったのだろう。二部に分かれているのはその間に説教をはさむからで、このパターンは他にもたくさんある。

内容はやはり「苦悩から喜びへ」。ざっくりいえば第一部は現世の悲嘆を、第二部ではイエスと出会った魂が救済される様子を描く。第八曲の「イエスと魂」による二重唱は、まるでオペラのそれのよう。終曲の合唱はトランペットとティンパニが加わり、「ハレルヤ！」がこだまする圧倒的な賛美のうちに曲を閉じる（ヘンデル《メサイア》の影響が指摘されている）。総じて第一部には以前の、第二部にはヴァイマルで出会った新しい音楽が刻印されている。

さて、ヴァイマル時代のバッハに別の世界を開いてくれたのが「赤の城」である。「赤の城」の城主エルンスト・アウグストは、伯父と違って世俗の快楽を追求するタイプだった。書斎にこもる伯父とは対照的に、狩りやダンスが大好きだった。音楽に関してもそうで、自分でトランペットやヴァイオリンを演奏し、ヴィヴァルディ、アルビノーニ、マルチェッロなど、当時ヨーロッパ中を風靡していたイタリア音楽や、テレマンなど流行りの音楽を好んだ。楽器や楽譜のコレクションも大好きで、「赤の城」には、イタリアに留学した宮廷楽師が持ち帰ったり、オランダに長期滞在していた異母弟のヨハン・エルンスト公子が買い入れてきた楽譜が山積みになっていたのである。

そんな「赤の城」が、バッハの気に入らないわけがない。ここではバッハは、ヴィルヘルム城とはまったく違うジャンルの音楽に出会えた。バッハはヴァイマルに着任して間もない頃から イタリア人作曲家の声楽曲や協奏曲を書き写しているが、とりわけ、一八世紀前半に爆発的に流行したイタリア風の「協奏曲」――急・緩・急の三楽章からなる独奏協奏曲――は、バッハを魅了した。バッハはヴァイマル時代から協奏曲を書き始めたと思われるが、それにはこの「赤の城体験」が大きくものをいっている。またオルガン曲も、赤の城における「イタリア体験」の前後では作風が変わっているのが興味深い。

バッハの「イタリア体験」を決定的に深めたとされるのが、イタリア風の協奏曲を鍵盤楽器(オルガン、チェンバロ)一台で演奏できるように編曲した経験である。これは、やはり音楽の素養があり、自分で作曲も手がけたヨハン・エルンスト公子が、協奏曲を鍵盤楽器一台で演奏することに興味を持ち、バッハに編曲させたものだ。前述のようにオランダに遊学していた公子は、実際アムステルダムで一台の鍵盤楽器による「協奏曲」を体験し、強烈な印象を受けた。公子の影響で、バッハはヴィヴァルディやマルチェッロといったイタリアの作曲家や、ヨハン・エルンスト公子自身が作曲した器楽協奏曲をオルガンやチェンバロのために編曲した。これらの作品は、ヴィヴァルディの協奏曲集《調和の霊感》に収められたヴァイオリン協奏曲を編曲したBWV593をはじめ華やかな演奏効果と親しみやすいメロディで、オルガンの初心者でもなじみやすい。このような作品が礼拝で演奏されることは考えられないので、演奏会のような形で演奏された可能性が高い。

ヴァイマル時代の有名なオルガン作品の多くに、「イタリア様式」が見られる。とくに、当時のイタリアの協奏曲の原理となっていた「リトルネッロ形式」——独奏パートに対し、オーケストラが「リトルネッロ主題」を合いの手を入れるように繰り返す形式——は、あちこちに見られる。《ドリア調》の別名で知られる《トッカータとフーガ ニ短調》BWV538、やはりヴィヴァルディの《調和の幻想》からフーガのテーマを借用した《プレリュードとフーガト長調》BWV541などはその代表格だし、北ドイツで学んできたペダル・ソロや急速なパッセージと、協奏曲のスタイルが並存する《トッカータ アダージョとフーガ ハ長調》BWV564は、北ドイツとイタリアが手を取り合った野心的な大作だ。クラヴィーア（オルガン以外の鍵盤楽器に使われる用語。チェンバロなど）用の作品のなかでは、《フーガ　イ長調》ＢＷＶ950と《フーガ　ロ短調》ＢＷＶ951は、「アルビノーニ・フーガ」の通称で呼ばれ、アルビノーニのトリオ・ソナタからテーマを借りたことで知られている。

総じて、「イタリア体験」が反映された作品には、一種の明快さが漂っている。「イタリア体験」以前に成立したと考えられる《パッサカリアとフーガ　ハ短調》ＢＷＶ582は、北ドイツの影響をとどめ、低音部に置かれたテーマを徹底的に変奏する、ラビリンスのような作品だ。聴き比べてみるのも一興だろう。

バッハは国外に出た経験がない。イタリアに留学して最後はロンドンへ渡ったヘンデル、ハンブルクで働きながらもパリに進出して名声を高めたテレマンのような同時代の人気作曲家とは、そこが違う。だが与えられた機会を貪欲《どんよく》に生かし、しかも自分のものにしてしまう能力では、バッハは天下一品だった。イタリア風の協奏曲もフランス風の管弦楽組曲も、そして昔ながらの讃美歌（コラール）に基づく声楽曲も、バッハのフィルターを通ると、限りなく精緻で音楽の密度が濃く、練り上げられたと同時に生き生きとした躍動感のあふれるヴィヴィッドな音楽へと変貌するのである。

公私の充実と「新発見」の衝撃

ヴァイマル時代はバッハにとって、公私共に充実していた時代だった。仲が悪かったとはいえ、対照的な趣味の持ち主の二人の公爵からは、創作への限りない刺激を受けたことだろう。教会音楽の分野では、おそらく自分で上演する目的でカイザーの《マルコ受難曲》を筆写していることもあり、自身の「受難曲」も作曲した可能性が指摘されている。

今やバッハの名声、とくにオルガニスト＝鍵盤楽器奏者としてのそれはテューリンゲンを超え、オルガンの鑑定にひんぱんに招かれた。一七一三年には二五三ページで触れるハレの聖母教会の大オルガンの改修にあたってアドヴァイスを求められ、ハレを訪問。そのときバッハが聖母教会のオルガニストのポストを打診され、収入の面から最終的にヴァイマルにとどまったのは有名な話だ。一七一六年にはオルガンの完成にあたって鑑定と奉献演奏を任された（二五六ページ参照）。それ以外も、タウバッハ、エルフルト、ライプツィヒなどの街にオルガン鑑定に招かれている。「オルガン改造計画」だけ残して改造に立ち会わなかったミュールハウゼンのオルガンが完成した際にはもちろん招かれたことも、付け加えておかなければならない。

バッハの鍵盤楽器奏者としての凄腕ぶりを示すエピソードのもっとも有名なもののひとつは、一七一七年にドレスデンの宮廷で貴族たちが企画した、フランス出身の有名な鍵盤楽器のヴィルトゥオーゾ、ルイ・マルシャンとの、幻に終わった腕くらべである。なぜ幻に終わったのかというと、腕くらべ当日の早朝、当のマルシャンがこっそり馬車でドレスデンを発ってしまったからである。バッハの腕前を恐れての敵前逃亡だったという。バッハはがっかりしただろうが、ザクセン選帝侯をはじめとする宮廷人の前で演奏を披露し、やんやの喝采を浴びた。バッハの腕前に魅了された選帝侯は、五〇〇ターラー——ヴァイマルでもらっていた年俸のほぼ倍——の賞金を約束する。バッハが躍り上がって喜んだだろうことは想像に難くないが、間の悪いことにその賞金は「下僕の一人」（『故人略伝』）にだまし取られてしまったのだった。本人が思い出して語っていることなので、よほど悔しかったのだろう。骨折り損のくたびれ儲け。息子たちや弟子たちに若き日のこのできごとを語って聞かせるバッハの頭には、そんな言葉がこだましていたかもしれない。

オルガンの鑑定や鍵盤楽器の演奏以外でも、出張の機会は増えていった。一七一三年にはヴァイセンフェルス公爵の誕生日に、ヴァイセンフェルスに赴いて《狩りのカンタータ》BWV208を上演。一七一七年の八月には、「赤の城」の城主エルンスト・アウグストとケーテン侯爵レオポルトの妹、エレオノーレ・ヴィルヘルミーネとの結婚式のためにケーテンに赴き、ニーンブルク城で演奏している。バッハの保護者として後世に名前を残すケーテン侯爵レオポルトとの決定的な出会いはこのときだった。レオポルトは（おそらく以前から知ってはいただろうが）バッハの才能に魅了され、彼を宮廷楽長としてスカウトする。バッハは喜んで受けるが、就任までには一悶着が待っていた。主君のヴィルヘルム・エルンスト公に無断で契約してしまったため、公の怒りを買い、投獄されてしまったのだ。そもそもバッハとケーテン侯爵との間を取り持ったのが犬猿の仲の甥エルンスト・アウグスト（前述のようにケーテン侯の妹と結婚）

だったことも、ヴィルヘルム・エルンストの気に入らなかったにちがいない。
四週間の拘束の後、バッハは文字通り逃げ出すようにヴァイマルを去る。以後、彼は二度とヴァイマルに足を踏み入れることは許されなかった。生涯で出会ったパトロンの諸侯たち――ケーテン侯爵レオポルトや、《狩りのカンタータ》を献呈したザクセン＝ヴァイセンフェルス公爵クリスティアン、二代にわたったザクセン選帝侯など――とはおおむね良い関係を維持したバッハだが、生真面目な裁判官のようなヴィルヘルム・エルンストとは、残念ながらそうはいかなかったようだ。

ヴァイマル時代に特筆しておきたいことは、一家の長として、そして教師としての役割が順調に大きくなったことである。ヴァイマルに到着したとき、妻のマリア・バルバラ（とお腹にいた長女）、バルバラの姉、つまりバッハにとって義理の姉のフリーデレナ・マルガレータ、そして二人の弟子だったバッハの所帯は、九年後に街を去るときには子供四人（ヴァイマルで六人生まれ、二人が夭折した）、弟子十数人（ただし同居していたのはごく一部）、そしてマルガレータの大所帯になっていた。マルガレータは終生独身のままで、妹のバルバラが亡くなり、バッハがアンナ・マグダレーナと再婚してもずっとバッハ家の一員であり続け、一七二九年、五五歳で世を去った。バッハの娘たちの大半も未婚で人生を終えたが、このような一族間での助け合いのシステムが働いていた結果でもあるのかもしれない。いい嫁ぎ先がなければ誰かが面倒を見てくれる、あるいは誰かと助け合って生きていく、そんな時代とシステムだったのだろう。

ヴァイマルでは、交友関係も飛躍的に広がった。ちょうどこの頃アイゼナッハの宮廷楽長をつとめていたゲオルク・フィリップ・テレマンと親しくなったのもこの時代らしく、テレマンはバッハの次男、カール・フィリップ・エマヌエルの洗礼式で代父をつとめている(「フィリップ」のミドルネームはテレマンからもらった)。バッハの子供たちの洗礼式は、同じルター派の「市教会」で行われており、使われた洗礼盤も残っているが、その市教会のオルガニストをつとめていたのは、バッハのいとこであるヨハン・ゴットフリート・ヴァルターという音楽家だった。ヴァルターはミュールハウゼンのオルガニスト職に応募して、バッハに持って行かれてしまったのだが、その後ヴァイマルに就職したのである。もちろんそんなことでわだかまりが生まれることもなく、二人は親しく付き合い、バッハは一七一二年、ヴァルターの息子の洗礼にあたって代父をつとめた。ヴァルターはまたヨハン・エルンストの作曲の先生でもあり(ヨハン・エルンストがオルガン用の「協奏曲」を書けたのは、おそらくヴァルターの指導のたまものである)、「赤の城」にも出入りしていた。ヴァルターはのちにドイツ語による初めての『音楽事典』を出版したが(六四ページに既出)、そこには「ヨハン・セバスティアン・バッハ」の項が設けられている。ごく短い記述だが、バッハに関する最初の「紹介文」であることは間違いない。難しい政治状況をものともせず、バッハ家という大樹は、のびやかに枝を伸ばし始めていたのだった。

ヴァイマル時代のバッハの代表作のひとつとされる作品に、《オルガン小曲集 Orgel-büchlein》BWV599—644がある。教会暦に応じた内容のオルガン・コラールを、一年分作曲するという構想のもとに手がけられた（ただし未完）曲集だ。

バッハ時代のルター派のオルガニストが手がけたオルガン作品は、大きく分けて二種類ある。「トッカータとフーガ」のような自由な構想で作られるジャンルと、讃美歌（コラール）の旋律にもとづいて作られる、オルガン用のコラールである。当然、後者は小さな曲が中心となる。なので《オルガン小曲集》に含まれる曲は、「小曲集」の名の通り、これまでご紹介してきたような派手な曲ではない。だがこの作品は、これこそバッハの真髄といいたくなる壮大な構想のもとに作られたのだ。

《オルガン小曲集》の序文にはこうある。

「オルガン小曲集。ここには初歩のオルガニストが、コラールを様々な仕方で展開するための手引き、さらにペダル演奏を習得するための手引きがある。（後略）」

つまりこの作品集は、オルガニストの教育を目的に編まれているのだ。

バッハのなかで、教育者という役割は大きな位置を占めていた。《平均律クラヴィーア曲集》《インヴェンションとシンフォニア》といった作品が、教育目的で作られた（そして今日でもピ

知の〈十字路〉から〈広場〉へ　*Varietas delectat.*

毎月15日
発売!

平凡社新書

アノ学習者を悩ませている?）ことはご存知の方も多いだろう。それらの曲集は同時に、その分野における バッハの「集大成」でもあった。「コラールの展開」ならそれを徹底的にやってしまう。それが、バッハだった。

《オルガン小曲集》は、前に触れた通り未完に終わる（現存四五曲）。理由は不明だが、そもそもハレの聖母教会に就職することを考えたときに参考資料として編纂されたものの、就職がなくなったのでそのまま放置されたという説が有力だ。それにしても、これまでそんなことを考えた音楽家はいなかったし、その構想だけでもさすがバッハと唸るしかないのである。

ヴァイマル時代の音のパレットは多彩である。オーケストラ作品でいえば、有名な《ブランデンブルク協奏曲》は、全曲が出揃って完成されるのは次の赴任地のケーテンでのことだが、一部（第一番、第三番）はすでにヴァイマルで作曲されていたといわれている。また、《イギリス組曲》第一番の初稿BWV806aもヴァイマル時代に成立した可能性が高いし、有名な《平均律クラヴィーア曲集》第一巻も、ヴァイマルで投獄されている間に作曲が始まったという通説がある。もっとも牢屋は雑居房だったので、作曲どころではなかっただろうと唱えるひともいて、素直に考えればばうなずけなくもない。

カンタータの創作に関してはすでに触れた通りだし、現存するもっとも古い世俗カンタータ《狩りのカンタータ》も生まれている。ヴァイマル時代はバッハにとって、躍進の時代だったといっても過言ではない。

上へ、もっと上へ。バッハの足跡を追っていくと、その強い意志を感じてくらくらすることがあるが、ヴァイマル時代のバッハはまさに雄飛していた感があるのだ。


「赤の城」の後ろに広がり、ヴィルヘルム城を望む「民主主義広場」には、ゲーテをこの街に招いたカール・アウグスト公爵の銅像が建っている。銅像の背後の、ギリシャ神殿のような円柱を並べたファサードが印象的な宮殿のような建物は、リスト音楽院のメインの建物だ。だがこの広場のほんとうの主役は、音楽院に向かって左手に建つ、淡いピンク色に塗られた、音楽院よりちょっと小ぶりで優美な建物を建てた人物かもしれない。

アンナ・アマーリア(一七三九〜一八〇七)。カール・アウグストの実母で、先代の公爵エルンスト・アウグスト二世の妃。一八歳で結婚したものの、わずか二年で夫は急逝。一歳になっていた長男のカール・アウグストが公爵になったものの、赤ん坊に政治ができるわけもなく、アンナ・アマーリアは二〇歳の若さで、しかも次男を妊娠中の身で摂政となった。間もなく七年戦争が起こるが、ヴァイマルは彼女の才覚で大きな被害を受けずに済む。

だがアンナ・アマーリアが今日高く評価されているのは、ヴァイマルを文化都市にした功績だ。ゲーテやシラー、ヘルダーをヴァイマルに呼び寄せたのは、実はアンナ・アマーリアが積極的だったからこそ。二人の息子の家庭教師として、エルフルト大学の教授だった有名な文学者、クリストフ・マルティン・ヴィーラントを招聘したのもアンナ・アマーリアだった。ヴィーラントの博識と教養に魅了されたアンナ・アマーリアは、その三年後にはゲーテを招く。文化の街ヴァイマルは、実は女性パトロンによって造られたのである。

「民主主義広場」に建つピンク色の建物は、そんなアンナ・アマーリアの象徴である。この建物は、彼女が創設し、およそ一〇〇万冊の蔵書を誇る「アンナ・アマーリア図書館」なのである。「バッハ」の本でなぜアンナ・アマーリアの話が出てくるのか、不思議に思われる方もあるかもしれない。だが二八五ページ以降のコラムで触れるふたつの「新たに発見されたバッハの真作」は、アンナ・アマーリア図書館で見つかったのだ。

もちろん、バッハがここにいた当時、アンナ・アマーリアはまだ生まれていない。けれどヴァイマルの文化の重みの象徴であるアンナ・アマーリア図書館には、彼女がヴァイマルに来る以前の文化も集積されていたのである。

アンナ・アマーリアは息子の成人とともに摂政を退き、「未亡人宮殿」と名付けた住まいで文化人たちとの交流を楽しんだ。国民劇場のすぐそばにある宮殿には、ゲーテやシラーやヘルダーやヴィーラントが足しげく通った頃の家具調度がそのまま残っている。

アンナ・アマーリアは靴のコレクションも趣味だった。「未亡人宮殿」にはその一部も展示されているという。一〇〇万冊の書物と靴のコレクション。伝説の公妃が残した二つの大コレクションは、知性と女らしさという彼女のふたつの面を余すところなく伝えている。

ケーテン——小さな君主国を包んだ「楽興の時」

「バッハの街」で見つかった「バッハの住まい」

ケーテンは小さな街である。ヴァイマルから来るとその静けさに驚く。バッハの次の任地であり、人生の終着点となったライプツィヒの賑わいとも比べものにならない。旧市街で目立つ建物といえば、街の中央にそびえるゴシック建築の聖ヤコブ教会と、その脇にある淡い黄色に塗られた市庁舎くらいだ。中心部はよく整備され、市庁舎前には地面の起伏を利用したしゃれた噴水もあるが、とにかく静か。二年に一度開催される「ケーテン・バッハ・フェスティバルKöthener Bachfesttage」の折でさえも、メイン会場となる聖ヤコブ教会やケーテン城の中庭にビールの屋台がひとつふたつ出るくらいである。ほんとうにフェスティバルの期間中なのかと思うくらい、ひっそりとしているのだ。フェスティバルのレベルは、とりわけベルリン・フィルの総裁を経験したハンス・ゲオルク・シェーファー氏が総裁をつとめていた二〇一四年まではたいへん高く、ガーディナー、レオンハルト、クイケン兄弟、コープマン、ムローヴァ、ファウスト、ヒューイットら超一流の音楽家が出演していた。開演前に、聖ヤコブ教会前のカフェでくつろいでいる彼らに出会えたりするのも、小さな街の音楽祭の醍醐味だった。

街は寂しいとはいえ、ちょっと散策すれば「バッハの街」という「貌」に行き当たる。バッハはここではほとんど「我が物顔」に振舞っているといってもいいくらいだ。胸像やプレートの類だけとっても、生誕二〇〇年の一八八五年に市民の寄付で建てられたという「ヴァル通り」の胸像（H・ポールマン作）をはじめ、バッハの職場だったケーテン城の塔の壁面に貼られた彼の横顔のプレート、かつてのバッハの職場だった城内の「鏡の間」にある胸像（ライプツィヒの聖トーマス教会前にある、C・ゼフナー作のバッハの銅像の顔を模したもの）、さらに二〇〇八年にオープンした「バッハ・ホール」の入り口に造られた同じ胸像のレプリカと、四点を

ヴァル通りのバッハ像。この像から通りを１本隔てたところにバッハは住んでいた

ケーテンの街のバッハ・ガイド

数える。城内の歴史博物館は三部屋がバッハ関連の展示にあてられ、オリジナルの資料はないながら（楽譜はファクシミリ、楽器はコピーがほとんど）、ケーテンにおけるバッハの生活や活動を伝える。城の敷地内に造られた「バッハ・ホール」（最大収容人員四四〇席）は、人口およそ二万六〇〇〇人のこの街には不釣り合いな立派さ。バッハめあてのツアー客が街を訪れれば、ときにかつらをかぶった「バッハ・ガイド」が彼らを案内するのである。

最近驚愕した新事実は、「バッハが住んだ家」がケーテンに残っていることが明らかになったことである。この本でも書いてきたように、バッハが住んだ建物は現存していないとされてきた。アイゼナッハのバッハハウスが「生家」でなかったことは五〇ページで触れた通りだし、ライプツィヒの聖トーマス教会学校に隣接していた校舎兼住まいも、一九〇二年に失われたきり再建されていない。その聖トーマス教会学校内にあったバッハの住まいへとつながる扉は、ごく最近、なぜかアイゼナッハのバッハハウスに展示されるようになったのだが。

ケーテンでのバッハの住まいも、長い間どこにあるかわからないとされてきた。「ヴァル通り」にバッハの胸像が建ったのは、そこにバッハが住んでいたと言い伝えられてきたからだった。だが二〇〇八年、古文書の徹底的な調査が行われ、バッハが住んでいた場所がつきとめられたのだ。しかも、そのうちひとつは建物が残っていたのである。

場所は「ヴァル通り」のつきあたりにあるバッハの胸像の、すぐ外側を走る環状道路沿い。一七一九年に建てられた歴史的な建物だが、現在は老人ホームとして使われている。この「砂岩でできた玄関と切妻屋根を持つ、細長い二階建ての二戸建て住宅」（建物にかかる「保護対象の文化財」のプレートより）が建てられた一七一九年、バッハは新築ほやほやのこの建物に移り住んできた（その前に暮らしていた場所もわかっているが、建物はすでにない）。そしてケーテンを去る一七二三年まで、ここに住んでいた。「保護対象の文化財」を示す円形の木製のプレートのすぐ下には、バッハが住んでいたことを示すプラスチックの小さなプレートがかかっている。だとすれば、これはまさにバッハが暮らしていた建物ということになるのである。ここでバッハは家族と生活し、弟子にレッスンをし、宮廷楽団のリハーサルを行い、職場であるケーテン城へと日々出かけて行ったのだ。

ケーテンのバッハの２番目の住まいを示すプレート

城へ行く途中には、バッハ一家が通っていたルター派の聖アグヌス教会も建っている。バッハがこの教会における礼拝でカンタータを上演したかどうかはわからないが、可能性は否定できない。

小さな街のあちこちで、バッハの音楽は愛され、演奏されていた。お城で、教会で、そしておそらく庭園でも。二一世紀の今、二年に一度開催される「ケーテン・バッハ・フェスティバル」のあいだ、街にバッハの音楽があふれかえるように。「ケーテン・バッハ・フェスティバル」で出会った数々の名演は、筆者の心の宝物だ。演奏の水準もさることながら、バッハが実際にその作品を演奏していた空間での体験は他と比べられない。およそ「お城」らしい華やかさなどみじんもないケーテン城だが、バッハがケーテン侯爵レオポルトや宮廷人たちの前で演奏を披露していた「鏡の間」——かつての侯爵の「玉座の間」——は例外だ。現在の内装はG・バンドハウアーの設計による一八二二年のものだが、レオポルト侯の時代も城内随一の華やかな大広間だった。とはいえ、ベンチをぎっしり並べてもせいぜい二〇〇席くらいの親密な空間で、一流のアーティストによる《ブランデンブルク協奏曲》や《無伴奏チェロ組曲》や《平均律クラヴィーア曲集》に耳を傾けた経験は忘れられない。目の前で繰り広げられる妙技に陶然としてふと目をあげると、ガラス窓の向こうには陽光があふれ、木の葉の影が揺れている……レオポルト侯も、きっとこんな「楽興の時」を持ったのだろう。

ケーテンは、多くのバッハファンにとって憧れの街である。一部のファンにとっては、バッハがもっとも長く暮らし骨を埋めたライプツィヒ以上に、身近に感じられる街であるようだ。なぜならケーテンは、バッハが職務の関係上、器楽の名作をたくさん創作した街だからである。キリスト教文化を背景に持たない日本人は、どうしても宗教作品はとっつきにくく、器楽から入る人が圧倒的に多い。《無伴奏チェロ組曲》や《ブランデンブルク協奏曲》がケーテンで生まれたときいて、ケーテンに親密な感情を抱くひとは少なくないのである。

だがケーテンで器楽作品をたくさん創作した、というのはちょっといい過ぎかもしれない。ケーテンで作曲、あるいは完成されたことが証明できる作品は、実はそう多くないからだ。以前は器楽作品といえばすべて「ケーテン時代」に書かれたといわんばかりの伝記も少なくなかったが、伝承されている楽譜などをきちんとチェックした結果、一〇〇パーセントの確証をもって「ケーテン時代」に成立した（作曲は以前から始まっていた可能性あり）といえるのは、《無伴奏ヴァイオリンのためのソナタとパルティータ》、《無伴奏チェロのための組曲》、《ブランデンブルク協奏曲》、《平均律クラヴィーア曲集》第一巻、《インヴェンションとシンフォニア》などいくつかの曲集にすぎない。以前はケーテン時代の作品と考えられていた《管弦楽組曲》は、今ではライプツィヒで完成された可能性が高いとされるし、《ゴルトベルク変奏曲》や《パルティータ》といった名曲は、もともとライプツィヒで出版されて形になったものだった。

それでも、二種類の《無伴奏》と《ブランデンブルク協奏曲》をあげるだけでも、「ケーテンのバッハ」の名声にとっては十分だろう。これらの作品集が、バッハの全作品のなかでも飛び抜けた人気を誇るいくつかに数えられることは間違いない。

私事で恐縮だが、西暦二〇〇〇年に『バッハへの旅』を上梓したとき、取材のために初めてケーテンを訪れた。車で街に到着したのが、夜もとっぷり暮れた頃。秋の終わりで、季節もひときわ寂しかった。街に入る手前、漆黒の夜の空に大きな月がかかり、真っ暗な平原に銀色の光が煌々《こうこう》と降り注いでいた光景が忘れられない。

「バッハも、寂しかったでしょうね」

同行した編集者がぽつりとそう漏らし、筆者も思わずうなずいてしまったのだった。

こんな環境だから、あのストイックな《無伴奏》が生まれたのではないだろうか。どうにも、そう思えてならないのだ。

ケーテンは、バッハがはじめてテューリンゲン以外で就職した街である。ヴァイマルから北東におよそ一〇〇キロ、ライプツィヒからは北西におよそ六〇キロ。テューリンゲンよりぐっと北に寄り、ベルリンを首都とするプロイセンに近い。実際プロイセンの国王は、ケーテンの侯爵家の後ろ盾になっていた。

バッハはケーテンに、侯爵レオポルトの宮廷楽団の「楽長 Kapellmeister」として招かれた。当時の音楽家職のなかで、「宮廷楽長」は社会的な地位からいえば一番高かった。街の教会のオルガニストやカントールとはわけが違う。今でいえばオーケストラの音楽監督のようなもの、といえばわかるだろうか。ただし事務方の仕事も引き受けなければならないのが、音楽以外の雑用は事務局に任せられる今どきのオーケストラの音楽監督とは違うところだ。

ケーテンの宮廷楽団はレベルの高さで知られていた。侯爵レオポルトは大のつく音楽好きで、バッハが着任した時の宮廷楽団はバッハを含めて一七人のメンバーを擁していた。ケーテンの街の人口は今の一〇分の一以下の二〇〇〇人ちょっとだったので、一七名の宮廷楽団は破格の贅沢だった。しかもメンバーのなかには、つい四年前に解散したベルリンの宮廷楽団からレオポルトがスカウトしてきたヴァイオリンのシュピースやバスーン奏者のトルレーら名手がいて、それ以外にも有名なガンバ&ヴァイオリン奏者のアーベルら選り抜きの演奏家が含まれていた。田舎町にベルリン・フィルの別働隊があるようなものである。バッハはさぞ、腕が鳴ったに違いない。

ケーテンは、「ケーテン＝アンハルト侯国」の首都がおかれていた街である。このあたりを支配していたアンハルト公爵が、一六〇六年に四人の息子に土地を分け与え、そのうちのひとつとして「ケーテン＝アンハルト侯国」が成立した。国全体の人口はおよそ二万人。この手の小さな「国」が殿様のいうなりになるのは自然なことで、領民は領主の趣味に左右された。レオポルト侯は一六歳から二〇歳にかけての四年間、貴族の子弟のあいだで大流行していた「グランド・ツアー」（見聞旅行）に出かけたが、旅先で熱中したのは、国の運営や経済の仕組みを学ぶというより、楽譜や楽器を買い、音楽を奏で、オペラやコンサートに通い、絵画を集めることだった。そのおかげでバッハが来る頃には、魅力的な楽譜のコレクションができあがっていたのだけれど。そして一六九一年に創設されたときには三人のトランペットとティンパニ奏者しかいなかった宮廷楽団は、前述のような規模に達していたのだった。彼は、ケーテンを

「芸術の国」にしたいと願ったのだ。

レオポルト侯はグランド・ツアーでの収集の「戦果」を展示するために、わざわざギャラリーを作った。現在その一部は、ケーテン城内の歴史博物館に展示されている。オランダの静物画やフランスの風景画、侯爵の胸当てや当時のケーテン城の銅版画などに混じって並んでいるリュリのオペラやコレッリのヴァイオリン・ソナタの楽譜は、バッハにとって汲めども尽きない霊感の泉になったことだろう。

職務の幸福と複雑な宗教事情

バッハは幸福だった。少なくともケーテンに来たばかりの頃は。

「このケーテンの地で私は恵み深く、しかも音楽を愛し、かつ音楽に精通しておられる君主を得まして、このかたのもとでわが生涯を終えるつもりでありました」(酒田健一訳)

ケーテンを去ってから七年後の一七三〇年、ライプツィヒでの仕事にゆきづまりを覚えたバッハが、求職のためかつての友人——オールドルフからリューネブルクまで一緒に旅をした——で、ポーランドで外交官をしていたゲオルク・エルトマンに書いた手紙(「エルトマン書簡」と呼ばれる)の有名なくだりである。

この言葉に嘘はないだろう。レオポルト侯はバッハがこれまで出会ったなかで、おそらく一番音楽を愛する君主だった。自分でもヴァイオリンやヴィオラ・ダ・ガンバやチェンバロを弾き、歌を歌った。レオポルト侯は、よく響くバスの声を持っていたという。また《ブランデンブルク協奏曲》の第六番が、ヴァイオリンを欠き、低音の弦楽器六本、うちガンバ二本という編成なのは、侯爵が加わって演奏できるようにという配慮だったらしい。

　待遇もよかった。バッハの給与はヴァイマルの二倍近く、年俸四〇〇ターラーに跳ね上がる。ケーテンの宮廷人のなかでも二番目に高く、宮廷の全音楽予算の五分の一を占めていた。また、ケーテンへ移ってから生まれたバッハの子供が洗礼式を受けたときには、レオポルト侯とその弟アウグスト・ルトヴィヒが代父をつとめている。これは、当時の身分の序列を考えると異例だった。領主が、使用人の子供の名付け親になったのだから。侯爵と弟の名前をもらってレオポルト・アウグストと名付けられた息子は、だが一年もたたないうちに短い生涯を終えた。

　とはいえケーテンが、バッハにとって地上の楽園だったわけでもないようだ。最近になって、バッハがさまざまな面倒に巻き込まれていたことが明らかになってきた。

　おそらくいちばんの悩みの種は、侯爵家の内部で宗教的な対立があり、それが国中に及んでいたことである。第一、ケーテンの侯爵家はルター派ではなく「カルヴァン派」だったのだ。アンハルト家は一五二五年に宗教改革を受けてルター派になるが、関係が深かった大国プロイセンが一六一三年にカルヴァン派に改宗したことを受けて、カルヴァン派に転向したのである。バッハはこれまた人生ではじめて、ルター派以外を信仰している街に就職したのだった。領民の信仰の自由はいちおう認められていたので、就職にあたって支障はなかったのだが。

カルヴァン派はスイスの聖職者カルヴァンが提唱したもので、「改革派」と呼ばれるプロテスタントの一派である。教えはルター派より厳格で、またルター派とは異なり、礼拝で讃美歌以外の音楽をほとんど用いない。カルヴァンは、もともとカトリックの修道僧でグレゴリオ聖歌をはじめカトリックのラテン語音楽に親しみ、音楽を「神学の次」に重視していたルターと違って、修道院の経験がなく、音楽に興味がなかった。バッハがケーテンで器楽を主に書いていたのは、宮廷のために礼拝音楽を作曲する必要がなかったからである。宮廷楽団における声楽の上演が極端に少なかったことは、バッハが赴任した当時のメンバーに常勤の歌手がいなかったことからもよくわかる。その後、一七一八年から一七二〇年までテノール歌手が、一七二一年からはバッハの二人目の妻となるアンナ・マグダレーナがソプラノとして雇われるが、こんな宮廷楽団はきわめて珍しい。ちなみに宮廷礼拝堂の礼拝でカンタータが定期的に上演されていたヴァイマルでは、宮廷楽団のメンバーのおよそ半分が歌手だった。

宮廷における声楽は、一二月のレオポルト侯の誕生日や一月の新年の祝賀など、世俗的な催しの時に演奏された。声楽パートは一人か二人で、合唱はなし。外部の歌手が招聘されることもあったようだ。バッハは一七一七年のクリスマスにケーテンに着任し、年明け早々、新年を祝う祝典カンタータを作曲したと推測されている（音楽は散逸）。この手の音楽で残っているのは、一七一九年の新年に上演された《日々と年を生み出す時は》ＢＷＶ１３４ａ、一七二二年のレオポルトの誕生日に演奏された《レオポルト殿下》ＢＷＶ１７３ａくらいである。また、特定の行事に関係なく作曲されたバス独唱によるイタリア語カンタータ《裏切り者の愛よ》BWV203も、ケーテンの宮廷で上演するために作曲された可能性が唱えられている。

カルヴァン派で統一されていた宮廷の風向きが変わったのは、レオポルト侯の先代、父のエマヌエル・レベレヒト侯爵の時代である。レベレヒト侯は、ルター派を信仰する土着の貴族の娘、ギゼラ・アグヌスと結婚したのである。本来ならありえないことだったが、侯爵の結婚は当時の貴族には珍しい恋愛結婚で、反対を押し切って強行された。妻に首ったけだった侯爵はギゼラ・アグヌスの信仰を受け入れ、また彼女の名前を被せたルター派の教会を街中に作ることを許可した。ギゼラ・アグヌスはもちろんだが、国中のルター派の面々が喜んだのはいうまでもない。一六九九年に完成した聖アグヌス教会は、ルター派のひとびとの献金でつくられた。ごくささやかな規模の聖アグヌス教会の祭壇の横には、感謝のしるしに夫の肖像を高々と掲げるギゼラ・アグヌスの等身大の肖像画がかかっている（一七一三年、アントワーヌ・ベーン作）。侯爵の肖像の下には、教会と教会付属学校を指差す天使が描きこまれた。

レベレヒト侯爵が三四歳の若さで亡くなると、未亡人になったギゼラ・アグヌスは、レオポルトが成人するまでという約束で摂政として権力を握り、ルター派の保護を手厚くした。だがレベレヒト侯の遺志でケーテン侯国の後ろ盾となったプロイセン国王は、自国と同じカルヴァン派の信仰を守らせようと、レオポルトをカルヴァン派として育てること、そして、カルヴァン派の君主としての教育を行うベルリンの騎士学校に学ばせることを要求。ギゼラ・アグヌスも従わざるを得なかった。

ベルリンでカルヴァン派の教育を叩き込まれたレオポルトは、成人の二〇歳に達した一七一五年に侯国を相続すると、母の側近であった叔父を追放するなどルター派を一掃し、カルヴァン派の保護に乗り出す。宮廷人は、ルター派であっても宮廷礼拝堂での洗礼や結婚を義務づけられ、従わなければ罰金が科された。バッハがケーテンにやってきた時、母子の対立はピークを迎えていた。バッハはルター派信徒として聖アグヌス教会に通ったが、レオポルト侯と親しいバッハに向けられる信徒の目は冷たかったという。また付属のラテン語学校には定員を超えた生徒が詰め込まれ、快適な環境とはいえなかった。

ケーテンで生まれたバッハの子供は、前述のように宮廷礼拝堂で洗礼を受けたが、洗礼式は当然のことながらカルヴァン派だった。いくら侯爵に信頼されて洗礼名をもらったとしても、バッハが割り切れない思いだったことは確実だ。さらに、アンナ・マグダレーナ・バッハとの結婚式は、宮廷礼拝堂を避け、おそらく侯爵の許しを得て「自宅で」行われている。だがその際バッハは、ルター派の信徒として通っていた聖アグヌス教会に、結婚した場合に支払うべき料金を払わなかったため、教会はこの件に関してレオポルト侯に抗議文を送りつけたのだった。

バッハはヴァイマルに続いて、またもや「政治」の中に投げ込まれたのである。それも今回は宗教がらみの。

私生活でも、ケーテン時代は大きな変動に見舞われた時代だった。バッハはこの街で、妻のマリア・バルバラを喪った。

バッハが生前訪れたもっとも遠い街のひとつに、「カルロヴィ・ヴァリ」がある。今日のチェコに属する、温泉が湧く保養地だ。当時はドイツ語の「カールスバート」という名前で呼ばれていた。保養地としての歴史は古く、王侯貴族に好まれ、夏の社交場として賑わった。ベートーヴェンやゲーテ、チャイコフスキーなど、多くの芸術家に愛されたことでも知られる。

悲劇は、バッハがレオポルト侯のお供をしてカールスバートに二度目の訪問をした一七二〇年の夏に訪れた。一ヶ月とちょっとのカールスバート出張を終えて帰宅したバッハが目撃したのは、妻のいない家だった。三六歳のマリア・バルバラは突然世を去り、七月七日に埋葬されていたのだ。死因はわからず、墓も残されていない。バッハの悲しみは、どれほどだったことだろう。

バッハはその一年五ヶ月後、アンナ・マグダレーナと再婚する。だがそこに至るまで、バッハの心が平穏だったかどうかは疑問だ。妻を亡くして四ヶ月後の一七二〇年一一月、バッハはハンブルクに出かけて聖ヤコブ教会でオルガンを弾き、空席だったオルガニストに推挙される。それが個人的な悲しみを癒すために生活の場所を変えたいという思いから出たものか、ケーテンでの未来に不安を感じていたためか、ハンブルクと聖ヤコブ教会が魅力的だったためかは不明だ。けれど、バッハはかつてアルンシュタットで、やはり行き詰まった時に北ドイツに脱出したことがあった。第二の故郷である北ドイツに足が向いたのは、気分転換の意味もあったのではないだろうか。

一七二〇年に完成した《無伴奏ヴァイオリンのためのソナタとパルティータ》、とくに有名な《パルティータ》第二番のシャコンヌが「バルバラへの鎮魂歌」だという仮説は、しばしば聞くところである。それはたしかに、魅力的な仮説ではある（三〇〇ページも参照）。

さて、その《無伴奏》は、どのような用途のために作曲されたのだろうか。

実は、わからないのだ。契約書が残っていないので、バッハのケーテン宮廷での正確な任務はそもそもわからないのである。

ごく一般的に考えれば、宮殿内での宮廷楽団による「楽興の時」のために書かれたということになるのだろうが、確証はない。「楽興の時」のための作品としても、あのようなストイックな曲に宮廷人たちが喜んで耳を傾けたかどうかははなはだ疑問に思える。また演奏者については、宮廷楽団の名手たちの腕を当て込んだ（ヴァイオリンのシュピースなど）という憶測もなされている。だが、バッハ本人もヴァイオリンの名手だった。カール・フィリップは、父が「ヴァイオリンを澄んだよく通る音色で演奏し」、「ヴァイオリン属のすべての楽器がもつもろもろの可能性を完全につかんでい」たと語っている。バッハの名人芸は、鍵盤楽器にとどまらなかったのだ。

一八四ページ以降でご紹介している弦楽器奏者のシギスヴァルト・クイケン氏も、ふたつの

《無伴奏》は、人前で演奏するためではなく、バッハがヴァイオリンやチェロの可能性を追求する目的で創った作品だったのではないかといっている。筆者もかなり同感だ。バッハはどんなジャンルでも、可能性をきわめ、集大成した作曲家だった。その前提として、少なくとも器楽曲に関しては自分で演奏することを考えていたのではないだろうか。「無伴奏」というジャンルは当時のドイツ音楽にないわけではなかったが、ここまで徹底して、ヴァイオリンやチェロ一本でできうることをやりつくした作曲家はいなかった。ヴァイオリンやチェロのリサイタルから、またオーケストラコンサートのヴァイオリンやチェロの協奏曲のアンコール・ピースからこのふたつの《無伴奏》のセットを取り除いてしまったら、いったいどれほどの曲が残るだろうか。このふたつのセットを遺しただけでも、バッハの名声は永遠になったといえるのではないだろうか。

ちなみにクイケン氏は、絵画資料や文献から、当時のチェロは「肩掛けチェロ（＝ヴィオロンチェロ・ダ・スパッラ）」だったと主張し、復元して、自ら演奏している。二〇一四年のケーテン・バッハフェスティバルでは、「おそらくケーテンでバッハ以来初めて」肩掛けチェロで《無伴奏チェロ組曲》を披露した。ヴォリュームも小さめで、音程もかなり不安定な肩掛けチェロは、音量があり伸びやかなモダン・チェロで演奏される《チェロ組曲》とはかなり異なる、ひなびた地味な音を出す。それもまた「鄙」のケーテンにふさわしいといえばいえなくもない。

ちなみに《無伴奏ヴァイオリン》はバッハ自身の自筆譜で、《無伴奏チェロ》はアンナ・マグダレーナの筆写譜で伝承されている。二大《無伴奏》が夫婦の筆で残されていると思うと、ほほえましくもある。アンナ・マグダレーナは、バッハの写譜家（コピスト）のひとりだった。

一七二一年に完成し、バッハの自筆譜で伝えられている《ブランデンブルク協奏曲》もまた、謎の多い曲集である。

この曲集は、正式なタイトルを《種々の楽器のための協奏曲集》という。中身もまさにタイトル通りで、全六曲はその時点で考えられる限りの、種々のタイプの、種々の組み合わせによる協奏曲一覧をなしている。一七世紀に大流行した、古いタイプの「合奏協奏曲」（オーケストラが二手に分かれて競い合う形式の協奏曲。第一番）から、モダンな独奏協奏曲、それも伴奏楽器であるチェンバロを独奏楽器にしたもの（第五番）、そして特定の独奏楽器を持たないものまで（第三番、第六番）、一曲一曲が考え抜かれ、磨き抜かれていることには啞然とさせられる。

この曲集を《ブランデンブルク協奏曲》と呼び始めたのはバッハではなく、一九世紀の有名なバッハ研究家フィリップ・シュピッタである。シュピッタは、この作品がブランデンブルク辺境伯のクリスティアン・ルートヴィヒに献呈されていることから《ブランデンブルク協奏曲》と呼び始め、その名が定着してしまった。当時の宮廷人の公用語であるフランス語でバッハが書いた献辞には、かつてベルリンで伯の御前で演奏した際に自作を献呈するよう要望されたので、それにお応えしてこの作品集を捧げる旨が記されている。

だが、バッハはケーテンの宮廷楽長である。なぜ、ケーテン侯爵に捧げないのか。それも、信頼していた君主なのである。

この点についても諸説あり、まだ結論は出ていない。ケーテンにおける状況が厳しくなってきたので、「就職願い」として自分の能力をアピールするためにブランデンブルク辺境伯に献呈したのではという説がひところ優勢だった。だが、ケーテンの宮廷楽長であるバッハが、他の権力者に就職願いを堂々と提出するのも変な話だ。

最近出てきた説は、献呈の背後にはレオポルト侯がいたというもの。クリスティアン・ルートヴィヒはプロイセン宮廷の有力者だったので、プロイセンとの関係を強化する目的があったという。さまざまな関係性を考えるとその方がうなずけるような気はするが、これも証拠があるわけではない。何のための曲集なのか、なぜ書かれたのか、決定的な解明はまだなのだ。

《無伴奏》や《ブランデンブルク協奏曲》のような有名で人気のある作品でも、バッハの作品はわからないことだらけなのである。たしかなことは、この素晴らしい音楽が創造され、私たちの前にあるということだけかもしれない。

《インヴェンションとシンフォニア》BWV772—801および《平均律クラヴィーア曲集》第一巻BWV846—869は、バッハの「教育目的」の作品の最右翼である。ともに原型は《ヴィルヘルム・フリーデマンのためのクラヴィーア小曲集》にあり、息子たちや弟子に対する教育が目的だったことがはっきりしている。実際息子たちは順調に成長していたし、弟子たちも増える一方だったので、このような曲集を書く必要に迫られてもいた。《インヴェンションとシンフォニア》では、「二つの声部」（インヴェンション）、「三つのオブリガート声部」（シンフォニア）を弾きこなし、「よい楽想」を得、それを「たくみに展開」し、「カンタービレの奏法をしっかり身につけ」「作曲への深い関心を養う」と欲張りだ。《平均律》第一巻では、「すべての全音と半音を用いたプレリュードとフーガ」が開陳される。教則本であると同時に、それぞれのジャンルの「集大成」的な曲集でもあるのだ。これこそバッハの真髄であった。

立証はできないながらケーテン時代と推定されている作品は、もちろん他にもたくさんある。《無伴奏》ほど知られてはいないが、《オブリガート・チェンバロとヴァイオリンのための六つのソナタ》BWV1014—1019もそのひとつであり、《無伴奏》に劣らない名曲だ。通奏低音を担う伴奏楽器だったチェンバロの右手に旋律を委ね、古典派の「ヴァイオリン・ソナタ」の先駆けとなった作品集である。どの曲もそれぞれ個性があるが、哀切あふれる旋律をチェンバロの分散和音が支えるシチリアーノで始まる第四番ハ短調、重音だけで貫かれるヴァイオリンにチェンバロのアルペッジョが絹の糸のようにまとわりつく第三楽章が深い印象を残す第五番へ短調は、なかでも白眉だ。第六番ト長調は完成後も改訂が繰り返され、チェンバロだけで演奏される楽章がまんなかにはさまる斬新な曲が誕生した。

声楽作品は、前に触れたレオポルト侯の誕生日のための作品（ＢＷＶ１７３ａ）や宮廷での新年祝賀の作品（ＢＷＶ１３４ａ）などを中心に、三〇曲ほどが書かれたと考えられている。

五年半にわたるケーテン時代には、これまであげた以外にも多くの作品が作曲され、そして失われた。宮廷に記録が残っている楽譜の製本代として、バッハがケーテンにいた期間中に、オーケストラ曲や室内楽作品を三五〇曲以上製本できる金額が計上されているのである。散逸した作品は、現存している作品よりはるかに多い可能性もあるという。

バッハのケーテン時代。私たちは、おそらくその豊穣さの一端しか知ることはできない。けれどそのわずかな材料から垣間見える世界の途方もない広がりと深さは、バッハに惹かれる人間の心を魅了してやまないのである。

「音楽嫌いの公妃」の真実

さて、バッハのケーテンでの幸福な時代は、残念ながらそう長くは続かなかった。

前にあげた宗教的な対立がバッハにかなり深刻な影響を与えたことは確実だが、ほかにもいくつかの理由があった。以前からよく知られている有名なエピソードは、「音楽嫌いの妃」の存在である。バッハがケーテンを去る決心をしたのは、一七二一年の一二月にレオポルト侯が迎えた妃のせいだったというのだ。

一六六ページに引用した「エルトマン書簡」の文章の続きには、こう書かれている。

「しかるに右の殿下（注：レオポルトのこと）がベーレンブルクの公女とご結婚なされてからは、この新妃殿下が音楽嫌いのおかたであられたらしいことも大きく与《あずか》ってのことでありましょうが、殿下の音楽への愛好心も幾分かおとろえたかに見受けられるようになりました」

この記述はバッハの伝記のなかで繰り返し取り上げられ、「音楽嫌い」の侯妃フリーデリカ・ヘンリエッタは、すっかり悪者にされてしまったのである。

だが、結婚当時一九歳だったこの妃を「音楽嫌い」といい切ってしまうのは無理がある。ケーテンの郷土史家でバッハの研究家でもあるギュンター・ホッペによると、彼女の遺産には四冊の楽譜帳といくつかのアリアが含まれていたのだ。もちろん、《無伴奏》のような通向けの曲を楽しめるほど音楽に興味を持っていなかった可能性はあるが。加えてフリーデリカ・ヘンリエッタは、バッハがライプツィヒに赴任する一七二三年五月より前の四月四日に、わずか二一歳で亡くなっている。ほんとうに彼女が原因なら、バッハは転職を取りやめることだってできたのではないだろうか。

レオポルトはその二年後、一七二五年に再婚した。バッハはライプツィヒに移ってからも、新しい妃であるシャルロッテ・フリーデリケ・ヴィルヘルミーネの誕生日に招かれてカンタータを献呈したりしている（カンタータ第三六番a《喜び勇みて空に上れ》BWV36a。音楽は散逸）。

一方で、宮廷の経済状況は悪化していた。母ギゼラ・アグヌスが摂政を退いて以降、領地か

ケーテン侯爵レオポルト（上）と最初の妻フリーデリカ・ヘンリエッタ（右下）、2番目の妻シャルロッテ・フリーデリケ（左下）

らのあがりの一部が彼女に行くようになっていたのだ。また、相続していない弟に支払わなければならない保証金もあった。さらに「音楽嫌い」と名指された妃には、結婚後毎年二五〇〇ターラーが支給されている。これは宮廷の全音楽予算を上回る金額だった。バッハはひょっとしたらこの件もあって、妃に警戒心を抱いたのかもしれない。

またレオポルト侯は、必要にかられたわけでもないのに城の護衛隊も創設している(母とめた時にはこの護衛隊が活躍した)。宮廷楽団のメンバーは転職、死亡しても補充されず、バッハに加えて新妻のアンナ・マグダレーナが宮廷楽団のメンバーとなった最後の年は、彼らの給与も減額された。バッハが、自分たちの将来に不安を抱いても当然だろう。とはいってもバッハ夫妻の給与だけで七〇〇ターラーにのぼり、これまた宮廷の音楽予算を圧迫していたのである。

エルトマンに宛てた手紙では、ケーテンからライプツィヒに転職した理由のひとつとして「息子たちが大学での勉学を望んでいた」ことがあげられている。ライプツィヒには、古い歴史と名声を誇る大学があった。大学を出ておらず、ライプツィヒの聖トーマス教会カントールに応募するときもそれがネックになったバッハにとって(詳しくは二〇〇ページを参照)、息子を大学にやれる環境は魅力的だったはずだ。子供だけ大学にやればいいという意見もあるが、ケーテンの教育環境は前述のように良好とはいえなかったから、これは一理あるように思われる。

この節の最後に再び、バッハを悩ませた宗教問題について、川端純四郎氏の著書にあるきわめて深刻な問題をご紹介したい。

一七二一年の一二月に結婚したバッハとアンナ・マグダレーナの間には、一七二三年三月、つまりバッハがライプツィヒに転職する二ヶ月ばかり前に女の子が生まれた。この子は三年後の一七二六年に亡くなるが、洗礼を受けた記録がどの教会にもなく、自宅でルター派による「緊急洗礼」を受けたという。これは、新生児の救いのために洗礼は絶対に必要と考えたルターが、生後三日目の幼児洗礼まで生き延びることが難しいと思われる新生児に対して、特例として助産婦が行えるようにした洗礼だったが、カルヴァン派の宮廷礼拝堂で洗礼を受けさせられることを避けようとしたバッハ夫妻の苦肉の策だったというのが川端氏の主張である。川端氏はさらに、バッハはその後この件に関してレオポルト侯に許しを乞い、まだ存命だった妃ヘンリエッタに名付け親になってもらって、「クリスティーナ・ゾフィア・ヘンリエッタ」という名前をつけたと推測している。

ケーテンにいる限り、自分たちの信仰は守れても、子供のそれを守り通すのは難しい。妊娠を知ったとき、バッハ夫妻は悩んだことだろう。これ以上ここにい続けることは難しいとバッハ夫妻が考えても、不思議ではない。

いずれにせよ、レオポルト侯とバッハの間の絆は、最後まであたたかなものだった。

バッハが去った後、レオポルト侯が新しい宮廷楽長を迎えることはなかった。バッハはレオポルト侯が一七二八年に三四歳の若さで亡くなるまで、「ケーテンの宮廷楽長」のタイトルを持ち続けた。

レオポルト侯が亡くなって四ヶ月後、一七二九年の三月二四日に、聖ヤコブ教会で行われた葬儀に招かれたバッハは、当時の彼の集大成といえる作品を捧げた。《レオポルト侯の追悼音楽》と称されるカンタータ《子らよ、嘆け、全世界よ、嘆け》BWV244aである。BWV244という作品番号は、あの《マタイ受難曲》につけられているもの。バッハは、二年前の一七二七年にライプツィヒの聖トーマス教会で初演したこの畢生《ひっせい》の大作から、ハイライト（アリア七曲、合唱二曲）を抜き出し、同じ年に初演されたザクセン選帝侯妃のための葬送カンタータ《侯妃よ、さらに一条の光を》BWV198からの二曲とあわせて編みなおしたのだ。

この葬送カンタータは、音楽は散逸しているが、テクストの韻から、それぞれがどの曲にあたるか復元することができる。バッハはその時点においての自分の自信作の抜粋、いわば彼のベスト・コレクションを、レオポルト侯の墓前に捧げたのだった。ソプラノ独唱はアンナ・マグダレーナが、通奏低音は長男のヴィルヘルム・フリーデマンが受け持った。バッハは家族総出で、恩を受けた侯爵を追悼したのである。

《レオポルト侯の追悼音楽》は何度も復元（reconstraction）されており、CDも何枚も出ている。演奏家によってはやはり失われているレチタティーヴォも復元しているが、音楽もテクストも欠けているレチタティーヴォまで強引に復元することについては批判もある。「復元ではなく『創造』にあたるから」（バッハ研究の世界的権威であるアンドレアス・グレックナー氏）である。もっともな話だ。それでも「復元」に挑む演奏家が後を絶たないのは、この音楽を実際に聴いてみたいと思うからだろう。《マタイ》のあの名曲、この名曲が次から次へと出てくるのだから。

ケーテン・バッハ・フェスティバルでは、何度か《レオポルト侯の追悼音楽》が復元され、上演されたが、忘れがたいのは、没後二五〇年の西暦二〇〇〇年のケーテン・バッハ・フェスティバルにおける上演である。葬儀が行われた聖ヤコブ教会を会場とし、地下にある侯爵家の棺が納められている霊廟（ふだんは入れない）の扉を開き、葬儀の際に行われた説教も復元するなど、できるかぎり葬儀を復元した形で行われたのだ。それもまた、ケーテンでなければ体験し得ない音楽だった。

バッハへの、レオポルト侯への、ケーテンのひとびとの想いが、そこにあった。

インタビュー②　バッハの使った楽器を再現する名演奏家——シギスヴァルト・クイケン

「バッハは、とてもスピリチュアルな作曲家なのです」

バロック・ヴァイオリンをはじめ古楽器による弦楽器奏者として、そして一九七二年に創設された「ラ・プティット・バンド」の創設者として、半世紀ちかく古楽界をリードしてきたシギスヴァルト・クイケン。近年は、文献から絵画まで膨大な資料に基づいて、バッハの時代の肩掛けチェロ＝「ヴィオロンチェロ・ダ・スパッラ」の復元に取り組み、世界中で演奏している。二〇一四年のケーテン・バッハ・フェスティバルでは、「ラ・プティット・バンド」とともに二五回目を迎えたこのフェスティバルの「祝典コンサート」を任され、《ブランデンブルク協奏曲》やレオポルト侯の《誕生日カンタータ》（BWV173a）など、ケーテン時代の作品で構成される長大なプログラムを手がけた。

——今回のケーテンのコンサートでは、「ヴィオロンチェロ・ダ・スパッラ」を披露されるのですよね。ケーテンでスパッラが演奏されるのは初めてでしょうか。

クイケン（以下K）「ええ。今の時代では初めてですが、バッハの頃は定期的に演奏されていた訳ですから（笑）。一七五八年に出版されたヤコプ・アドルンクの事典（"*Anleitung zu der musikalischen Gelehrtheit*”）には『ヴィオロンチェロとはヴィオロンチェロ・ダ・スパッラのこと』と書いてあるんですよ。とくにザクセンやテューリンゲンでは、『ヴィオロンチェロ』を腕にはさんで弾いていたことは確実です。チェロを足ではさんで弾くようになるのは、一八世紀初めのイタリアでのことです。

注意してほしいのは、チェロは伴奏楽器ではなく、低音楽器でもなく、オブリガート楽器、つまりソロ楽器だったということです。イタリアの合奏協奏曲では、『ヴィオロンチェロ』はいつも『コンチェルティーノ』のグループに入っていたんです。低音は『ヴィオローネ』などが担当していました。これは『大きなヴィオラ』のことです。今回、《ブランデンブルク協奏曲》の第三番では、三本のスパッラを使います」

ヴィオロンチェロ・ダ・スパッラを演奏するクイケン氏

——バッハが活躍したケーテンで、彼がここで作曲した作品を演奏することに、どんな思いを抱かれますか？

K「ケーテンのバッハ・フェスティバルに招かれたのは初めてですが、ケーテンでバッハの音楽を演奏できるのは、それはもう素晴らしい気分です。祝典コンサートで、とても長いですが……。コンサート二回分ですよ（笑）。最初フェスティバル側からは、休憩を二回入れてほしいといわれて。でも後から、やっぱり一回にしてくださいと（笑）。

バッハは、私にとっては聖人みたいなものです。でも私だけじゃありませんよね。ライプツィヒの聖トーマス教会に行くと、バッハのお墓にいつも花が飾られている。バッハを聖人みたいに感じているひとが多いということですよね。

バッハは、他の作曲家とは違います。内面に直接訴えかけてくる。とても複雑な音楽なのに、ほんとうに美しい。美しいのにほんとうに複雑。それはもう、信じられないくらいです」

――バッハの音楽は複雑だとおっしゃいましたが、たとえば今回演奏される《無伴奏チェロ組曲》など、とても難しい音楽だと思うのです。当時のケーテンで、あのように複雑な音楽が理解されたと思われますか？

K「《無伴奏チェロ組曲》や《無伴奏ヴァイオリンのためのソナタとパルティータ》といった作品は、聴衆を考えて作ったものではないと思います。バッハは、一本の楽器で何ができるかを極めたかったのではないでしょうか。だからこれらの作品が実際に演奏されたかとか、誰が演奏したかとか――バッハは演奏できたと思いますが――ということは、あまり重要ではないと思います」

――あなたにとって、バッハとはどのような存在なのでしょう。

K「バッハは、とてもスピリチュアルな存在です。こちらの内面に、直接橋をかけることができる作曲家なのです。

もちろん、音楽史上の大作曲家は、誰でも心に橋をかけることができます。モーツァルトもベートーヴェンもそうです。けれどバッハの場合は、ほとんどすべての作品がそうなのです。バッハにとって『エゴ（訳注：自我）』は重要ではない、ということも関係があると思います」

――今年二〇一四年は、バッハの次男のカール・フィリップ・エマヌエルの生誕三〇〇年ですが、彼を含めて、息子たちとお父さんはどう違うと思われますか？

K「まったく別の作曲家です。時代も違うし、音楽も違う。それに、父のような次元には達していない。そんなに内面に訴えかけてくる作曲家ではありません。まだ長男のヴィルヘルム・フリーデマンのほうが、父親に近いのではないでしょうか。

私は、ニ短調のチェンバロ協奏曲（第一番、BWV1058）は、エマヌエルの作品ではないかと思うのです。あのような外面的な、派手な曲は、バッハらしくないんです」

――鈴木雅明氏は、《トッカータとフーガ　ニ短調》BWV565もバッハの作品ではないと思う、とおっしゃっていました。

K「私もそう思います。あれは、バッハらしくないですね」

ライプツィヒ――音楽と商業で賑わった最大のバッハの街

「バッハの街」の歴史と文化

「バッハの街」といえば、ライプツィヒ。

その認識は、多くのひとに共有されているのではないだろうか。ケーテンやオールドルフやアルンシュタットがいくら「バッハの街」を売りにしても、ライプツィヒにはかなわない。ヴァイマルのシンボルが国民劇場の前に建つゲーテとシラーの銅像なら、ライプツィヒのシンボルは聖トーマス教会の横に建つバッハの銅像なのである。

ライプツィヒは、バッハが人生でもっとも長い二七年という時間を過ごした街である。彼のおもな職場だった聖トーマス教会の祭壇の前にはバッハが実際に眠っている墓があり、教会の窓の一部は、バッハをはじめルターやメンデルスゾーンなど、彼とかかわりの深い人物のステンドグラスで飾られている。聖トーマス教会を仰ぎ、バッハの墓に詣でて、感慨に浸らないバッハファンはいないだろう。バッハのことをあまり知らないひとでも、彼のことがぐっと身近に感じられるはずだ。

聖トーマス教会がさらに特別なのは、この教会の礼拝で今でも歌っている聖トーマス教会合唱団は、バッハが実際に指揮した合唱団だということである。聖トーマス教会合唱団は今でも日曜日の礼拝で歌い、金曜日や土曜日にはモテットを歌う。オーケストラが入る曲での共演は、ライプツィヒを本拠にするドイツを代表するオーケストラ、ゲヴァントハウス管弦楽団だ。レパートリーは中世から現代まで幅広いが、メインはもちろんバッハ。毎年聖金曜日とその前日の木曜日にはバッハの《マタイ受難曲》と《ヨハネ受難曲》が一年交代で歌われるし、クリスマスの時期には《クリスマス・オラトリオ》が鳴り響く。毎年六月に開催される世界最大のバッハの音楽祭「ライプツィヒ・バッハ・フェスティバル」にも、彼らの演奏は欠かせない。バッハが指揮した合唱団を、バッハが眠っている空間で聴く。これこそ、究極の体験である。

聖トーマス教会横に立つバッハ像。ライプツィヒのシンボル

ライプツィヒは、これまで紹介してきた「バッハの街」のなかで圧倒的な大都会だ。現在の人口はおよそ五二万人。旧東独地域では東ベルリンに次ぐ。バ

聖トーマス教会

ッハ当時の人口はおよそ三万人で、バッハがそれまで暮らした街のなかでは、やはり群を抜いて大きかった。バッハが訪れたことのある街では、北ドイツの大都会ハンブルクだけが、ライプツィヒを上回る規模を持っていた。

　ライプツィヒの繁栄を築いたのは商業である。ライプツィヒは一一世紀に歴史に登場し、一一六五年に「都市」として正式に認められるが、繁栄のきっかけは、東西南北の交易路の交わるところに位置する地の利を生かして「市」を始めたことだった。一四九七年には神聖ローマ皇帝マクシミリアン一世が物品税と引き換えに年三回の見本市の開催を保証し、また近くの街で新しく市を始めることを禁じたため、ザクセンの見本市はライプツィヒの独占状態になった。ライプツィヒの見本市は、ロシアからトルコ、アメリカまであらゆる国の人々と商品で賑わうドイツ屈指の見本市へと発展し、一八世紀の初めにはドイツ一の規模に至ったという。ライプツィヒは商人の街、そして市民の街の代名詞となり、「小パリ」とまで呼ばれた賑わいを誇った。ライプツィヒの富を築いたのは、貿易だけではなかった。一五世紀の末から一六世紀のはじめにかけて近郊のエルツ山地で銀や鉄鉱石が発見され、経済はますます軌道に乗った。今日、ライプツィヒの旧市街の壮麗な景観を形作っている歴史的な建物の多くは、とくに鉱山発見以後成功した商人たちが富のしるしとして建てた豪華な商館だ。建物の数階ぶんを貫く大きな張出し窓や、飾りをかねた小屋根をずらりと並べた急勾配の切妻屋根、華麗なファサードなどは、ライプツィヒ・バロックの特徴である（ただし現在の建物のほとんどは戦後もしくは統一後の再建）。街のへそである「マルクト広場」にそびえる一六世紀半ばの様式による旧市庁舎（これも第二次大戦後の再建）も、ライプツィヒのシンボルのひとつだ。

だが商人の街ライプツィヒを象徴する建築といえば、旧市庁舎の裏手に建つ証券取引所だろう（一六八七年完成。一九六二年修復）。商人が自分たちの富を誇示する目的もあって建てたこの建物は、正面の二重階段や屋根の欄干、壁を彩るレリーフなどに飾られ、成金趣味めいたきらびやかさで輝いている。屋根の四隅には、ライプツィヒ人が自分たちとゆかりがあるとみなしたギリシャ神話の神々——通商の神ヘルメス（マーキュリー）や芸術の神アポロ、美と幸運の神アフロディテ（ヴィーナス）、そしてライプツィヒ人が憧れ、手本とした古代ギリシャの都市アテネの守護神だった知恵の神アテネ——の彫刻が誇らしげに立っている。商人組合の要請によって造られたこの証券取引所は、ライプツィヒの建築ブームの先駆けとなった。

しかしライプツィヒのひとびとは、お金儲けだけに情熱を注いだわけではない。一四〇九年には一三八六年に創立されたハイデルベルク大学に次いでドイツで二番目に古いライプツィヒ大学が創設され、ゲーテやニーチェが通い、ライプニッツらが教鞭を執った。証券取引所の前に立つゲーテの銅像も、ライプツィヒのシンボルのひとつだ。また鉱山が見つかったことで印刷、出版業が発展し、書籍市も有名になる。文化都市ライプツィヒの誕生である。

音楽は、文化都市ライプツィヒの代名詞である。やはり「文化」が売りのヴァイマルはゲーテやシラーといった文人が看板だが、ライプツィヒの看板はずばり音楽だ。バッハはこの街で人生後半の四半世紀を過ごして骨を埋め、ワーグナーはこの街で生まれ、シューマンは大学に通ってクララと運命的な恋に落ち、メンデルスゾーンはゲヴァントハウス管弦楽団の音楽監督として、そしてバッハ復興の立役者として活躍した。バッハがカントールをつとめ、その前後にも有名な音楽家がカントールとして活動した聖トーマス教会と、世界最古の市立オーケストラで、ドイツを代表するオーケストラのひとつであるゲヴァントハウス管弦楽団の本拠地ゲヴァントハウスは「音楽の街」ライプツィヒの象徴である。ゲヴァントハウスと向かい合って建つライプツィヒ歌劇場も、マーラーやニキシュら著名な音楽家が活躍してきた歴史を持つ。メンデルスゾーンの名前をつけた音楽院はドイツで一番古い音楽院の名門で、ドイツ人にとどまらず、グリークやヤナーチェク、ディーリアスといった各国の作曲家も学んでいる。

日本人なら心に留めておきたいできごとは、あの瀧廉太郎がメンデルスゾーン音楽院に留学し、結核という死病を得たことだろう。日本人では初めてのライプツィヒへの音楽留学生として、二〇歳のときに音楽院に入学した瀧は、わずか五ヶ月後に結核にかかり、病院で療養したが好転せず、日本に送り返されて二三歳の若さで世を去った。一説によると瀧は、歌劇場で《カルメン》を鑑賞した夜に風邪を引き、それがきっかけで肺炎、そして結核を発病したという。運命の女は劇中の恋人だけでなく、客席にいた極東の音楽家の命まで奪ってしまったのかもしれない。

かつて彼が下宿していた場所には、没後一〇〇年の二〇〇三年に、ライプツィヒ市と瀧の故郷である竹田市の寄贈によるつつましい記念碑が建てられ、旅行者を引き寄せている。

近年、ライプツィヒが世界的に注目されたできごとは、「ベルリンの壁」の崩壊を招いた「月曜デモ」が起こったことだろう。一九八五年、旧ソ連の共産党書記長となったゴルバチョフはペレストロイカを唱え、それに反応して一九八八年頃から旧共産圏で民主化運動がさかんになるが、東独政府はその流れに背を向けた。それに反発した東独市民が、ライプツィヒ最古の教会である聖ニコライ教会を出発点に、毎週月曜日の夜デモ行進を始めたのである。当初は数百人規模だったデモはどんどん膨れ上がり、東独が建国四〇周年を迎えた一〇月には最高潮に達して、他の街からも参加者が殺到、数十万人の規模に達した。建国記念日の一〇月七日には逮捕者も出たというし、その翌々日の九日に行われたデモでは武力出動の危機もあったという。その時のデモに参加した筆者の知人によると、ゲヴァントハウス前のアウグストゥス広場（当時のカール・マルクス広場）には戦車が現れ、あわや天安門かという瞬間があったそうだ。幸いなことに戦車は間もなく引き返していったという。強硬派だったホーネッカー書記長の辞任は、それからすぐだった。一一月九日に起こった「ベルリンの壁」の崩壊──東独国民はすべての国境から出国できるという法令──の下地は、ライプツィヒで作られたのである。それから一年足らずで、ドイツは「統一」されたのだった。

統一後のライプツィヒの変貌ぶりはすさまじい。東独時代、燃料として使われる練炭が吐き出す煙のせいで煤け、暗く、活気がなく、よどんでいた街は、今ではショーウィンドーのように煌々と明るく、モノとヒトで溢れている。二四本のプラットフォームを持つ、ヨーロッパ最大の「どんづまり駅 Kopfbahnhof」であるライプツィヒ中央駅は、東独時代はただがらんと広いばかりでトンネルのように暗く、新聞を売るスタンドの蛍光灯の光だけが弱々しくまたたく殺風景な駅だった。街なかもちょっと入ると人気がなく、壁が剝がれ、真っ暗な窓がうつろな口を開けた幽霊のような建物が連なっていた。この国はどうなってしまうのだろう。胸が締めつけられるような寂寥感に襲われながら、何度もそう思ったものだ。東独時代にはアイゼナッハなども訪れたが、街が大きい分ライプツィヒで感じた侘しさはきりきりと痛く、深かった。

今のライプツィヒは、まったくもって別の街である。毎年六月に開催される「ライプツィヒ・バッハ・フェスティバル」の時期には必ず訪れているが、行くたびに新しい建物ができ、道路や広場が整備され、歴史的な建物がお色直しをし、ショッピングセンターが増え続けている。ガラスと鋼鉄でできたぴかぴかのデパートが、東独時代には発揮したくともできなかったひとびとの購買意欲を煽りに煽って建ち並んでいるさまは壮観だ。中央駅も一大ショッピングセンターへと変貌した。その陰で失業率は上昇し、ひとびとの不満もくすぶっているのだが。

統一は、まだ終わっていない。

バッハはもちろん、転職する前からライプツィヒを知っていた。一七一七年には、ケーテンに移住する途中でライプツィヒに立ち寄り、大学教会である聖パウロ教会に新しくできたオルガンの鑑定をしている。

とはいえライプツィヒに住み始めて、改めてその大都会ぶりに驚いたのではないだろうか。これまでバッハが暮らした街は、中小の宮廷都市か、ミュールハウゼンのような自治都市（帝国自由都市）で、織物の街ミュールハウゼンはそれなりに都会ではあったが、ライプツィヒには遠く及ばなかった。

バッハが来た頃、ライプツィヒは空前の繁栄を享受していた。目抜き通りに軒を揃える商館は、大きさはともかく豪華さという点ではケーテン城をはるかにしのいでいた。バッハが亡くなった直後の一七五三年、ライプツィヒの人口は一八世紀最大の三万二三八四人に達している。

ライプツィヒはバッハにとって、決して住みよい街ではなかった。仕事に忙殺され、多くのトラブルにも遭遇した。けれどライプツィヒに暮らしたことが、音楽家バッハを大きく花開かせたことはたしかである。この街でバッハはあらゆるジャンルに手を染め、どのジャンルにもきわめて完成度の高い作品を残した。《マタイ受難曲》も《ヨハネ受難曲》も《クリスマス・オラトリオ》も、礼拝音楽が書けなかったケーテンにいたら生まれていなかったし、コーヒーハウスの公開コンサートがきっかけとなった《コーヒー・カンタータ》も同様だ。書籍見本市で有名な出版の街ライプツィヒにいなかったら、《パルティータ》や《ゴルトベルク変奏曲》が出版されることもなかっただろう。最後の大作《ロ短調ミサ曲》は、ライプツィヒの市参事会とのトラブルを有利に運ぶために、ドレスデン宮廷に献呈する作品を書いたことがきっかけだった。バッハはライプツィヒで最大限に生き、最大限に創ったのである。

バッハがライプツィヒで就いていたポストは、「聖トーマス教会カントール」(以下「トーマスカントール」で統一)という仕事である。これは、ライプツィヒの教会音楽と世俗音楽を取り仕切る、街の音楽界のトップといえるポストだった。トーマスカントールは「市の音楽監督」もかねていたのである。

だがバッハはこのポストに応募するにあたって、だいぶためらった形跡がある。ひとつの理由は、「宮廷楽長からカントールへの身分降下」である。「カントール」は基本的にラテン語学校の音楽教師兼聖歌隊指導者であり、ケーテンで就いていた宮廷楽団を率いる宮廷楽長のほうが身分的には上だった。前者は学校の先生、後者は今でいえばオーケストラや歌劇場の音楽監督のようなものといったらいいだろうか。

だがトーマスカントールは、小さな街のカントールとは格が違った。前に述べたようにライプツィヒは大都会であり、音楽活動もさかんだった。肩書きの上では一介の教師であっても、「ライプツィヒ」の「トーマスカントール」といえば、（田舎町である）「ケーテン」の「宮廷楽長」以上のインパクトがあったはずだ。

加えてライプツィヒには、さまざまな音楽活動の可能性があった。ライプツィヒはルター派の、それも礼拝音楽を重視する正統主義の街だったので礼拝用の音楽がさかんだったし、市の音楽監督としては祝典行事などで世俗カンタータの作曲、上演ができた。さらにライプツィヒには、「コレギウム・ムジクム」（詳しくは後述）という、コーヒーハウスで定期的に開催されていた公開コンサートもあった。純粋に音楽だけを聴く「コンサート」というシステムはまだほとんどの国で確立していなかったので、四、五〇人のメンバーがいて、演奏のレベルも高く、誰でも聴けるライプツィヒの「コレギウム・ムジクム」はたいへん評判になっていたのである。バッハが仕えていたケーテン侯レオポルトも、侯爵になる前の見聞旅行でライプツィヒを訪れた際には「コレギウム・ムジクム」に足を運んでいる。バッハは実際、のちに「コレギウム・ムジクム」の指揮を引き受けた。ライプツィヒで展開されていた活発な音楽活動は、バッハにとって魅力的だったにちがいない。

バッハはライプツィヒに転職した理由のひとつとして「収入増が見込めた」(「エルトマン書簡」)ことをあげているが、その収入の大半はトーマスカントールというポストからではなく、それ以外のさまざまな音楽活動からもたらされるものだった。実はトーマスカントールの年俸はおよそ一〇〇ターラーで、ケーテンの宮廷楽長の四分の一だったのだ。なのにバッハは年に七〇〇ターラー稼いでいたのだが、それは祝典音楽や冠婚葬祭のための音楽に対する謝礼、オルガン鑑定、楽器の管理代といったこまごまとした副業からの収入だったのである。

このことからも想像がつくように、バッハはライプツィヒで仕事に忙殺された。それは「獅子奮迅」という言葉がぴったりの活躍ぶりだった。今日演奏されているバッハの作品の大半は、ライプツィヒで生まれたのである。

トーマスカントール、バッハ

バッハがトーマスカントールに就任するにあたって紆余曲折があったことはよく知られている。前任者のヨハン・クーナウが亡くなったのが一七二二年の六月。候補者の名前にバッハの名が出てきたのは一二月。ライプツィヒの市参事会がバッハをトーマスカントールに選出したのは、翌一七二三年の四月だった。それまでさまざまな候補者が浮上し、採用が決まっては辞退された。バッハの伝記でよく紹介されるのは、テレマンやファッシュ、グラウプナーといった候補者がバッハより優先されたこと、最終的にバッハに決まった際、当時三人いた市長のひとりが「最適な人間が得られないなら、中程度の人物で満足しなければ」という迷言？を吐いたことだ。バッハといえば「音楽の父」と考えている後世の私たちからすれば、バッハがなぜ優先されないのか、そして「中程度の人物」といわれなければならないのか不思議に思う。だが、テレマンやファッシュ、グラウプナーがバッハより適任だと考えられたのには、もちろんまっとうな理由がある。彼らは当代を代表する有名な音楽家であり、さらに聖トーマス教会学校やライプツィヒ大学で学んだり、コレギウム・ムジクムで活躍するなど、すでにライプツィヒと縁があったのだ。

市参事会がまっさきに推したテレマンは、ライプツィヒ大学の卒業生で、在学中に（後にバッハが指導することになる）「コレギウム・ムジクム」を創設し、新教会の礼拝音楽を担当し、またその頃はさかんだったオペラハウスの指揮もするなど、ライプツィヒとは関係の深い音楽家だった。しかも、その後フランクフルト、ハンブルクといった大都会の音楽界のトップとして順調に出世し、今をときめく大人気作曲家になっていたのである。声がかかって当然だろう。テレマンもその気がなかったわけではなく、八月にはライプツィヒにやってきてオーディションを受け、採用が決定した。だがハンブルク市は彼の給料を大幅に引き上げ、スター音楽家のテレマンを引き止めにかかった。テレマンは結局この申し出を受け入れ、ハンブルクにとどまる。

次に参事会が白羽の矢を立てたのは、ツェルプストの宮廷楽長だったヨハン・フリードリヒ・ファッシュである。彼もまたライプツィヒ大学、そしてその前は聖トーマス教会学校に学んでいたし、やはりコレギウム・ムジクムを立ち上げてテレマンと競っていた。ファッシュもまた、ライプツィヒでは名前だけでなく「顔」が知られていたのである。だがファッシュは、トーマスカントールの義務だった「ラテン語の授業」ができないという理由で指名を辞退する。

三人目に推されたのは、ヘッセン＝ダルムシュタットの宮廷楽長、クリストフ・グラウプナーである。彼もまたライプツィヒ大学と聖トーマス教会学校に学んでおり、前カントールのクーナウの指導を受けていた。だがダルムシュタットの領主である方伯は彼の辞任を許さず、給料も増やしてグラウプナーを足止めした。バッハが浮上するのは、その後のことである。

そもそもバッハは彼らとちがって、それまでライプツィヒとの縁がほとんどなかった。第一、大学を出ていなかったのである。それまでのトーマスカントールで、大学卒の学歴がない人間はいなかった（その後もいない）。市参事会がバッハの採用をためらったのも当然だった。「中ぐらいの人物」という発言は、教師として中ぐらいという意味だということが今日では定説になっている。ちなみに前任者のクーナウは、音楽家より教師として評価されていた。

「教師」としてのバッハは、市参事会から見ればたしかに一流ではなかった。バッハはトーマスカントールを引き受けるにあたって、ファッシュが辞退の理由としたラテン語や教理問答の授業を行わず、代行に任せたいと申し出たのである。大学を出ていない、そして音楽により集中したいバッハとしては無理のないことだった。だがバッハのいわば職務放棄により、彼に対する非難のひとつの火種が蒔かれてしまったことは事実である。彼が教師としての仕事に熱心でないという批判は、ライプツィヒ時代をとおしてバッハにつきまとった。一七三〇年には職務怠慢のかどで減給を言い渡されるが、それも主な理由は教職の放棄だった。彼が世を去った直後の市参事会の議事録には、バッハは「偉大な音楽家だったが、教師としては失格だった」と記されてしまったのである。

それでもバッハが採用されたのは、音楽家としてすぐれていると認められていたからだった。三人の市長のひとりでバッハを強く推したランゲは、バッハはとくに「鍵盤楽器の演奏に秀で」、「高い名声」を得ていると評価している。ランゲは、教師としてよりも音楽家として優秀なカントールを採用し、ライプツィヒの音楽界を活性化したいという考えの持ち主だった。その背後には、ドレスデンにあるザクセン選帝侯の宮廷の意向があった。ザクセン選帝侯の宮廷は、ライプツィヒを見本市の街としてより魅力的にするために音楽の充実が必要だと考えたのである。ランゲはもともとドレスデンの宮廷官吏であり、ドレスデン宮廷から、いわばライプツィヒ市参事会に送り込まれた人物だった。

実際「音楽」は、教会の看板のようになっていた。聖トーマス教会や聖ニコライ教会の桟敷席は、オペラハウスの桟敷席同様、裕福な市民がお金を出して借りる場所だったのである。さらに見本市の期間は、音楽も目当てに礼拝に訪れるひとが爆発的に増えた。「コレギウム・ムジクム」の公開コンサートも、見本市の間は開催が週一回から二回に増やされた。音楽は、ライプツィヒの重要なアトラクションだったのだ。バッハの腕前は、一五〇ページで紹介したマルシャンとの腕くらべなどで、ランゲの本拠地ドレスデンでも知れ渡っていたのである。

バッハは一七二三年の二月七日、トーマスカントールの採用試験として、カンタータ第二二番《イエス十二弟子を召し寄せて》BWV22と、第二三番《汝まことの神にしてダビデの子よ》BWV23を聖トーマス教会の礼拝において上演した。正式に契約書にサインしたのは四月一九日。レオポルト侯は、快くバッハを手放した。バッハもケーテンでの将来に不安を感じていただろうし、侯爵のほうもこれ以上バッハに報いる自信がなくなっていたのだろう。

一七二三年五月二九日、バッハとその家族はライプツィヒに入った。その様子は複数の新聞で報道されている。「トーマスカントール」は、それだけ注目されるポストでもあったのだ。


ライプツィヒにおけるバッハの二七年間は、創作の面から見ると大きく三つに分けられる。膨大な数の教会作品が作曲された一七二〇年代、世俗音楽が多く創られた一七三〇年代、《フーガの技法》や《ロ短調ミサ曲》のような集大成的な作品に取り組んだ一七四〇年代である。

このように、特定の時期に特定のジャンルが集中して作曲された背景には、職務や、周囲との軋轢、個人的な事情などさまざまな要因が絡み合っている。トーマスカントールとしての一番の仕事は礼拝音楽の提供と上演であり、この方面の作品――カンタータや受難曲など――のストックが少なかったバッハは、ライプツィヒに赴任して数年間はそれに集中せざるを得なかった。前任地のケーテンでは礼拝のための音楽を作曲する機会はほとんどなかったから、久しぶりの教会音楽の創作に張り切ったこともあるだろう。一七二七年までの四年ほどの間に、現存しているおよそ二〇〇曲の教会カンタータの大半と、《ヨハネ》《マタイ》の二大受難曲、《マニフィカト》といった大作が生まれている。

世俗音楽がたくさん作曲された一七三〇年代は、公開コンサート「コレギウム・ムジクム」を指揮していた時代である。これはコーヒーハウスのアトラクションとして行われていたもので、上演される作品は声楽から器楽まで多岐にわたった。ヘンデルやテレマン、ポルポラなど他の作曲家の作品も取り上げられたが、バッハの作品がメインだったのは確実だ。

また同時期には、チェンバロなど鍵盤楽器を習うブルジョワ階級の子女を対象に、『クラヴィーア練習曲集』の出版も始めている（第一巻〜第四巻まで）。これは彼自身が手がけた、はじめての出版事業だった。

一七四〇年代は、バッハが「コレギウム・ムジクム」の活動からも退き、公の場での活動を絞って、自分の内面の欲求を見つめて創作に励んだ時代である。晩年の大作《フーガの技法》と《ロ短調ミサ曲》は、当時としては大変珍しいことに具体的な依頼がなく、自発的に作曲された作品で、バッハが培ってきたとりわけ対位法のような古い形式の集大成的な面を持つ。

周囲との軋轢も、活動分野を変えるきっかけになった。一七二〇年代の終わりに教会音楽の創作が激減したのは、数年分のカンタータのストックが完成したことに加えて、自分の仕事を理解してくれない参事会と対立し、嫌気がさしたせいでもあった。また一七三六年にヨハン・

アドルフ・シャイベという若い音楽理論家が、バッハの音楽を「自然ではない」「古臭い」と批判した論文が発表されたことは、バッハを内面世界へと向かわせるひとつのきっかけになったと思われる。

さまざまな理由により活動分野が変わっても、バッハは常にベストを尽くし、言葉ではなく作品を通じて批判に応えた。それが正しい選択だったことは、バッハの作品の時を超えた生命力が証明している。

聖トーマス教会は、一三世紀の初めに設立された修道院の付属教会がもとである。商人の街ライプツィヒには、すでに商人の守護聖人である聖ニコライを祀る聖ニコライ教会があった。対して聖トーマス教会は、地元の辺境伯が建てたアウグスティヌス派の修道院付属教会、つまり貴族の私有教会としてスタートしている。聖トーマス教会には設立当初から聖歌隊があったが、宗教改革をへて市民の教会となってからはとくに「一七世紀のドイツ三大S」のひとりであるヨハン・ヘルマン・シャインら有名な音楽家がトーマスカントールとして活躍し、評判をあげた。初めから市民の教会だった聖ニコライ教会の付属学校は市民教育の学校だったから、市内の教会の礼拝で音楽を演奏するのは聖トーマス教会学校の寄宿生で構成される聖歌隊の役目だった。寄宿生は貧しい階層の子供たちであり、学校側に「食」と「住」を提供されるかわりに音楽で奉仕したのである。それは、バッハもかつて通った道だった。

バッハのメインの仕事は、この聖トーマス教会合唱団の指導と、街中の四つの教会、聖トーマス、聖ニコライ、新教会、そして聖ペトリ教会の礼拝音楽を監督することだった。五十数名の合唱団は、礼拝に際して四つの教会に分けられた。主要教会である聖トーマス教会と聖ニコライ教会では一週ごとに交代でカンタータが上演されており、その演奏には一番優秀なメンバーがあてられた。いちばん格が低かった聖ペトリ教会には、「讃美歌をやっと歌えるくらい」（バッハの言葉）の生徒が回された。器楽パートは生徒の一部と、ライプツィヒ市に雇われている合計八名の楽師たち、音楽をたしなむライプツィヒ大学の学生などが担当した。

ルター派正統主義の街だったライプツィヒでは、礼拝における音楽の役割が重視されていた。「カンタータ」は、礼拝の「主要音楽 Haupt Music」と位置づけられていたが、それはルター派の教会暦——クリスマス前の待降節から始まる教会の一年間の暦——で定められた日曜日と祝日に関連する聖書の聖句を、音楽で解釈する役目を負っていたからだ。牧師は説教を通じて聖句を言葉で解釈し、カントールはカンタータを通じて「音楽による説教」を行ったのである。

カンタータは、原則としてカントールの作品が演奏されることになっていた。教会暦に応じた年間に必要なカンタータの数は、およそ六〇曲にのぼった。ヴァイマルやミュールハウゼンで多少はカンタータを作曲していたものの、一年間に必要な数にはとうてい足りなかった。

バッハの獅子奮迅が始まる。ライプツィヒに来て最初の数年間、バッハは毎週のように新作を創り、あるいは旧作を転用し、上演の準備をし、礼拝の際は演奏を監督する日々を続けた。

その結果、現存するおよそ二〇〇曲のカンタータの大半が生まれたのである。バッハは、ライプツィヒに来て少なくとも三年間（そしておそらくあと一、二年間）、カンタータをはじめとする礼拝音楽に集中した。記念すべきライプツィヒのカンタータ第一作は、一七二三年五月三〇日に聖ニコライ教会で初演されたカンタータ第七五番《乏しき者は食らいて》BWV75である。それから一年間の間に、バッハは新作四三曲、旧作の転用二〇曲、合計六三曲のカンタータを上演した。

この頃のバッハの毎週のスケジュールは、カンタータの創作を中心に回っていた。日曜日の礼拝が終わると、その夜から次週上演するカンタータの作曲に取りかかり、作曲を終えるとパートごとに写譜をし、練習、そしてリハーサル。写譜は専門の写譜家をはじめ、妻のアンナ・マグダレーナや聖トーマス教会学校の生徒だった上の息子たち、聖トーマス教会学校の生徒、住み込みの弟子たちなどが手伝った。土曜日に最終のリハーサルがあり、日曜日の午前中に本番がある。そしてその夜から、再び作曲が始まるのである。

聖トーマス教会学校の「先生」でもあったバッハは、その合間を縫って週に四日は音楽の稽古をし、寄宿生たちの生活面の指導もしなければならなかった。いわば親代わりの役目も期待されていたのである。それに加えて、個人的に面倒を見ている弟子も四五名ほどいたという。一説によればバッハは日に一五〜六時間仕事をしていた計算になるそうだ。聖トーマス教会学校の就寝時間は九時だったが、バッハの作曲活動が本格化するのはその後だった。

バッハ一家は、聖トーマス教会から棟続きだった聖トーマス教会学校の校舎にある専用の住まいに住んでいた。当時の聖トーマス教会学校の平面図が残っているが、カントールの住まいの扉を隔てた向こうには、寄宿生たちがすし詰めになって暮らしていた。寝室も食堂も大部屋でネズミが駆け回るような環境だったから、伝染病が蔓延することも珍しくなく、一説によればバッハの子供が何人も夭折したのはそれも原因だったという。生徒たちの間では「いじめ」も普通にあったようだから、その対処に追われることもあったかもしれない。

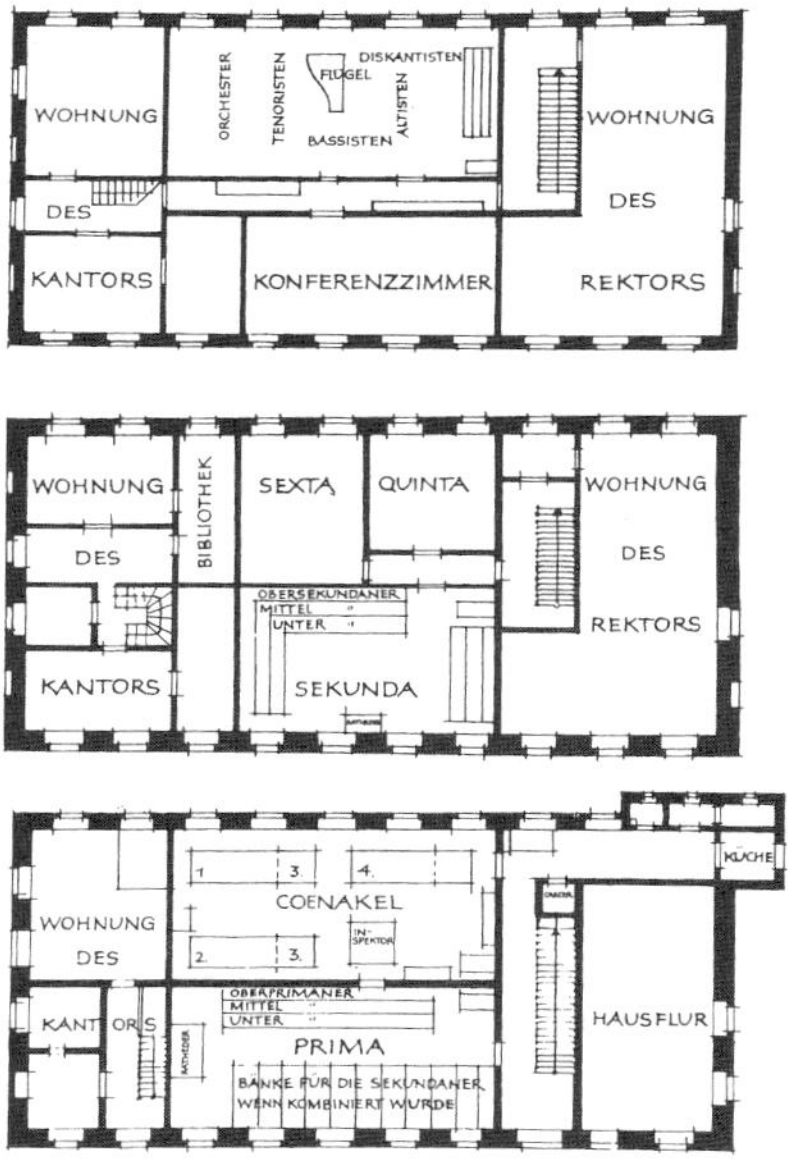

聖トーマス教会学校の間取り。各階の左３分の１がバッハの住まい

聖トーマス教会にバッハが暮らしていたことを示すプレート

生徒たちの空間の向こう側は、聖トーマス教会学校の校長の住まいだった。校長はバッハの在職中に何人か交代したが、そのなかにはバッハと気が合った人間もいれば、合わなかった人物もいた。校長と対立している時はとりわけ、校舎内の住まいは窮屈に感じられたことだろう。

バッハが暮らしていた聖トーマス教会学校の建物は一九〇二年に取り壊され、跡には教会関係の建物が建っている。外壁には、「ここはかつて、ヨハン・セバスティアン・バッハが一七二三年から一七五〇年まで住み、活動していた古いトーマス学校が建っていた」というプレートがかかる。現在のトーマス学校は教会付属ではなく市立の高校となり、旧市街から数百メートル離れた「シラー通り」に、おそらくバッハ当時よりはるかに立派な外観を見せている。合唱団のメンバーは、バッハの頃のおよそ倍の一〇〇人に達し、世界中に演奏旅行に出、バッハの伝道師として《マタイ》や《ヨハネ》を演奏している。

バッハには「市の音楽監督」としての仕事もあった。市や大学の公式の行事のために新作を作り、演奏を受け持つのである。また裕福な市民の冠婚葬祭の奏楽を担当した。教会が所有している楽器の管理もしなければならなかったし、他の街のオルガンの鑑定を頼まれることもしょっちゅうだった。ほぼ宮廷楽団の仕事だけで比較的時間に余裕があったケーテン時代とは比べものにならないハードスケジュールの中に、バッハは投げ込まれたのである。膨大な数のカンタータに加え、《ヨハネ》《マタイ》の二大受難曲や、《マニフィカト》といった大作がこの多忙な日々のなかで生まれたことを考えると、ただただ驚嘆するしかない。次男のカール・フィリップの言葉によれば、バッハは楽器を使わずに作曲していたという。たしかに楽器を使っていたら追いつかないスピードだったただろう。

有名なコラール《主よ、人の望みの喜びよ》で知られるカンタータ第一四七番《心と口と行いと生きざまもて》BWV147は、このライプツィヒ一年目の七月二日、マリアのエリザベト訪問の祝日にあたって作曲された。すでにヴァイマル時代に成立していたと考えられる作品だが、M・ヤーンによるコラールが書き加えられたのはライプツィヒでの上演のときである。マリアの受胎を祝う祝日の意義に応じた、喜ばしく華やかな大曲となっている。

有名なコラールは第六曲と終曲の第一〇曲に登場するが、コラールの旋律はごくシンプルなもの。すごいのは、バッハがそこにつけた伴奏である。オーケストラが奏でる分散和音の効果的なこと！　このコラールが有名になったのは、バッハがつけた伴奏が素晴らしいからなのだ。

ほぼ一年後の一七二四年六月から、バッハは年間を通して「コラール・カンタータ」と呼ばれる形式でカンタータを書くという壮大な試みに挑戦した。これは一曲のコラールを一曲のカンタータのいわばモティフにし、冒頭合唱から終曲のコラールまでなんらかの形でそのコラールを使っていく形式である。凝り性のバッハらしい試みだ。残念ながら四〇曲で中断され、教会暦一年分のカンタータを完成させるまでには至らなかったものの、その徹底ぶりは前人未到といっていい。

一七二四年一〇月二九日の、三位一体節後第二一日曜日に上演されたカンタータ第三八番《深き悩みの淵より、我汝に呼ばわる》BWV38は、ルターのコラール《深き悩みの淵より》に基づいたコラール・カンタータ。規模はさほど大きくないが、モテット風の古風な冒頭合唱に始まり、集中力に富んだ音楽が展開する。どの曲にも、歌詞あるいは音楽のどこかにルターのコラールが使われているのが「コラール・カンタータ」であるゆえんだ。第四曲のレチタティーヴォにも、通奏低音にコラール旋律が使われている。

有名なカンタータ第八〇番《われらが神は堅き砦》BWV80も、同名のルターのコラールをベースにした作品。全曲にコラールが使われているわけではないので厳密な意味での「コラール・カンタータ」ではないが、それに近い雰囲気のカンタータである。一七二四年一〇月三一日の宗教改革記念日に上演されたと考えられている（ただし現在一般的に上演されているヴァージョンは、一七四〇年代半ばに成立した）。八曲中四曲にコラールのテクストが、やはり四曲にコラールの音楽が使われている。バスのアリアにソプラノがコラールを歌ってからんだり（第二曲）、合唱曲のオーケストラ・パートにコラールの定旋律が置かれたり（第五曲）とその用法は多彩だ。だがもともとのコラールが力強い曲であることもあり、バッハの数あるカンタータのなかでも雄渾《ゆうこん》さがきわだつ一曲になっている。

「カンタータ年巻」の三年目、一七二五年から二六年にかけては、「コラール・カンタータ」から脱して、再びより自由な形式のカンタータが創作される。そしてその直後に、総決算のような《マタイ》が来るのである。

だが《マタイ》に触れる前に、ライプツィヒ一年目のこれも総決算であり、ライプツィヒのひとびとを震撼させただろう《ヨハネ》について、ご紹介しなければならないだろう。

《ヨハネ受難曲》BWV245は、バッハがライプツィヒに来てほぼ一年後の一七二四年四月七日、聖金曜日の晩課において、聖ニコライ教会で初演された。キリストが受難したとされる聖金曜日（復活祭の日曜日前の金曜日）に受難の物語を朗唱、あるいはかんたんな曲付けで上演する習慣は以前から広く行われていたが、受難をとりわけ重要なできごとと位置づけたルター派では、「受難曲」が一大ジャンルを形成した。聖金曜日の前は教会の「大斎期」にあたり、六週間の間大規模な礼拝音楽は上演されなかったから、作曲家は受難曲の作曲に集中できた。

当時のドイツでは、「オラトリオ風受難曲」と呼ばれる大規模な受難曲がブームになっていた。これは「福音書記者」（エヴァンゲリスト）が、福音書にある受難のストーリーをレチタティーヴォで語り、その合間にコラールやアリア、合唱がはさまるという形式だ。アリアや合唱のテクストは自由に作詞される。

だがルター派正統主義の街ライプツィヒでは、このような受難曲は「オペラ的」、つまり派手すぎるとされ、なかなか受け入れられなかった。一七一七年には新教会でテレマンの《ブロッケス受難曲》が、一七二一年には聖トーマス教会で、当時のカントールだったクーナウの《マルコ受難曲》が上演されているが、とくにクーナウの作品はバッハの受難曲よりはるかに単調で、おとなしいものだった。また、聖金曜日の午前中に行われる朝課では、宗教改革におけるルターの音楽的な同志だったヨハン・ヴァルターの受難曲――つまり一六世紀の作品――が上演されるのが慣例だったが、たとえていえば声明《しょうみょう》のようなシンプルな曲だった。その後の晩課で、バッハの《ヨハネ受難曲》が鳴り響いたのである。断崖に楔を打ち込むような劇的な音楽でイエスの捕縛を描写する冒頭合唱が始まった時、その場に居合わせた人々は震え上がったのではないだろうか。しかもその緊張感が四〇曲、二時間も続くのだ。これほど大規模な「受難曲」がライプツィヒで上演されたことは、かつてなかった。七年前に上演され、評判になったテレマンの《ブロッケス受難曲》も、せいぜい一時間くらいの規模だったのである。

《ヨハネ受難曲》は、『ヨハネによる福音書』に基づく受難物語である。この福音書では、イエスの受難は使命であり、それが成し遂げられたことは彼の勝利だと解釈する。受難が「成し遂げられた」と報告する第三〇曲のアルトのアリアには、痛切な悲しみと勝利の輝かしさが混在する。コラールが多いのも《ヨハネ》の特徴だ。結果として、アリアが多くより抒情的な《マタイ》より男性的で引き締まり、シンプルな印象を与える。終曲もコラールで、イエスとの再会を信じる確信に満ちている。復活への希望を抱かせるのは《マタイ》より《ヨハネ》の幕切れではないだろうか。バッハは《ヨハネ受難曲》を生前少なくとも四回上演し、そのたびに手を入れた。作品になかなか満足できなかった証拠だろう。

《マタイ受難曲》は、それから三年後、一七二七年四月一一日の聖金曜日に、聖トーマス教会で初演された。タイトルの通り、『マタイによる福音書』の受難記事に基づく受難曲である。全六八曲からなり、ふたつの合唱団と楽団（初稿では通奏低音は共通）を必要とし、上演におよそ三時間半弱を要する超大作である。《ヨハネ》も驚きだったはずだが、《マタイ》は編成も中身もその倍近い規模だった。聖トーマス教会のほうが聖ニコライ教会より演奏場所も含めて規模が大きいから、それを計算に入れたこともあったのだろう。

《マタイ受難曲》は、一般的な人気でも《ヨハネ》をうわまわっている。アリアが多く、その分いわゆる「聴きどころ」が多い。実際、「珠玉」と表現したくなるアリアが次から次へと現れる。一曲一曲に個性があり、楽器の使い方も多彩だ。受難曲（や教会カンタータ）のアリアは、登場人物の気持ちを表現するオペラのアリアとは違い、目の前で起こっているできごとを「省察する」役割を持つ。このできごとにはいったいどんな意味があるのか、それを解釈し、解きほぐすのだ。

『マタイによる福音書』は、受難を神の愛のあらわれだとみなす。イエスは我々への愛のために、我々の罪を背負って十字架にかかるのだ。そんな《マタイ》のメッセージが凝縮された曲は、第四九曲のソプラノ・アリア《愛ゆえに》である。群衆が十字架刑を主張する嵐のような場面のなかに置かれたオアシスのようなこのアリアは、滴り落ちる涙のようなフルートのソロと、心臓の鼓動のように規則正しい和音でそれを支えるオーボエ・ダ・カッチャ、そしてソプラノのソロで、受難がなされなければならない理由を淡々と、しかし心に染み入る切なさで語ってゆく。バッハのアリアは、一九世紀のロマン派のそれのように感情をあらわにすることは決してない。けれど音楽という手段によって、人間の「魂」の内奥へ橋をかける手腕にかけて、バッハはおそらくほかのどんな作曲家にも勝るのである。

《マタイ》も、バッハの生前に四回上演されたと考えられている。一七三六年に行われた二度目の上演に際しては大規模な改訂が行われ、みごとな自筆のスコアが制作されて、今に伝えられている。バッハは明らかに《マタイ》を（おそらく《ヨハネ》も）、彼のルター派教会音楽の集大成と考えていた。コラール、アリア、レチタティーヴォ、そして合唱。それまでの、また改訂に際してはそれ以降の教会音楽の創作で培ったすべての集大成。《マタイ》初演後、礼拝音楽におけるバッハの創作のペースは急速に落ちるが、それも当然だったのかもしれない。《マタイ》を初演したとき、バッハは現時点での自分の総決算である大傑作をものした充実感に浸ったのではないだろうか。一八二ページでも触れたように、その二年後に行われたケーテン侯レオポルトの葬儀で彼が捧げた葬送カンタータは、《マタイ》のハイライト版といえる作品だったのである。バッハがその後教会音楽の創作から遠ざかった背景には、後述するような周囲とのトラブルもあったが、たくさんのストックを作り、そして受難曲においてこの分野を総決算したという満足感もあったのではないだろうか。

コレギウム・ムジクム

一七二九年、バッハは「コレギウム・ムジクム」の指揮を引き受けた。たびたび触れているように、コーヒーハウスで毎週一回、見本市の期間は二回、定期的に行われていた公開のコンサートである。バッハは中断をはさんで一七四一年まで、実に足かけ一三年にわたってこの「コレギウム・ムジクム」を率いた。

公開コンサートが開催されていた意義は、音楽の歴史上きわめて大きい。音楽だけに集中する「コンサート」という場、そしてそれが「公開」される、つまり料金を払えば誰でも参加できる催しは今でこそ音楽鑑賞のスタンダードだが、当時はきわめてまれだった。音楽というものはそれ自身が目的ではなく、礼拝や冠婚葬祭などなんらかの「機会」に伴うものだったし、音楽そのものが楽しまれるのは、君主の宮廷など閉じられた場所だった。お金を払えば誰でも入れ、音楽を純粋に楽しめる「公開コンサート」は、ロンドンやパリなどの大都会で、数えるほどしかなかったのである。

幸いライプツィヒには、公開コンサートの場として「コーヒーハウス」があった。コーヒーは、イギリスを出発点に大ブームになっており、ロンドンでは一八世紀初めに、実に二〇〇〇軒のコーヒーハウスが繁盛していたが、ドイツではライプツィヒがその先駆けだった。バッハ当時、市内には八軒のコーヒーハウスがあったのである。

「コーヒーハウス」といえば今日ではカフェを連想するが、当時の「コーヒーハウス」は街の社交場だった（詳しくは二七九ページ以降を参照）。飲食店としても、コーヒーやお菓子にと

ツィンマーマンのコーヒーハウス跡

どまらず本格的な料理やアルコールも提供していた。夏には市壁の外側に造られた公共の庭園に「コーヒー庭園」がオープンし、コレギウム・ムジクムのコンサートもそちらに移動した。

バッハが「コレギウム・ムジクム」を率いて演奏していたコーヒーハウスは、ゴットフリート・ツィンマーマンという人物が経営し、「ツィンマーマンのコーヒーハウス」と呼ばれていた。残念ながらこのコーヒーハウスがあった建物は第二次世界大戦で破壊され、モダンな建物に様変わりしてしまったが、外壁にはその存在を示す以下のようなプレートがかかっている。

「ここに、第二次世界大戦で破壊されるまで、『ツィンマーマンのコーヒーハウス』があり、ヨハン・セバスティアン・バッハが、大学生からなるコレギウム・ムジクムの公開コンサートを、一七二九年から一七四一年まで指揮していた。それは、ゲヴァントハウスの伝統と、現代へとつながるコンサートへの道を開いたのである」。

「ゲヴァントハウス」とは、もちろんゲヴァントハウス管弦楽団のことである。実は「コレギウム・ムジクム」は、ゲヴァントハウス管弦楽団の祖先のひとつなのだ。ゲヴァントハウス管弦楽団は、一七四三年に、ライプツィヒの市民と貴族一六名が「大コンサート」として立ち上げた団体がもとなのだが（今日のオーケストラの大半は宮廷楽団が元祖である）、そこにはコレギウム・ムジクムの指揮をバッハから継いだバッハの弟子のゲルラッハをはじめ、コレギウム・ムジクムのメンバーが何人も加わっていた。後にこの団体は「織物商館＝ゲヴァントハウス Gewandhaus」を本拠地にするようになり、楽団もその名前で呼ばれるようになったのである。バッハはこの団体には直接かかわっていないが、アドヴァイスなどはしただろうと推測されている。ちなみに、ゲヴァントハウス管弦楽団の定期演奏会は、今でも「大コンサート」の名前で呼ばれている。

バッハは、世が世なら、ゲヴァントハウスの指揮者だったのだ。しかも、トーマスカントールとしての仕事をしながら。ゲヴァントハウスの指揮者とトーマスカントールを兼ねるなど、現代では考えられない。バッハがどれほど超人だったか、この点ひとつとっても想像できる。しかも、絶えず新しい作品を提供していたのだから。

バッハが指揮していた「コレギウム・ムジクム」は、一七〇一年に当時ライプツィヒ大学の学生だったテレマンによって創設された団体で、バッハはテレマンから数えて五人目の指揮者にあたる。メンバーは大学生が中心だったが、ときに市に雇われたプロの楽師も混じったようで、演奏のレベルはかなり高かったと推測されている。というのもこの団体からは、後にドレスデンの宮廷楽団など一流の楽団でプロとして活躍する音楽家が何人も巣立っているのである。

つまり、ライプツィヒを代表する音楽団体だったのだ。

「コレギウム・ムジクム」のメンバーは、聖トーマス教会や聖ニコライ教会での礼拝音楽の演奏にも加わったようだ。バッハは礼拝音楽の現状を訴えた参事会への上申書で、「大学生の助けを借りている」と記している。バッハはコレギウム・ムジクムの指揮者になることで、ケーテンの宮廷楽団に準ずるような優秀な楽団を使えるようになったのだった。

バッハはコレギウム・ムジクムの指揮を一〇年あまり続けたから、五〇〇回以上のコンサートを指揮した計算になる。バッハはこの場でも、新作を発表し続けた。もちろん他人の作品も上演したが、他人の作品の編曲も含めてプログラムの中心は自作だっただろう。かつては器楽作品といえばすぐ「ケーテン時代」に結びつけられていたが、器楽作品の大半はライプツィヒ時代に成立した楽譜で伝えられており、今日ではコレギウム・ムジクムのために書かれたものがかなりの数にのぼると考えられている。

四曲の《管弦楽組曲》BWV1066―1069はその代表だ。すべてがライプツィヒ時代に成立したわけではないが（たとえば第一番はすでにヴァイマルで成立していたとされる）、フルートが活躍する《第二番》や有名な「G線上のアリア」を含む《第三番》は、コレギウム・ムジクムのためだと考えられている。一本、そして二本のヴァイオリンのための協奏曲BWV1041―1043や、《フルート、ヴァイオリン、チェンバロのための協奏曲》（三重協奏曲）BWV1044も、コレギウム・ムジクムのために書かれた可能性が高い。

一台から四台まで、さまざまな数の独奏チェンバロのために書かれた《チェンバロ協奏曲》BWV1052—1065も、コレギウム・ムジクムのための作品である。一連のチェンバロ協奏曲によって、バッハは後に独奏協奏曲の花形となる「ピアノ協奏曲」の先鞭をつけた。通奏低音楽器、つまり伴奏楽器だったチェンバロを独奏という花形に押し上げたのはバッハの功績である。すでに彼は《ブランデンブルク協奏曲》の第五番で実質的なチェンバロ協奏曲を書いていたが、形式上はチェンバロ、ヴァイオリン、フルートという三つの独奏楽器があった《第五番》に対し、こちらは純粋な「チェンバロ協奏曲」だった。

チェンバロ協奏曲ではもちろんバッハが独奏をつとめただろうが、複数のチェンバロのための協奏曲では、息子たちが独奏者として共演したようだ。コレギウム・ムジクムの活動に打ち込んでいた一七三〇年代、長男のヴィルヘルム・フリーデマンは二〇代、次男のカール・フィリップは一〇代後半から二〇代の学びざかり。二人とも鍵盤楽器奏者として大成するが、バッハはコレギウム・ムジクムで、息子たちに公開の場で演奏する機会を作り、英才教育の仕上げとしたのだった。天下一の鍵盤楽器の名人バッハが、息子たちと丁々発止の妙技を繰り広げるチェンバロ協奏曲。それを目撃できたコーヒーハウスのお客たちが羨ましい。バッハが指揮した《マタイ受難曲》を体験したかったという気持ちももちろんあるが、個人的には父子共演のチェンバロ協奏曲のほうが「体験したい」気持ちは上だ。

バッハが世を去って半世紀後の一八〇〇年に、ある雑誌記事はこのような見聞を伝えている。

「当地には四〇年以上前から常設の定期演奏会がある。（中略）お年寄りなら、あの威厳のあるセバスティアン・バッハが持前の活気をもってあそこで指揮していたときの姿を、まだ憶えておられよう」（酒田健一訳）

この記事で描かれているのはチェンバロ奏者でなく「指揮者」としてのバッハだが、彼の演奏の活気とエネルギーは想像がつくような気がする。

コレギウム・ムジクムでは、声楽作品ももちろんたくさん演奏された。「バッハのコレギウム・ムジクム」を代表する声楽作品といえば、何といっても《コーヒー・カンタータ》BWV211だろう。コーヒー店の店主ツィンマーマンの依頼で作曲されたと思われるこの作品では、しつこいくらい「コーヒーの魅力」がうたわれる。つまりはコーヒーハウスのCMソングなのだ。流行のコーヒーにぞっこんの若い娘リースヒェンと、それをやめさせようとする頑固な父、シュレンドリアンとのユーモラスなやりとりが主の、短いコミック・オペラのような作品である（詳しくは二七八ページ以降を参照）。

コレギウム・ムジクムで上演された声楽作品の重要なレパートリーには、ドレスデンのザクセン選帝侯に献呈された一連の祝典カンタータもある。選帝侯やその王子の誕生日や命名日、戴冠式などに際して作曲され、コレギウム・ムジクムでの上演を通じて献呈された作品群だ。ほとんどは寓話劇の形をとり、選帝侯一家を讃える結末へと導かれる。たとえば選帝侯子の誕生日を祝うために書かれた第二一三番のカンタータ《われら心を配り、しかと見守らん》BW

V213は、王子を暗示する英雄ヘラクレスが「徳」の道を選ぶ筋立てになっている。

一七三三年から三六年にかけて、バッハはこの手の祝賀カンタータをせっせと作曲、献呈した。もちろん意図があってのことである。バッハは「ザクセン選帝侯宮廷作曲家」の肩書きを欲しがっていたのだ。詳しくは後述するが、ライプツィヒの参事会や聖トーマス教会学校との対立を有利に運ぶために、ザクセン選帝侯宮廷が後ろ盾であることを示すタイトルが必要だと考えたのだった。そのためにまず、一七三三年に《ロ短調ミサ曲》の前半部分を作曲し、選帝侯に献呈。念願の「宮廷作曲家」のタイトルを得たのは、三年後の一七三六年。その間に、少なくとも五作の祝賀カンタータがコレギウム・ムジクムの演奏会で上演され、そのたびに『ライプツィヒ新聞』に広告が載った。この『ライプツィヒ新聞』は現在ドレスデンの図書館に所蔵されており、明らかにドレスデンの宮廷を意識した広告だったと思われる。

一七三四年の一〇月に選帝侯フリードリヒ・アウグスト二世一家がライプツィヒを訪れた際には、一家が泊まっていた市庁舎前広場のアーペル館——現在も残っている——の前で、バッハ率いるコレギウム・ムジクムを主とした楽団が、選帝侯のポーランド国王即位一周年を祝う祝賀カンタータ《おのが幸を讃えよ、祝されしザクセン》BWV215を演奏した。大学生による松明《たいまつ》行列も行われ、駆り出された人数は六〇〇人以上にのぼったという。六七歳と、当時としてはかなりの高齢だったトランペットの名手ゴットフリート・ライヒェが、松明の煙がたちこめるなかで難しいトランペット・パートを演奏したことで体調を崩し、翌日心臓発作で急逝してしまったのは、バッハにとっては痛手だった。

コレギウム・ムジクムの活動と並行して、バッハは自作のクラヴィーア作品の出版を始める。第一弾は、《六曲のパルティータ》BWV825—830を収めた『クラヴィーア練習曲集』第一巻である（一七三一年出版）。初めて自分で出版したこの曲集に、バッハは「作品一」の番号をつけた。これは《平均律》のような教育目的の作品と違い、「愛好家の心を楽しませるために」（第一巻の序文より）作曲された作品だった。裕福なブルジョワの子女がたしなみとしてピアノを習うことが大ブームとなるのは一九世紀だが、富裕な商人の多かったライプツィヒではそのような伝統が一足先に始まっており、顧客が見込めたのである。見本市に集まる人々も、もちろん有力なお客だった。

《パルティータ》は、いくつかの舞曲からなる「組曲」である。バッハはこのような形式の鍵盤作品を、すでに《フランス組曲》BWV812—817、《イギリス組曲》BWV806—811としてまとめていた。《パルティータ》はその総決算といえる。これらの「組曲」は、《平均律》や《インヴェンションとシンフォニア》のような対位法を中心とした作品より親しみやすい、当時流行の「ギャラント」（わかりやすく流麗なスタイル）な音楽として書かれており、評判はよかったようだ。

一七三五年には第二巻として、《イタリア協奏曲》BWV971と《フランス風序曲（パルティータ）》ＢＷＶ８３１が刊行された。《イタリア協奏曲》は、イタリアの協奏曲のスタイルを一台のチェンバロで演奏できるようにした流行の最先端といえる作品で（バッハはヴァイマル時代、同様のコンセプトで《オルガン協奏曲》を作曲している）、《フランス風序曲》はフランスで生まれた舞曲楽章からなるオーケストラ曲のジャンルである管弦楽組曲を、やはりチェンバロに移し替えた曲だった。この二曲も「ギャラント」なスタイルの作品であり、バッハの鍵盤作品のなかでもおそらく一番とっつきやすい部類に属する。

一七三九年に刊行された第三巻は、がらりと趣味が変わる。「教理問答歌そのほかのコラールに基づ」いた、「オルガンのための種々の前奏曲からなる」（序文より）作品集だったのだ。その言葉通りオルガン曲が大半で、中心はコラール前奏曲。内容にも構成にも宗教的な色合いが濃く、「オルガン・ミサ」の通称で呼ばれている。

一七四一年に出版された第四巻は、有名な《ゴルトベルク変奏曲》ＢＷＶ９９８で、正式な名称は「アリアと三〇の変奏曲」。タイトル通り「変奏」の可能性を極めた作品である（ただし「変奏」といってもメロディを変奏するのではなく、変奏されるのは低音部である）。

この二つの曲集は、最初の二巻より「通」向けの作品集である。とくに第三巻は、「愛好家のなかでも、とくにこの種の作品に精通する人々」に向けたものとはっきりうたわれており、晩年のバッハの集大成的な世界へと大きく踏み出している。《ゴルトベルク》が「変奏」の集大成であることはいうまでもない。

実は第三巻を刊行した一七三〇年代終わり頃から、バッハは内面的な世界へ向かうようになったのだ。そのきっかけのひとつとなったのは、「外」とのさまざまなトラブルだった。

晩年の光と闇、そして……

ライプツィヒ時代のバッハが、さまざまないさかいを経験したことはよく知られている。とりわけ有名なできごとが、一七三〇年に「職務怠慢」のかどで参事会から減俸を言い渡され、それに反発したバッハが参事会に「整備された教会音楽のための短い、だがきわめて緊急なる草案」と題された上申書を提出し、彼が直面している演奏上の問題について遠慮会釈なく述べた一件である。参事会は、バッハが教師としての務めを怠り、必要な許可を得ることなく旅行に出（ライプツィヒを離れる際は参事会の許可を得なければならないことは、バッハがカントールの契約をしたときの条件だった）、また、ラテン語の代行を任せた人物が怠慢だと評されたことからバッハの処分を決めたのだが、バッハの方にも当然言い分があった。いちばんの理由は、彼が使える演奏者たち、つまり聖トーマス教会学校の生徒や市の楽師たちが、人数の面でも質の面でもとうてい満足できるレベルにない、ということだった。バッハの判定では、五四名の少年たちのうち役に立つ者は一七名しかおらず、「まだ役に立たない」人間は二〇名、そして残りの一七名は「使い物にならない」。器楽奏者は、ほんとうなら二〇名必要なのに、それを担当する市の楽師は八名しかおらず、しかもその半分は「老いぼれ」。足りない分は大学生（おそらくコレギウム・ムジクムのメンバー）などで補ってきたのだが、彼らへの謝礼もおろそかにされており、なかなか引き受けてくれなくなってしまった……。

きわめて現実的な悩みではあるまいか。役立たずの子供たちや音楽家たちを訓練しなければならないバッハの苦労が、目に浮かぶようである。前任地のケーテンではレベルの高い宮廷楽団を意のままにできたから、よけい落差が身にしみたことだろう。二一世紀の今、バッハ演奏のレベルが素晴らしい高みに達していることを考えると、バッハが今どきの演奏家を使えていたらどんなにすごい作品が出来上がったことかと想像してしまう。とはいえ、このような状態だから勤務を怠るのだという理屈はなかなか通らないかもしれないが。

本書でたびたびご紹介している、ゲオルク・エルトマンに宛てた就職願いを兼ねた手紙（「エルトマン書簡」）は、この一件の直後に書かれている。この手紙から、私たちはケーテンの侯妃が「音楽嫌い」だったとか、バッハのライプツィヒでの収入が七〇〇ターラーだったといった情報を得ることができる。だがこの手紙が教えてくれる差し迫ったバッハの現状は、トーマスカントールという仕事が「話にきいたほど恵まれたものでな」く、「当局の態度も奇っ怪で、音楽に対する敬意も薄」く、自分が「絶えざる不快、嫉妬、迫害のなかで生きてゆかねばならない」状態だった。

そして、参事会への上申書にも、「エルトマン書簡」にも、返事はなかったのである。

その他にも、バッハはライプツィヒでいくつものトラブルに巻き込まれた。決定的だったのは、聖トーマス教会学校校長のエルネスティとの間で一七三六年に起こった対立である。エルネスティはもともと音楽を中心とした聖トーマス教会学校の教育方針を時代遅れだと感じていたこともあって、バッハとは何かと衝突したが、このときはアシスタント（副指揮者）の任命権をめぐって激しく対立した。双方とも任命権が自分にあると主張して譲らず、参事会に訴え出たのである。だが結局、参事会はエルネスティの言い分を認めた。一七三九年には、参事会が受難曲の上演を差し止めるというできごともあった。

このような争いごとの背景に、自分の主張は譲らないバッハの性分があったことはたしかだろう。また、記録に残っていないトラブルもいろいろあったにちがいない。だがライプツィヒの人間関係は複雑だった。参事会関係（しかもその内部でも当然対立があった。カントールの任命時に、音楽家として優秀な人間を求める一派と、教師として優秀な人間を採りたいと考えていた一派がいたのは前に触れた通りである）、学校関係、そして教会関係……。一説によるとバッハが仕事でかかわった人間はおよそ三〇〇人にのぼるという。そのような人たちと付き合いながら、作曲をし、演奏の準備をし、（プライベートな弟子も含めて）音楽の指導をしなければならなかったのだ。演奏の準備に際しては、参事会への「上申書」に書かれたように、自分で演奏家の手配もしなければならなかった。気が遠くなるような雑務に追われる日々のなかで、頑固なバッハの忍耐がときどき爆発してもいたしかたなかったような気もする。

ザクセン選帝侯への「宮廷作曲家」の肩書きの嘆願と、それを意識した祝賀カンタータの上演は、このようなライプツィヒでの状況を改善しようと考えたためだった。トーマスカントール就任の際、バッハを推したランゲ市長の後ろ盾はドレスデンの宮廷だったのだから。バッハはひょっとしたら、ドレスデンの宮廷楽長を夢見たかもしれない。彼はドレスデンの宮廷楽団の「すばらしくも見事な」演奏に感嘆していた（「上申書」）。実際一七三六年に「宮廷作曲家」に任命されてからは、少なくとも参事会がバッハの行動に口出しする回数は減ったようである。

一方、バッハの音楽が「自然に逆らっている」としたヨハン・アドルフ・シャイベの批判は、エルネスティとの争いのさなか、一七三六年に発表された。神に奉仕するために音楽を重視するラテン語学校の教育を、流行し始めていた「理性」を重視する「啓蒙主義」の立場から古臭いと考えたエルネスティと、伝統的な対位法を駆使した複雑精緻なバッハの音楽を「時代遅れ」と断じたシャイベ。両者の考えには共通するものがあった。

バッハは、世のなかから取り残されつつあると感じたのではないだろうか。

一七四〇年代のバッハは、徐々に自分の世界へと閉じこもっていく。一七四一年には、おそらくコーヒー店主ツィンマーマンの死もあって「コレギウム・ムジクム」から完全に手を引き、一七四二年にライプツィヒ郊外のクライン・チョハーの荘園で《農民カンタータ》BWV212を上演したのを最後に、世俗的な音楽活動は鳴りをひそめる。四〇年代半ば以降は、教会の礼拝以外では公の場で演奏することはめったになくなった。おもにオルガン鑑定を目的にした旅行には、よく出ていたのだけれど。

晩年に出た旅のなかでよく知られているのは、プロイセンのフリードリヒ大王を表敬訪問したポツダムへの旅（一七四七年五月）である。お膳立てをしたのは、当時フリードリヒ大王の宮廷チェンバロ奏者をつとめていた次男のカール・フィリップ・エマヌエルだった。この時、フリードリヒ大王がバッハに与えた主題をもとに《音楽の捧げもの》ＢＷＶ１０７９が生まれ、大王に献呈されている。全一一曲中のほとんどを対位法の技法である「カノン」が占め、「王の主題」が縦横無尽に織り込まれる。一番の大曲である《トリオ・ソナタ》の主役がフルートになっているのは、フリードリヒ大王がフルートを愛し、得意としていたからだった。

晩年のバッハを代表する作品といえば、この《捧げもの》、《フーガの技法》ＢＷＶ１０８０、そして《ロ短調ミサ曲》ＢＷＶ２３２である。フリードリヒ大王との面会がきっかけになった《捧げもの》は別として、他の二曲に共通していることは、具体的な演奏の機会とは関係なく成立したことだ（《ロ短調》は結果的にそうなった、という面もあるが）。バッハは他からの依頼ではなく、自分の内面的な欲求からこれらの作品を書いたのである。それは当時にあっては、きわめて珍しい創作態度だった。そしてこの三作に共通するのは、繰り返しになるが対位法の集大成という側面だった。

タイトル通り、ひとつの主題による「フーガ」を徹底的に追求した《フーガの技法》は、死につながった眼病の悪化のため未完に終わった。バッハは世間では「古臭い」とされていたこの書法の可能性を、飽くことなく追求した。バッハの音楽はしばしば「数学的」だといわれるが、中世では音楽は「宇宙の調和」とみなされ、数学と同じ次元だと捉えられていた。バッハはもともと理論家肌の作曲家だが、晩年の大作群にはとりわけそのような過去への回帰が、数学的な指向が見て取れる。

だが《ロ短調ミサ曲》が作られた背後には、宇宙の調和にとどまらない、もっと雄大な構想があったようだ。

まずこの作品は、バッハが唯一完成させた「ミサ曲」、つまりカトリックの教会音楽である。「ミサ曲」は、「キリエ」「グローリア」「クレド」「サンクトゥス」「アニュス・デイ」の五曲で構成されるが、ルター派の礼拝では「キリエ」「グローリア」の二曲に作曲する「短ミサ」だけが演奏を許されていた。全曲に曲付けした「完全ミサ曲」は、上演の場がなかったのである。上演できないとわかっていて、なぜバッハは、《ロ短調ミサ曲》を作曲したのだろうか。

きっかけはとても世俗的なことだった。バッハはザクセン選帝侯の「宮廷作曲家」の称号を得ることを目的に、一七三三年、前半の「キリエ」と「グローリア」を、選帝侯フリードリヒ・アウグスト二世に献呈した。当時ドレスデンの選帝侯は、カトリックの国であるポーランドを新たに領土に加えたため、カトリックに改宗していた。だから献呈するにはミサ曲がふさわしかったのである。さらに、この二曲だけなら「短ミサ」としてルター派の礼拝でも演奏が可能だった。この二曲は、献呈と前後してライプツィヒやドレスデンで演奏された可能性もある。

だが、問題はその後である。なぜバッハは、少なくともライプツィヒでは上演が不可能な「完全ミサ曲」を作り上げてしまったのか。

バッハは、ドレスデンの宮廷に就職したかったと考える研究者もいる。だが筆者には、小林義武氏をはじめ多くの研究者が唱えている、バッハが具体的な上演を意図したというより宗派を超えた普遍的な教会音楽をめざしたという説のほうが、説得力を持って感じられる。

ルター派の教会音楽は、原則としてルター派の礼拝のなかでしか演奏できない。《マタイ受難曲》や《ヨハネ受難曲》の演奏がバッハの死後途絶えたのは、そのことも大きな理由である。「はじめに」でも書いたように、「受難曲」は「時期もの」なのだ。

その点、特定の祝日に関係のない「ミサ曲」なら、上演の機会はぐっと増える。なにより「ミサ曲」はより普遍的な形式であり、歴史も長く、多くの傑作が生まれてきた。そこに、過去の技法を集大成し、かつ新たな技法（《ロ短調》のアリアは、当世風のギャラントなスタイルで書かれている）を加えた傑作を付け加えるのは、音楽家バッハにとって魅力的なことだったのではないだろうか。

《ロ短調ミサ曲》は、筆跡や紙の研究からバッハの絶筆だと証明されている。最後に作曲されたのは第一六曲《聖霊によりて》。マリアの受胎の神秘性を歌ったまさに神秘的な音楽で、おそらく一七四九年の暮れに書かれた。とはいえ《ロ短調ミサ曲》に含まれる音楽の大半は、過去の作品の転用である。もっとも古い部分は、一七一四年に書かれたカンタータ第一二番《泣き、嘆き、憂い、怯え》にまでさかのぼる（二四五ページを参照）。つまりこの作品には、バッハのおよそ三五年間にわたる創作の歩みも凝縮されているのだ。《ロ短調ミサ曲》は、バッハの音楽の、そして人生の「総決算」だった。

聖トーマス教会のバッハの墓

六月に開催される「ライプツィヒ・バッハ・フェスティバル」のファイナルコンサートでは、必ず《ロ短調ミサ曲》が上演される。《マタイ》ではない。六月は、受難の時期ではないのだから。この普遍性こそ、バッハが意図したものだったのかもしれない。

一七五〇年春、前年来、おそらく糖尿病の合併症として起こった白内障からくる視力の低下に悩まされていたバッハは、イギリスの眼科医ジョン・テイラーの手術を受けた。新聞記事などでは名医ともてはやされていたテイラーは実際は山師に近いような人物だったらしく、バッハの目は治るどころか一気に悪化し、完全に失明してしまう。当時は一般的だったとはいえ、手術にあたっては麻酔もなければメスが消毒されることもなかった。それだけでも想像するとぞっとするが、術後処置も不適切だったようだ。バッハの死亡を伝える記事には、病状が「有害な投薬」などによって悪化したと記されている。

一七五〇年七月二八日、バッハは卒中の発作を起こして世を去った。享年六五歳。後には四八歳のアンナ・マグダレーナと、マリア・バルバラの遺児である長女も含めて五人の子供が残された（自立していた子供は四人）。葬儀は聖ヨハネ教会で行われ、当時の中流以下の人々の葬儀の慣習通り、共同墓地に埋葬された。一九四三年、第二次大戦中の空爆で聖ヨハネ教会が破壊されたのを機に、バッハの遺骨は聖トーマス教会に移され、今に至っている。

バッハは死後、忘れ去られたのだろうか。

聖トーマス教会の正面入り口に向かって右手の公園のなかに、「バッハ像」が建っている。この節の冒頭でご紹介した、聖トーマス教会の横に建つ、写真などでもおなじみのバッハの銅像とはまったく雰囲気の違う、花崗岩でできた「バッハ像」だ。バッハ像といっても彫られているのはハウスマンの肖像画をモデルにした「顔」だけで、あとはライプツィヒ時代のバッハの仕事——オルガニスト、カントール、作曲家——を象徴するレリーフに飾られている。

この「バッハ像」は、あのメンデルスゾーンが発案、設立したものだ。メンデルスゾーンとバッハといえば、《マタイ受難曲》蘇演のエピソードが思い浮かぶ。一八二九年三月一一日、聖金曜日当日に、当時二〇歳だったメンデルスゾーンがベルリンのジングアカデミーホールにおいて《マタイ受難曲》をコンサート形式で上演し、大成功を収めたできごとである。

メンデルスゾーンは「バッハ復活」の立役者として、その後も活発に活動する。一八三五年、ゲヴァントハウス管弦楽団の指揮者（「楽長」〔カペルマイスター〕と呼ばれる）に就任したメンデルスゾーンは、ライプツィヒでバッハが「忘却」されていることに衝撃を受け、バッハを記念するモニュメントの建造を思い立った。彼は資金を集めるために聖トーマス教会でオルガンコンサートを開き、《マタイ受難曲》を上演し、またバッハ作品への理解を深めるために、ゲヴァントハウス管弦楽団のコンサートでバッハの作品を演奏した。ヘルマ

メンデルスゾーンが建てたバッハ像

ン・クナウルによって製作された石像は一八四二年に完成し、翌四三年には除幕式が行われたが、そこにはベルリンから招かれたバッハの孫──「ビュッケブルクのバッハ」と呼ばれたヨハン・クリストフ・フリードリヒの息子──も参列していたという。

なぜ、メンデルスゾーンはこれほどバッハに入れ込んでいたのだろうか。

彼は子供の頃から、バッハの音楽に親しんで成長した。ハンブルクに生まれたメンデルスゾーンは、八歳のときに家族とともにベルリンに移るが、ベルリンの音楽界ではライプツィヒよりはるかに「バッハ」の音楽が尊重されていた。バッハの上の息子たち、ヴィルヘルム・フリーデマンやカール・フィリップは長年ベルリンで活動しており、彼らを通じてバッハの主に鍵盤作品が愛好されていたのである。

ベルリンでメンデルスゾーンの作曲の先生となったカール・フリードリヒ・ツェルターも、バッハに心酔していた。ツェルターは、一七九二年にC・F・C・ファッシュによって創設されたアマチュアのオーケストラと合唱団を擁する音楽愛好団体「ベルリン・ジングアカデミー」の指導者であり、そこではバッハの声楽作品も演奏されていたのである。メンデルスゾーンはわずか一〇歳の時にベルリン・ジングアカデミーに入団しているが、このジングアカデミーには、メンデルスゾーンの大叔母で、ヴィルヘルム・フリーデマンの弟子であり、カール・フィリップと親しかったサラ・レヴィらが寄贈したバッハの楽譜のコレクションもあった。メンデルスゾーンが誕生日に祖母から《マタイ》のスコアを贈られたエピソードは有名だが、メンデルスゾーンを取り巻く環境は、きわめて「バッハ色」の濃いものだったのである。バッハの崇拝者たちに囲まれていたメンデルスゾーンは、バッハの「孫弟子」といってもいい存在なのではないだろうか。

バッハは、偉大な教師だった。ライプツィヒの市参事会で「失格」の烙印を押されてしまった、学校の職務に忠実という意味での「教師」とはまったく別の次元の、「音楽」の真髄を教える教師として。《平均律》も《インヴェンションとシンフォニア》もそのために創られた。バッハが世を去っても、その強靭な音の宇宙で鍛えられた息子たちをはじめとする弟子のネットワークは広がり続け、彼の作品の演奏も途絶えることはなく、その流れの中で《マタイ》が蘇ったのである。それは、地面の下でとうとうと流れ続けていた伏流水が、陽のあたる河原に溢れ出たようなできごとだった。一九世紀に盛んになったアマチュア合唱ブームもあり、《マタイ》はあっという間に広まった。そしてこれをきっかけに、つまり一八二九年以来今まで、バッハの受容は時を超え、国境を超えて広がり続けている。このような弟子のネットワークを持たなかったヘンデルが、《メサイア》など一部の有名作品を除いてごく最近まで忘れ去られていたのとは対照的だ。

バッハは「復活」したのではない。世の中からは見えにくいときがあったとしても、バッハの音楽はずっと受け継がれていたのである。

インタビュー③　バッハの後継者たち　その二――トーマスカントール　ゴットホルト・シュヴァルツ

「バッハは、前の時代から学ぶという伝統を完璧なものにしたのです」

バッハが二七年間つとめていた「聖トーマス教会カントール」（トーマスカントール）という仕事は、今に受け継がれている。現在のトーマスカントールは、ゴットホルト・シュヴァルツ氏。バッハから数えて一七代目のトーマスカントールだ。

シュヴァルツ氏は一九五二年、シューマンの生地でもある旧東独のツヴィッカウで教会音楽家の家に生まれた。少年時代は聖トーマス教会合唱団にも所属。ライプツィヒのメンデルスゾーン音楽院に学び、「バッハ作品における音楽の修辞学」の研究でディプロマを取得している。卒業後はバス歌手として、バッハのカンタータや受難曲をはじめ宗教音楽のソリストとして活動。ガーディナー、ヘレヴェッヘら多くの著名指揮者と共演した。自らも古楽アンサンブル「ライプツィヒ・コンチェルト・ヴォカーレ」や「ザクセン・バロックオーケストラ」を率い、バロック時代やそれ以前の演奏習慣も実践している。並行して聖トーマス教会合唱団の指導にあたり、病弱だった前任のカントール、ビラー氏の代役でしばしば指揮もとり、二〇一五年にビラー氏が辞めると「臨時のカントール」を一年つとめた。おそらくそのような功績も認められ、二〇一六年トーマスカントールに就任。カントールの選出は形式上は公募というスタイルをとり、当初は四二人の応募者がいて四人に絞られたものの、演奏だけでは決着がつかず、結局「臨時のカントール」だったシュヴァルツ氏が、選定委員会での投票で多数を獲得して選出された（任期は二〇二一年まで）。

シュヴァルツ氏の経歴を見てもわかるが、バッハ当時のトーマスカントールと現在のそれとは、仕事の内容が相当異なっている。バッハの時代のトーマスカントールは、ライプツィヒ全市の音楽の総監督的な立場だったが、現在の主な仕事は聖トーマス教会合唱団の指導だ。内外へのコンサートツアーも多い。

——バッハの時代と今とで、トーマスカントールの仕事はどう変わったのですか？

現代のトーマスカントールをつとめるシュヴァルツ氏

シュヴァルツ（以下S）「とても変わりました。バッハの時代は、トーマスカントールは四つの教会の礼拝音楽の面倒を見ていたわけですが、数世紀をへて根本的に変わったのです。聖ニコライ教会で歌うことはナチス・ドイツの時代に禁止され、旧東独時代も状況は同じでした。ドイツの再統一がなって、聖ニコライ教会でも礼拝が復活したのです。私たちは聖ニコライ教会でもときどき歌います。

とはいえ、聖トーマス教会合唱団の主な活動の場は聖トーマス教会です。聖トーマス教会における仕事の量は、当時と同じようなものではないでしょうか。私たちは聖トーマス教会で、毎週金曜日と土曜日にモテットを演奏し、日曜日には礼拝で演奏をします。リハーサルは毎日ですね」

――トーマスカントールは、トーマス学校で教鞭を執るのですか？

S「いいえ、私は学校の教師ではありません。聖トーマス教会合唱団を音楽面で指導するのが、現在のトーマスカントールの仕事です」

――聖トーマス教会合唱団員の生活は、バッハ時代と比べてどう変わったのでしょうか。

S「前提条件が違いますよね。当時は教会の隣に学校の建物があって、皆そこに住んでいましたが、今は郊外の新しい建物に移りました。とくに再統一後は仕事の内容も変わりましたし、生活もモダンになりました」

――シュヴァルツさんは、どのようにしてトーマスカントールへの道を辿られたのですか？

S「子供の頃、短い間ですが聖トーマス教会合唱団のメンバーでした。音楽大学で教会音楽を修めた後、聖トーマス教会合唱団に声楽のトレーナーとして呼ばれたのです。カントールの代役として指揮することもよくありました。そのようなキャリアが認められたのだと思います。もちろん、ソリストとしても活動していましたし、彼らと何度も共演しています。東京公演でもね」

――トーマスカントールの仕事で、もっとも重要だと思われるのはどの点でしょう。

S「どの仕事が一番重要か、決めるのは難しいです。すべて関係し合っていますから……。けれど間違いなく一番重要なことは、少年たちや若い歌手と一緒に仕事をすることです。カンタータやモテットの「すぐれた解釈」とはどういうことかその感覚を磨き、「声」のクオリティ、声楽的なクオリティも含めて、できるかぎり質の高い演奏を実現できるような感性を育てなければなりません。最終的な目的は、教会音楽のよりすぐれた演奏であり、それを聴衆に届けることなのですから」

――あなたにとってバッハの音楽とはどんな存在か、教えていただけますか。

S「バッハは子供の頃から、私にとって作曲家、音楽家の中心的な存在でした。今でももちろんそうです。けれどバッハ自身、自分の祖先も含めて、彼の前の時代のまた同時代の他の作曲家の価値を認め、研究し、吸収し、またそれらの音楽からインスピレーションを得ていたことを忘れてはいけません。それはすべて、彼の音楽に流れ込んでいます。バッハは前の時代から学ぶという伝統を、完璧なものにしたのです。後のロマン派の時代にブラームスやメンデルスゾーンが行ったことも、それと同じことなのです」

第三章 オルガンと世俗カンタータでたどるバッハの足跡

第二章では、バッハが暮らした街を人生に沿ってご紹介しながら、作品を含めて彼の軌跡を追ってきた。

この章ではちょっと見方を変えて、バッハが接した「楽器」や、作品が生まれた「場所」をご紹介したい。バッハの時代、どんな作品が生まれるかは、暮らした街や仕えた相手はもちろん、彼がその時に使えた「楽器」や「場所」に大いに左右された。ライプツィヒのコーヒーハウスにおけるコンサートを指揮しなかったら《コーヒー・カンタータ》は生まれなかったし、北ドイツのオルガン体験がなかったら、《プレリュードとフーガ　ホ短調》ＢＷＶ５３３のような、華麗でダイナミックなオルガン作品の数々は書かれなかったかもしれない。

この章では、バッハが生前もっとも得意とし、彼の生涯の楽器だといえるオルガンと、世俗カンタータが創作された「場」から、バッハの創作を振り返る。教会のオルガンは、楽器であると同時に装飾品として教会と一体化しており、見学するだけでも楽しいが、音色も千変万化。地域によって音楽の趣味が違うので、それに応じて外観も響きも違ってくる。調律法も異なり、調律によっては美しく響く調性が限られたりするので、オルガンが演奏する作品を「選ぶ」事態も生じる。とても深く、興味深い世界なのである。

世俗カンタータは、目的によって上演の「場」が異なった好例だ。教会の礼拝のために書かれ、当然ながら教会で上演された教会カンタータと違い、世俗カンタータの「場」は、君主の城館から街の広場までさまざまだった。バッハが暮らしたライプツィヒに、「コーヒーハウス」という特殊な「場」があったことも注目される。

音楽が「場」と切り離せなかった時代。世俗カンタータの「場」は、そのことをまざまざと教えてくれるのである。

バッハのオルガン紀行——シュテルムタール、アルテンブルク、ハレ、ハンブルク

バッハゆかりの地めぐりに外せないのが、（パイプ）オルガン（以下「オルガン」と表記）を訪ねることである。

オルガンといえば主にコンサートホールで接する日本と違い、ヨーロッパではオルガンは教会と一体化している（もちろんコンサートホールにも鎮座しているが）。オルガンは、教会にあわせて発注され作られる、オーダーメイドの楽器なのである。そんなオルガンには、教会の建物や内部装飾どうよう、国や地域、時代の趣味が反映されている。

とくにバッハが活動したルター派地域では、礼拝音楽の充実にともなって、オルガンは外観も含めて大きく発展した。専用のバルコニーの上に、豪華な浮き彫りやレリーフ、音楽の神や天使の彫刻に飾られて鎮座するオルガンは、教会の大きな「見どころ」でもある。もちろん、ほんとうの魅力は「音色」、つまり「聴くこと」にあるのはいうまでもないけれど。

オルガンは、ふいごで風を起こし、鍵盤でその風を制御してパイプに送り、音を出す仕組みの楽器である。鍵盤は楽器の規模によって一段から三段くらいが標準で、足鍵盤（ペダル）がつく場合もある。各鍵盤は、「ハウプトヴェルク」「オーバーヴェルク」などと呼ばれる一連のパイプ群に連結しており、鍵盤を押して出てくる音色や音高は、パイプの長さや形状によって

決まる（低い音ほどパイプは太く長くなる）。さらに、鍵盤の両脇にある「ストップ」と呼ばれる装置をコントロールすることで、音色はもっと多彩になる。あるパイプ群の「ストップ」を解除すると、そのパイプにあてがわれた音が出てくるのである。ストップの選択はオルガニストに任され、オルガニストの大きな腕の見せどころとなる。

周知のように、バッハは生前、第一にオルガニストとして名声を博していた。そのためオルガニストとして自分に任されたオルガンだけではなく、新しくできたオルガンの鑑定を頼まれることがよくあった。この手のオルガン鑑定旅行は、バッハにとって別の街への小旅行のいい機会でもあった。終了後の宴会では、「人生最大のごちそう」（ハレの街でのこと。二五六ページ参照）を満喫したこともあったようだ。

バッハは、初めて就職したアルンシュタットの新教会のオルガンも含め、生涯でおよそ三〇台のオルガンを鑑定した。残念ながら後の時代に改造され、バッハ当時とは異なる音色になっている楽器も少なくない。時代の趣味に応じて改造されてしまう教会建築（何百年もの歴史を経てきた教会の建物は、外観も内部装飾もいろんな時代のスタイルが混合していることがよくある）と同じで、オルガンも時代の趣味にかなった音色や音域を獲得するために、躊躇なく改造された。古楽器とモダン楽器（詳しくは第五章を参照）の音色が違うように、バッハの時代に求められた響きと、一九世紀のロマン派時代に求められた響きは違う。バロック時代は（いちがいにはいえないが、ごく大ざっぱにいって）ピュアな響きが好まれたが、オーケストラも音楽も大型化し、豊麗な響きが求められた一九世紀には、残響の多い壮麗な響きのオルガンが好まれたのである。一九世紀に大発展を遂げたオーケストラのように。

一方で、数は少ないながらオリジナルのまま残っている楽器もある。それらの楽器を見比べ、聴き比べながらめぐるのは、バッハを訪ねる旅の隠れた醍醐味だ。

この節では、「バッハへの旅」で出会ったオルガンのなかで、印象に残っているものをいくつかご紹介したい。それぞれが一台きりの楽器であるオルガンは、演奏する曲を選ぶ楽器でもあった。

シュテルムタールのヒルデブラント・オルガン

ライプツィヒから南東へ一二キロあまりのところにあるシュテルムタールという小さな村の小さな教会にある小さなオルガンは、これまで出会った「バッハが弾いたオルガン」のなかでも忘れがたい楽器のひとつである。オルガンばかりではない。教会の建物もバッハとのかかわりも、印象が強いのである。

十字架教会という名のその教会は、外観も内装もごく簡素。何の変哲もない村の教会だ。内部も、祭壇とオルガン以外はほぼ見るものがない。けれど、この祭壇とオルガンが作り出すハーモニーが素晴らしいのだ。白い漆喰で塗られた空間に向かい合って作られている祭壇とオルガン、そしてオルガンからつながる上階部の階上席は、浅緑色を基調に、バラ色やこげ茶色などが混ざりあう大理石風の彩色、そして金の装飾といった同じトーンで統一されている。このように、教会内部がすべて同じ様式で統一されているケースはかなり少ない。前に書いたように、教会もオルガンも年月を経るにつれて改造されたりいろいろつけ足されて、いろんな様式がごっちゃになってしまうのが普通だからだ。シュテルムタールの十字架教会は、創建当初の

シュテルムタール、十字架教会とヒルデブラントオルガン

姿がそのまま保存されている貴重な遺構なのである。

教会の規模同様、オルガンもごく小さい。鍵盤は二段、ストップはわずか一四。だがこの音色も、一度聴いたら忘れられない。もともとの楽器が持つ明るく、力強く、シャープな音のパレットに加えて、「ミーントーン」という、長三度という音程（たとえばドとミ）がもっとも美しく響く調律法で調律されているため、さらに独特な響きがするのだ。この調律法では、すべての調が均一に響く平均律と違い、特定の調——シャープやフラットが少ない調（ハ長調など）——がとくに美しく、ピュアに響くことが優先されている。なので、適切な調性で書かれた作品を聴くととても澄んだ美しい響きがするのだが、向かない調性で書かれた作品は、それに比べると相当に濁った汚い音という印象を受ける。いわば、楽器が作品を「選ぶ」のだ。

十字架教会のオルガンは、筆者にとってミーントーンの面白さを教えてくれた楽器だった。それまでもミーントーンで調律されたオルガンを聴いたことはあったのだが、十字架教会オルガニスト兼カントールのヘス嬢が調性の異なる作品をデモンストレーションしてくれたこともあり、調が違うとこれほど響きが違うということを痛感した楽器となった。後世になって、主にストップの部分に多少手が加えられたり、第一次大戦で一部のパイプがダメージを受けたりしたが、二〇〇八年、完全にオリジナルな形に復元された。

バッハは、このオルガンと深いかかわりがあった。さらに言えば、教会とも縁が深い。現在の建物は一七二三年に全面改築されたもので、オルガンもこの時にほぼ新造された。バッハは教会とオルガンの完成にあたって献堂式に招かれ、この機会のために作曲したカンタータ《こよなく待ち焦がれし喜びの祝い》BWV194を自らの指揮で上演したのである。ライプツィヒに就職して半年あまり後の、一七二三年一一月二日のことだった。教会には、バッハがそのときに座ったベンチが残っている。オルガンといい教会といいベンチといい、これだけのものがそのときのままに残っているケースを筆者は他に知らない。この教会とオルガンが貴重だというのはまずその点だ。

だが、バッハが来たという以上にもっと重要なのは、肝心のオルガンだろう。この楽器は、ツァハリアス・ヒルデブラントという、ドイツ・バロックを代表する有名なオルガン製作者の若き日の代表作であり、彼とバッハとの絆を結んだオルガンなのである。

ヒルデブラントは、これも有名なオルガン製作者であるゴットフリート・ジルバーマンの弟子である。シュテルムタールのオルガンを建造したときはまだ三〇代半ばで、数年前から本格的に活動を開始したばかりだった。十字架教会のオルガンに感嘆したバッハは、ヒルデブラントと親交を深め、しばしば一緒に仕事をした。ヒルデブラントはライプツィヒの近郊に工房を構え、ライプツィヒのオルガン全般を監督したり、チェンバロ製作者としても活躍している。一七二七年に《マタイ受難曲》が初演されたとき、ぼろぼろになっていた聖トーマス教会のオルガンを修復したのもヒルデブラントだった。ヒルデブラントが製作したオルガンは一七台にのぼるが、一番有名な楽器は一七四六年に完成したナウムブルクの聖ヴェンツェル教会にある大オルガンで、これもバッハが鑑定している。三段鍵盤と五三のストップを持つ大オルガンで、シュテルムタールよりいちだんと広がりのある音色、豊かな響きを持ち、この音色を聴きにナウムブルクを訪れるひとが後を絶たない名器である。シュテルムタールのオルガンは、そんなヒルデブラントのスタートラインとなった楽器だった。そしてヒルデブラントが製作した楽器のなかで、一番オリジナルに近い形で残っているオルガンでもある。

実はこのオルガンは、当初ヒルデブラントの師のジルバーマンに建造が打診されたのだがギャラの点で折り合わず、ヒルデブラントにお鉢が回ってきたという経緯がある。そのことに立腹したジルバーマンは、今後自分の許可がなければオルガン製作はまかりならぬというお達しをヒルデブラントに出した。両者の亀裂は、二十数年後にナウムブルクで、おそらくバッハの仲介によって修復されたのだった。

小さな村の小さな教会のなかに広がるバロックの空間と響き。ふだんはもっぱら村びとの礼拝に使われているつつましい教会にも、バッハとその音楽の歴史があると知ると、目にしている光景、耳に届く響きから受ける印象ががらりと変わる。それもまた「バッハへの旅」の醍醐味である。

アルテンブルクのトロースト・オルガン

シュテルムタールのヒルデブラント・オルガンは、バッハがかかわったもののうちでももっとも小さいオルガンのひとつだと思うが、アルテンブルクのトロースト・オルガンは、おそらくもっとも美しく、もっとも大規模なオルガンのひとつである。

ライプツィヒの南、およそ四〇キロほどに位置するアルテンブルクは、今は人口およそ三万五〇〇〇人ほどのひっそりとした小都市だが、かつては神聖ローマ皇帝をつとめたホーエンシュタウフェン家の居城が置かれ、「赤ひげ王」と呼ばれる神聖ローマ皇帝フリードリヒ・バルバロッサ（一一二二〜九〇）がしばしば滞在したり、小さな公国の首都として栄えた、華やかな過去を持つ街だ。一九世紀には姫君のひとりがロシア皇帝に嫁いでいる。街中には一九世紀に作られた歌劇場もあり、小さいながらこれも華やかな外観を誇る。

丘の上に建つ「アルテンブルク城」は、一〇世紀から一九世紀にかけて建築が重ねられた広大かつ個性的な城館。城塞としてスタートした名残りの素朴な円筒形の塔から、ルネッサンス形式のファサードやバロック形式の豪華な大広間まで見ごたえ十分だ。失礼ながら、こんな田舎町にこんなお城がといいたくなる規模である。

こんなところにこんな素晴らしいものがと呟きたくなる最右翼が、城内教会のオルガンである。大理石の柱に支えられ、金のレリーフが施された木製のバルコニーの上に、やはり金と木目のレリーフをまとって忽然と現れる大オルガンは、ルネッサンスからバロックの様式をとどめる華麗な祭壇より、精巧なレリーフが施された聖歌隊席よりはるかに豪華で大規模で、見る人を圧倒する。外観だけでなくオルガンとしても、二つの鍵盤とペダル、三七ストップを備えた大規模なオルガンである。

このオルガンは、オルガンと向かい合う階上席で、眼前にひろがる華麗な楽器を眺めながら聴くことができる。ふつう、教会でオルガンを鑑賞する場合は平土間のベンチで聴くのが一般的で、高いところに据えつけてある楽器の全貌や演奏者の姿を見ることはできない。音響的にはたしかに階下で聴くほうがいいとは思うのだが、このオルガンのような大器の演奏風景を目の当たりにできるのは、それはそれで愉しいものだ。天を指してそそり立つような無数のパイプ、外箱の上や脇にしつらえられた天使や神々の像、バルコニーに輝く燭台型のシャンデリア、そして何より、オルガニストの背中やストップ操作を目の前に眺

アルテンブルク、城内教会のオルガン

めながらの鑑賞は、めったにできるものではない。

中部ドイツを代表する名器として有名なこのオルガンは、現在もコンサートやセミナーに活用されている。現在の専属オルガニスト、フェリックス・フリードリヒ氏は、ドイツでも高名なオルガニストのひとりで、楽譜の校訂などでも知られている。

オルガンの発祥は、教会が建造された一五世紀。当時ははるかに質素なものだったと伝えられる。それがこれほど華麗な大オルガンになったのは、一八世紀の前半に宮廷専属のオルガン製作者をつとめたハインリヒ・ゴットフリート・トロースト（一六八一〜一七五九）の功績である。父も息子もオルガン製作者というオルガン製作者一族に生まれたトローストは、一七二三年からアルテンブルク宮廷および公国のオルガン製作者として活躍。一七三五年に、当時の当主だった公爵フリードリヒ三世からオルガンの改造を命じられ、四年の年月をかけて現在のオルガンを建造した。その完成に際して、奉献演奏に招かれたのがバッハだったのである。城門向かって左手にある教会の後壁には、「一七三九年九月にバッハが城内教会でトローストのオルガンを弾いた」という記念のプレートが掲げられている。

トローストのオルガンは、完成当時から素晴らしい楽器だという評判を呼んだ。見事な即興演奏でなみいる人々を唖然とさせたと伝えられるバッハも、しっとりと柔らかく繊細なこのオルガンの響きがとても気に入ったという。トローストは、当時流行していたギャラントな音色を意識したと言われており、その点も含めてバッハの趣味にあったらしい。

バッハはその後もトローストとの交流を続けた。その縁はバッハが世を去ってからも続き、一七五六年にはバッハの愛弟子のひとりだったヨハン・ルートヴィヒ・クレープス（一七一三～八〇）が宮廷オルガニストに就任している。このオルガンのために書かれたクレープスの作品は、今でもアルテンブルクの重要なレパートリーだ。

一九世紀後半の一八八一年には、当時の趣味にあうように改修、拡大されたが、二〇世紀後半の一九七四～七六年にかけ、トローストの製造したバロック・オルガンに戻す努力が行われている。だから今では、バッハが感嘆したその響きに近いものを私たちも体験できるのである。

ハレのシューケ・オルガンとライヒェル・オルガン

前にも触れたように、オルガンというものは建造後に時代の趣味に応じて改造されてしまい、響きが変わってしまうことがふつうである。一方で最近は、アルテンブルクのトロースト・オルガンのように、建造当初の響きに戻そうとする動きもさかんだ。このような動きは、ここ半世紀あまりで飛躍的に進んだ、古楽器への回帰をはじめとする古楽志向とも無関係ではないように思う。

とはいえバッハゆかりのオルガンでも、現代にも適合するかたちで後世の改造を活かしたり、二〇世紀にさらに手を加えて活用している楽器もある。ハレの市場教会（正式名称は市場・聖母教会。かつては「聖母教会」と呼ばれていた）にある大オルガンは、その一例だ。

オルガン自体は、アルテンブルク並みの大オルガンである。外箱も美しい。そのなかにぎっしり詰め込まれて銀色に輝く大小のパイプは壮観だ。

このオルガンも、バッハと縁が深い楽器である。完成は一七一六年。ヨハン・クリストフ・クンツィウス（一六七六〜一七二二）という製作者の工房が建造した、五六のストップ、三段鍵盤にペダルという大オルガンだった。一七一三年、当時ヴァイマルの宮廷オルガニストをしていたバッハに、この楽器の建造のアドヴァイスをしないかという声がかかる。オルガニスト、バッハの名声が聞こえていたのだろう、顎足付きで招かれたのは当然かもしれないが、バッハは街一番のホテルに泊まり、食事はもちろん、たっぷりのビールとブランデーを消費した。

そんなバッハに、ちょうど空席になっていた聖母教会のオルガニスト兼ハレの音楽監督のポストに応募しないかという声がかかる。ポスト獲得の条件は、オルガンの演奏に加えてカンタータを作曲して上演することだった。ヴァイマルでは宮廷オルガニストで、カンタータ作曲の機会もなかったバッハにとって、新造の大オルガンを使え、市の音楽監督としてカンタータの作曲もできる仕事は魅力的だったに違いない。バッハが張り切ったのは想像できる。バッハは見事に課題をやりとげて、翌年早々聖母教会のオルガニストに内定した。

しかし、ヴァイマルの公爵はバッハを手放すつもりはなかった。彼を引き止めるため、聖母教会オルガニストより高い給料を支給することにし、さらにバッハのために「楽師長」というポストを新しく作ったのである。「楽師長」になると、カンタータの作曲、上演も定期的に行

ハレ、市場教会の大オルガンと小オルガン

える。待遇と仕事内容の両方で好条件を示されたバッハは、結局ヴァイマルにとどまることになった。聖母教会の関係者はがっかりしたに違いない。

だがその一方で、バッハの能力の高さも思い知ったのだろう。二年半ほど後に大オルガンが完成したとき、鑑定に招かれたのはやはりバッハだった（ほかに二名の鑑定者が招かれた）。このときは盛大な宴会も催され、バッハが後に「人生最大のごちそう」だったと振り返った豪勢な料理が提供された。各種の肉料理、野菜、川魚、デザート、フレッシュ・バターなどからなる全一五品のディナーである。当時は料理はひとりずつ皿が供されるわけではなく、大皿に盛って提供され、またナイフやフォークなど使わない手づかみでの食事だったから、さぞ賑やか、いや混沌とした宴会だったのではないかと想像するのだけれど。

ちなみに、ハレの聖母教会オルガニスト兼市の音楽監督のポストは、その三〇年後にバッハの長男であるヴィルヘルム・フリーデマン・バッハに譲られることになった（詳しくは三一〇ページを参照）。

さて、バッハが製作にかかわり、完成後は奉献演奏をしたオルガンは、例によって大規模な改造を施された。一九世紀には二回の大改造を経験し、世紀末には別の楽器に取り替えられる。一九六七年には、暖房の配管が破裂したために演奏できなくなり、一九八四年、ポツダムのオルガン製作会社シューケ社により、建造当初通りの五六ストップ、三段鍵盤にペダルという形式ながら、平均律で調律され、さまざまな時代の作品が演奏できる楽器が完成した。現在この楽器では、バロックから現代ものまであらゆるレパートリーが演奏されている。

バッハの響きが聴けないのか。そう思ってがっかりなさらないでいただきたい。この教会では、オリジナルな「ヘンデルの響き」が聴けるのである。大オルガンに向かい合ったバルコニーにある「ライヒェル・オルガン」がそれだ。

《メサイア》で有名なゲオルク・フリードリヒ・ヘンデルは、バッハよりわずか一ヶ月ほど前の一六八五年二月二三日にハレで生まれた。彼の生家は今でも残り、「ヘンデル記念館（＝ヘンデル・ハウス）」として公開されている。音楽家一族だったバッハと違い、ヘンデルは外科医の息子。ヘンデル少年は幼いころから音楽の才能を示したが、父親は、息子が職人階級である音楽家などになることには反対だった。だがヘンデル少年は七歳の時に父のお供で出かけたヴァイセンフェルスの城内教会でオルガンを奏でてなみいる人々をあっといわせ、ヴァイセンフェルスの公爵はヘンデルの父に、息子に音楽を学ばせるよう進言するにいたる。ヘンデル少年は、聖母教会のオルガニストをつとめていたフリードリヒ・ヴィルヘルム・ツァホウに弟子入りするが、その時にヘンデルのレッスンに使われていたとされる楽器が、一六六三から六四年にかけてゲオルク・ライヒェルという製作者が作ったこのオルガンなのである。「ライヒェル・オルガン」は、そのため「ヘンデル・オルガン」と呼ばれることもある。

「ライヒェル・オルガン」は、これがオルガン？　と思ってしまうくらい小さなオルガンである。鍵盤は一段でペダルはもちろんなく、ストップはわずか六つ。だから音色がつまらないかというと決してそうではなく、シュテルムタールのヒルデブラント・オルガンのように長三度の響きを重視する「ミーントーン」で調律されていることもあって、この楽器に向いている作品を弾くととてもシャープで明るく、切れ味のいい音がする。平均律で調律されているせいもあって、どうしてももやもやっとしてしまう大オルガンの音色とはかなり対照的だ。

ヘンデルは後日、ロンドンに移り住んでオペラやオラトリオを作曲して活躍するが、そのとき劇音楽の合間で演奏するために「オルガン協奏曲」を書いた。マルティン・ペツォルトによれば、そのときヘンデルが使っていたオルガンのストップは「ライヒェル・オルガン」によく似ているそうだ。

二〇世紀の大オルガンと一七世紀の小オルガンが今でも共存し、礼拝にコンサートに活躍してよく機能している教会はまれである。現在の市場教会のオルガニスト兼カントールは、フランス出身のイレーネ・ピロー氏だが、二つのオルガンを自由に使える状況にとても満足しているといっていた。教会自体も、一六世紀の宗教改革の直前に二つの教会が合体し、四本の塔を備えたユニークな形をしていて、ハレの街の名所になっている。

バッハとヘンデル、二人の大作曲家とゆかりが深く、規模も音色も対照的な二つのオルガンを持つ市場教会は、オルガンめぐりの旅でもひときわ強い印象を残す教会なのである。

ハンブルクのシュニットガー・オルガン

バッハにとって「第二の故郷」である北ドイツ。ここはまた、多くの歴史的なオルガンが残されている地域でもある。中部ドイツと同じくルター派となった北ドイツでは、オルガン音楽が盛んになり、豪華なオルガンが各地に建造された。とりわけ、バッハが暮らしたり訪れたりした三つの街、リューベック、ハンブルク、そしてリューネブルクは、前二者は「ハンザ同盟」の中心都市として商業で栄え、後者は商業に加えて塩を産出し、これまた富をなした。そのような背景もあって、これらの都市にはそれぞれ魅力的なオルガンがある。

一七～一八世紀に北ドイツで活躍した代表的なオルガン製作者の一族に、「シュニットガー一族」がいる。中心的な人物はアルプ・シュニットガー（一六四八～一七一九）で、大小とりまぜておよそ一五〇台のオルガンを建造した。

彼の代表作のひとつに数えられるオルガンが、バッハとゆかりの深いハンブルクの聖ヤコブ教会に現存している。もともと聖ヤコブ教会には一六世紀に作られたオルガンがあり、それも有名だったらしいのだが、数々の不具合に見舞われたため、一六九三年、アルプ・シュニットガーによる新しい楽器が完成した。四段鍵盤、足ペダル、六〇ストップを擁するこのオルガンは、シュニットガーのみならず北ドイツを代表する名器に数えられている。外箱はシックな木製で、パイプ群の上下には金色のレリーフが配置されている。中部ドイツの大オルガンよりは渋いが、これまた美しいオルガンだ。オルガン台の手前には「小オルガン」のように見えるパイプ群があり、てっぺんは三つの神々の像で飾られている。

この「小オルガン」のように見えるものは、「リュックポジティフ」と呼ばれ、北ドイツの多くのオルガンに見られる特徴的なパイプ群である。「ポジティフ positiv」とはもともと小型のオルガンをさし、まさに小型のオルガンのようなものがオルガニストの背中＝リュック Rück にあるため「リュックポジティフ」と呼ばれるのである。もちろん独立した楽器ではなく、「リュックポジティフ」と呼ばれる鍵盤につながる一群のパイプが収まっているのだ。オルガンは一般的に、大きな外箱のなかにすべての鍵盤に連結するパイプが収められているのだが、北ドイツのオルガンの多くは、このような特定の鍵盤――オルガンの中心にある「ハウプトヴェルク」や、その上にある「オーバーヴェルク」など――に対応するパイプ群がそれぞれ独立して作られていて、鍵盤によってそれぞれ別のオルガンのような響きがする。そのため、いくつもの楽器が鳴っているような、豪勢な音が出てくるのだ。一五歳で北ドイツに「留学」したバッハがこのような大規模で豪華な楽器に出会ってどれほどの衝撃を受けたか、想像に難くない。アルンシュタット時代に北ドイツを再訪した折には、戻ってきてから演奏法や作風ががらりと変わっているが、それも納得できる。

ハンブルクの聖ヤコブ教会のオルガンもまた、リュックポジティフを背負い、きらびやかな、そして堂々とした峻厳な響きを聴かせてくれるオルガンである。

この楽器の歴史を語る時、第二次世界大戦に触れないわけにはいかない。このオルガンは、第二次大戦末期の一九四四年にハンブルクが大空襲で壊滅的な被害を受け、多くの教会やオルガンが損壊したにもかかわらず生き延びた。一九四二年に、戦争の悪化を懸念した教会の役員たちが地下に防空壕を作り、オルガンを分解して避難させていたのだ。戦争が終わった一九四五年の秋、防空壕を開いてみたら、楽器の八五パーセントが無事に残っていたのだった。一九六一年には修復が終わり、礼拝にコンサートにと活用されて現在に至っている。

ハンブルク、聖ヤコブ教会のオルガン

聖ヤコブ教会のシュニットガー・オルガンは、バッハの人生の節目に登場するオルガンである。一七二〇年の一一月、ケーテンの宮廷楽長だったバッハはここのオルガニストに応募しているが、彼はその数ヶ月前に、最初の妻であるマリア・バルバラを亡くしていた。ハンブルクにはオルガン演奏のために招かれたのだが、おそらくハンブルクに着いてから、聖ヤコブ教会のオルガニストの席が空席だと知らされたようだ。

宮廷楽長として順調につとめを果たしていたと思われているバッハが、なぜ突然転職を試みたのか。その背景に、妻を喪ったバッハの職場を変えたいという衝動があったのではないかと推測するひとは少なくない（詳しくは一七一ページを参照）。

採用試験は一二月に行われた。応募者は四人。バッハはそのしばらく前にハンブルクの別の教会で演奏し、三〇分にわたる即興演奏を繰り広げて、一〇〇歳を目前にしたハンブルクの大オルガニスト、ヤン・アダムス・ラインケンに激賞されたのだが、採用試験にはそのラインケンを筆頭に、市の参事会員や一般の傍聴者がつめかけた。バッハの演奏には誰もが感服したのだが、選ばれたのはヨハン・ヨアヒム・ハイトマンという金持ちの職人の息子だった。どうやら袖の下が功を奏したらしい。

そしてバッハは、ハンブルクへの興味を失った。数年後にバッハが就職することになるライプツィヒよりも大都会で、オペラもコンサートもさかんだったハンブルクに。ハンブルクでは後に、ハレどうようバッハの息子が音楽家のトップとして活躍することになる。

コラム① 増え続ける「バッハ作品」

増える作品、濃くなる輪郭

バッハは今でも、「発見」され続けている。「作品」ですら、今世紀にはいってからも新発見が続いているのだ。

バッハの作品には、バッハ研究者のヴォルフガング・シュミーダーが一九五〇年に出版した『バッハ作品目録 Bach Werke Verzeichnis』に基づいて、作品番号が付されている。略してBWV。バッハの作品には必ずついてまわる番号だ。モーツァルトの作品目録のように作曲順ではなく、ジャンル別に分類されているが、これはバッハの場合、作曲年がわからない作品が多いためでもある。また番号が振られた順序も作曲順ではなく、一九世紀に『旧バッハ全集』が刊行された際の刊行順につけられたもの。その番号が、作品目録でも踏襲されたのである。

この目録ができた時点では一〇八〇曲だったバッハの作品は（BWV1080は《フーガの技法》）、今では一一二八曲まで増えている。それは主に「新発見」のおかげだ。まったく新しく見つかったものもあれば、これまで真偽が疑わしかった作品が真作と認定された例もある。それに応じて『作品目録』も何度か改訂されたが、今発売されている第二版の改訂版（一九九八）にも、現時点の最新情報は反映しきれていない。目録に記載されている作品はBWV1120までだ。

ちなみに最も新しいBWV1128は、二〇〇八年に発見されたオルガン用のコラール・ファンタジー《主なる神、我らの側にいまさずして》。バッハ研究家のヴィルヘルム・ルストの遺品から、「バッハ作」と書かれたルスト自身が筆写した楽譜が見つかり、様式的に見てもバッハの作品だと鑑定されたのである。

埋もれていた「誕生祝いの歌曲」

最近発見された曲のなかでもっとも話題になったのは、ヴァイマルで作曲されたソプラノ用の歌曲《すべては神とともに》BWV1127だろう。バッハがヴァイマルにつとめていた一七一三年の一〇月一三日に、主君だったヴァイマル公爵ヴィルヘルム・エルンストの五二歳の誕生日を祝って作曲された。タイトルの《すべては神とともに》は、信心深かった公爵の座右の銘だった言葉だ。歌詞を書いたのは、神学者のヨハン・アントン・ミリウス。ソプラノ独唱と弦楽器のアンサンブル、通奏低音のための、有節形式によるシンプルな歌曲である。

この作品は二〇〇五年、ヴァイマルのアンナ・アマーリア図書館で、自筆スコアの形で発見された。ゲーテをヴァイマルに招いた大公妃、アンナ・アマーリアの蔵書をベースにし、一〇〇万冊以上の蔵書と四〇〇〇部以上の楽譜を誇るこの図書館は、その前年に火事に遭い、五万冊もの蔵書が被害にあう災難に見舞われた。だが偶然そのときに館外に出ていた楽譜のなかから、「バッハの真作」が発見されたのである。

　世界を沸かせた真作は、発見後すぐジョン・エリオット・ガーディナー指揮するイングリッシュ・バロック・ソロイスツ、アイリーン・マナハ・トーマスの独唱で、世界初演と録音が行われた。同年、バッハ・コレギウム・ジャパンによって日本初演も行われている。

立証された「師」との関係

　アンナ・アマーリア図書館の火災のあとから見つかったのは、歌曲だけではない。翌二〇〇六年、今度はバッハが「筆写した」楽譜が見つかった。作品は、バッハが北ドイツ時代に多くを学んだヤン・アダムス・ラインケンと、ディートリヒ・ブクステフーデのオルガン曲。他人の作品の筆写がそれほど大切なのかと思われるかもしれないが、バッハの勉強の跡が具体的に証明できるのは貴重だ。

　もっと肝心なことは、バッハの「師弟関係」が証明されたことである。ラインケン作品の筆写譜には、一七〇〇年にゲオルク・ベームのもとで写したという記述がある。テューリンゲンのホーエンキルヒェン生まれ、バッハとほぼ同郷のゲオルク・ベームは、ちょうどバッハがリューネブルクに留学している頃、リューネブルクの聖ヨハネ教会のオルガニストをつとめており、バッハ少年と親交があったと推測されていたが、この楽譜が見つかったおかげで、それが事実だとわかったのだ。ベームはバッハの重要な「先生」のひとりだったわけである。

世俗カンタータの舞台を訪ねて——ヴァイセンフェルス、ヴィーダーアウ、ツィンマーマンのコーヒーハウス

「世俗カンタータ」と呼ばれるジャンルがある。「世俗」などと書くとなにやらものものしいが、要は教会の礼拝以外の目的で作られたカンタータのことだ。

礼拝以外の「すべて」なので、目的は実にさまざま。貴族や裕福な市民の冠婚葬祭、大学や市など公の機関が主催する祝典、公開コンサートのための市民向けの音楽劇……、多くがその場かぎりのものだった世俗カンタータは、教会カンタータよりさらに伝承される確率が低い。現存するバッハの世俗カンタータは二五曲（部分的に残っているものも含む。音楽が散逸したものは数えない）に過ぎないが、一曲一曲風合いが違って楽しいし、当時の音楽生活のいろんな断面を想像させてくれる点でも貴重だ。

教会カンタータが礼拝と結びついていたように、世俗カンタータも結婚式や誕生日や表敬といったそれぞれの目的と結びついていた。教会カンタータの内容は聖書に基づくが、世俗カンタータの大半、とくに貴族や富裕層から注文された祝い事のための作品は、ギリシャ、ローマ神話が題材になることが多かった。バッハが活躍したバロック時代はオペラが生まれ、盛んになった時代でもあるが、当時のオペラの題材もギリシャ、ローマ神話や古代史が主。世俗カンタータは、いわばミニ・オペラでもあった。

献呈された相手や上演された場所によっても、内容や音楽は影響を受けた。出張演奏のような形をとることもしばしばで、その際には連れて行ける音楽家や現地で調達できる音楽家を考えて作曲された。

この節では、バッハの世俗カンタータが演奏された場所をいくつかご紹介したい。当時の音楽が、機会も含めて「その場」と結びついていたことがよくわかる。

狩り好きの公爵が愛用した館

ヴァイセンフェルスの「狩りの館」と《狩りのカンタータ》BWV208

バッハの若いころの世俗カンタータの代表作に、《狩りのカンタータ（正式名称は《楽しき狩こそ、わが喜び》）》BWV208という作品がある。ヴァイマルで働いていた一七一三年（一七一二年という説もある）の二月、ザクセン＝ヴァイセンフェルス公爵クリスティアンの誕生日を祝って書かれた作品だ。演奏時間三〇分を超える大曲で、よく知られたヒットメロディ（第九曲のアリア）もあり、バッハの世俗カンタータのなかでもポピュラーな一曲である。

依頼の経緯ははっきりしないが、バッハの雇い主であったヴァイマル公の一族はヴァイセンフェルス公と縁戚関係にあったので、その関係で依頼された可能性が高いと考えられている。またヴァイセンフェルスでは、ヴァイマルの宮廷楽団でバッハの同僚だった歌手のヴェルディッヒが宮廷楽師や書記官をつとめていたので、上演の準備は彼が仕切ったかもしれない。

当時、バッハは二〇代後半の働き盛り。《狩りのカンタータ》は、彼が書いた世俗カンタータのなかで、現存する最初の作品となっている。

この作品が、狩をたたえる内容の《狩りのカンタータ》となった理由は、クリスティアン公が狩を好んだからである。カンタータの主役は、ギリシャ神話の狩りの女神ダイアナと、その恋人エンデュミオンだ。「神々の楽しみで、勇者のわざである」狩をこよなく愛するダイアナが、今日のこの日はみんなで狩好きの公爵を讃えようと提案し、エンデュミオンをはじめ牧神パンと野の女神パレスも加わって、各人がこぞって公の賛美を繰り広げる。絶対君主への忠誠をひたすら歌い上げる、極めてバロック的な内容のカンタータだ。第九曲のソプラノ・アリア《羊は安心して草を食み》は、二本のリコーダーが奏でるメロディが有名な人気曲で、器楽用に編曲されてFM番組のテーマソングに使われたりしている。

《狩りのカンタータ》の上演は成功したようで、バッハはこの作品に手を入れて別の機会にも上演している。またこれをきっかけにバッハはクリスティアン公と良好な関係を持つことができ、一七二九年にはヴァイセンフェルス宮廷の「名誉宮廷楽長」の称号を授与された。

《狩りのカンタータ》は、クリスティアンの狩猟小屋として使われていた「狩りの館」で上演されたが、その建物はまだ残っている。そればかりか、ホテルレストラン「狩りの館 Jägerhof」として営業している。ホテル自体は三つ星の中級クラスだが、郷土料理を出すレストランには鹿の頭の剝製などが飾られ、雰囲気満点だ。

「狩りの館」は、もともと修道院の家畜小屋だった建物を、ヴァイセンフェルスがザクセン選帝侯の領地になったことをきっかけに「狩りの館」に改築したもの。建物が質素なのは、由来を考えれば当然だろうか。現在は人口四万人弱の小都市ヴァイセンフェルスは、一六五六年から一七四六年までザクセン選帝侯の分家である「ザクセン＝ヴァイセンフェルス公国」の宮廷都市となり、最盛期を迎えた。一七〇五年に完成した「狩りの館」はその時の遺構だ。

《狩りのカンタータ》が初演された狩りの館。現在はホテルレストランになっている

公国の消滅後、「狩りの館」は、ろうあ者のための施設になったり、アパートとして貸し出されたりと変転を経験し、往時の内装は失われた。一九九二年、現在の所有者が荒れ果てたこの館を買い取り、ホテルレストランとしてオープン。その後改修のための休館を経て二〇〇一年に再オープンし、現在でも営業している。もちろん食事だけでも利用できるので、ヴァイセンフェルスに足を運ばれた際には立ち寄られることをお勧めしたい。

ヴァイセンフェルスは、「狩りの館」以外にも、公国時代の栄光をしのばせてくれる、そしてバッハと関連のある見どころが多い街である。

最大の遺構は、クレムベルク（「白い崖＝ヴァイセンフェルス」の意）と呼ばれる崖の上に建つ城、通称「新アウグスト城」。一七世紀後半にザクセン＝ヴァイセンフェルス公アウグストが築城した、中部ドイツのバロック建築を代表する城郭だ。城自体は旧東独時代に荒れ果て、目下修復が進んでいるが、ライプツィヒなどの大都市とちがって費用も潤沢でないため修復のペースが遅く、外観の塗り直しにも何年もかかっている。ちなみに二〇一六年の時点で、外観の修復はようやく半分が終わったばかりである。

ヴァイセンフェルスは、バロック時代のドイツの公国のなかでも音楽がさかんで、オペラが上演されていた数少ない宮廷でもあった。ライプツィヒやハンブルクからオペラ団がこの城を訪れ、宮廷楽長をつとめていた有名な作曲家ヨハン・フィリップ・クリーガーをはじめ多くの人気作曲家のオペラが舞台にかかった。宮廷専属の歌手たちもここで歌ったが、そのなかにはアンナ・マグダレーナ・バッハもいた。旧姓ヴィルケ。父親は宮廷のトランペット吹きだった。バッハはここで、若いアンナの美しいソプラノの声に魅せられたのかもしれない。

城のなかで唯一、旧東独時代の一九八五年に内部がきれいに修復されたのが礼拝堂である。この一九八五年という年は、礼拝堂に設置されているオルガンと関係が深い二人の作曲家、バッハとヘンデルの生誕三〇〇年だった。バッハはここで何度か演奏し、このオルガンのために

《トッカータとフーガ　ヘ長調》ＢＷＶ５４０を作曲している。ヘンデルはわずか七歳のとき、宮廷の侍医だった父に連れられてここを訪れた際にオルガンを演奏し、その演奏に感動したクリスティアン公が、息子が音楽家になることに反対していた父を説得し、少年ヘンデルが音楽教育を受けられるようになったという有名なエピソードを残している（二五七ページも参照）。

ヴァイセンフェルス、城内礼拝堂のオルガン

ハレのオルガン製作者、クリスティアン・フェルナーが一六八二年に建造したオルガンは、祭壇の向かい側に設けられた小高いバルコニーの上に据えつけられている。位置が高いので、音が天から降ってくるような体験ができる。バッハのヴァイマル時代の仕事場で、やはりオルガンが高いところに設置されていたため「天の城」と呼ばれた宮廷礼拝堂のオルガン、その後焼失してしまったためいまはクリスティアン・リヒターの絵画

ヴァイマルの城内教会にあった「天の城」を描いた絵（クリスティアン・リヒター作、1660年ごろ）

で偲ぶしかないオルガンはこうだったのではないかと、想像したくなる光景である。楽器自体は何度も改造されていて、最後に修復されたのは一九八五年だが、当初の響きがどれほど再現されているかは不明だ。

オルガンと同時に完成した礼拝堂は、規模は小さいながらバロック時代ならではの美に満ちている。ドレスデンの宮廷彫刻家ヨハン・ハインリヒ・ベーメが製作した祭壇は、キリストの磔刑がテーマだが、十字ではなく両手を上に上げて磔になっている珍しいもの。イタリア人の石膏職人クワドリとカロヴェッリが担当した内装も、緑やバラ色をふんだんに使用して美しい。城の一角にあるため外観からはここに礼拝堂があるとはわからないが、扉を開けると鮮やかなバロックの空間が目に飛び込んでくる、忘れがたい礼拝堂である。

バロックの「総合芸術」が生まれたドレスデン・バロックの宝石

ヴィーダーアウ城と《たのしきヴィーダーアウ》ＢＷＶ30ａ

前述のようにヴァイセンフェルスの「狩りの館」は、遺構こそ残るものの、内装は度重なる改造のため当時の面影は失われている。どんな装飾があったのか、どんな趣味で飾られていたのか、想像をめぐらすしかないのだ。

だが、外観、内装ともども、バッハのカンタータ上演当時そのままに残されている奇跡的な建物もある。《たのしきヴィーダーアウ》ＢＷＶ30ａが上演された、ヴィーダーアウの城館がそれだ。

「ヴィーダーアウ」は、ライプツィヒから南西に二〇キロほど離れた小さな集落。現在はペーガウという町の一部になっている。ペーガウ自身も小さな町だが、ヴィーダーアウという地名はその一角に残っているだけだ。そこに建つ城は、正面こそ道路に面しているが、他の三方は野に囲まれ、遠くから眺めると野のまんなかにぽっつり建っているように見える。「たのしきヴィーダーアウよ、緑の沃野で輝け」というカンタータの最初のテクストが、そのまま当てはまるような場所だ。

カンタータは、一七三七年九月二八日に、ここに荘園と城を賜って赴任してきたヨハン・クリスティアン・フォン・ヘニッケ男爵の着任を祝ってこの城館で初演された。上演された場所は、二階分を貫いて造られた館内でもっとも大きな空間である祝宴の間「フェストザール」か、庭園だったのではないかと推測されている。

台本は「ドラマ・ペル・ムジカ（音楽劇）」と題され、バロックのこの手の作品に典型的な寓意的な人物たちが登場し、ヘニッケを讃える。台本作者は、《マタイ受難曲》をはじめバッハの声楽作品のテクストをたくさん書いた、ピカンダーことフリードリヒ・ヘンリーツィ。冒頭合唱と終結合唱の間で、「時」（ソプラノ）、「幸福」（アルト）、「エルスター川」（テノール）、「運命」（バス）が、順繰りにアリアとレチタティーヴォを歌っていく。一三曲からなり、上演に四〇分ほどを要する大曲で、四人のソリストと合唱、三本のトランペットが加わった編成など、祝典的な雰囲気が横溢した楽しい作品だ。

実はヴィーダーアウの城館は、規模は小さいながらザクセンでは唯一オリジナルのまま残っている、この地方独特のバロック様式の宮殿建築である。かつてザクセン選帝侯国の首都として繁栄したドレスデンや、バッハ時代にやはり全盛期を誇ったライプツィヒには、バロック様式による壮麗な建築がひしめいているが、すべて第二次大戦後、あるいはドイツ統一後の再建だ。それを考えると、ヴィーダーアウの城館の貴重さが理解できる。

城館の建造じたいは、ヘニッケの赴任より三〇年以上前に遡る。注文主は、一六九七年、この地方を買い入れたライプツィヒの市参事会員ダフィット・フレッチャー（彼も貴族に叙せられ、「ダフィット・フォン・フレッチャー」を名乗る）。建築は、ライプツィヒで活躍していた建築家

ヴィーダーアウの城館

のヨハン・グレゴール・フックスとダフィット・シャッツによるとされてきたが、近年、祝宴の間の天使像に「ゲンゲンバハ創造者」という名前が発見され、ドレスデンの建築大臣だったヨハン・ハインリヒ・ゲンゲンバハが有力な候補になった。中世の水城の遺構のうえに築かれた城館は一七〇五年に完成し、ファサードにはその完成年が刻まれている。

城館は三階建て。白と山吹色の外壁に、灰黒色をした二重勾配の腰折れ屋根（「マンサード屋根」と呼ばれる）をいただいた外観は、ドレスデンをはじめザクセンではよく見かける様式だ。内部も華やかに装飾され、とくに祝宴の間は、バロック時代に大流行した「だまし絵」の巨匠として知られ、ドレスデンでも活躍したイタリア人画家、ジョヴァンニ・フランチェスコ・マルキーニの手になる色彩豊かな天井画や壁画で飾られている（現在城館は改修中であり、正面に近づくことや内部見学はできないが、ファサードや内部は写真で確認できる）。壁画や天井画は神話や聖書のエピソードで埋め尽くされているが、加えて天井画にはカンタータと同じ「寓意」──「純粋さ」「永遠」「洞察力」といった抽象的な概念──が、それぞれのシンボルを持った女性像として描かれている。

この時代、文学や音楽や絵画が寓意的な内容を扱うことはごく一般的だった。イタリアに生まれ、バロック時代に各国で流行した世俗カンタータは、寓意劇の最たるもの。寓意画で飾られた祝宴の間は、その上演の場としてどこよりもふさわしいものだった。《たのしきヴィーダーアウ》の上演は、まさにバロック時代ならではの場と結びついた「総合芸術」だったのだ。

残念ながら現在では残っていないが、ヴィーダーアウの城館には庭園もあった。当時の版画によると、バロック時代特有の幾何学的な設計の庭園で、これもドレスデン宮廷の重要な美術家のひとりだったバルタザール・ペルモーザーらの彫刻が置かれていたようだ。

ドレスデンのツヴィンガー宮殿にある有名な美術館に収められている膨大なイタリア絵画のコレクションやイタリア・オペラへの偏愛など、ドレスデン宮廷のイタリア趣味は有名だが、ヴィーダーアウの城館には、そんなドレスデン・バロックの結晶のひとしずくが、オリジナルのまま残っているのである。

ヴィーダーアウの城館は、やはり選帝侯のお気に入りだったフレッチャーの息子に受け継がれ、さらに何人かの相続人を経てヘニッケに授与された。その後無住になった期間もあり、また何度も取り壊しの危機に見舞われたが、奇跡的に逃れて今日に至っている（ただし温室〔＝オランジェリー〕は、一九八三年に取り壊されてしまった）。

とりわけ、旧東独時代の危機は深刻だった。旧東独では燃料として褐炭（石炭のなかでも質が悪いもの）が使われていたが、ヴィーダーアウ周辺の地下には褐炭の層があったのだ。城館の復旧工事について取り上げた現地のサイトの記事には、あと何年か東独時代が続いていたら間違いなく取り壊されただろうと書かれている。城がオリジナルのまま残っているのは、まったくもって奇跡的なことなのだ。

城館は二〇一〇年に旧西独出身の事業家によって買い取られ、現在、修復が進んでいる。外壁やファサードはほぼ完璧に復元されたが、内部はこれからのようだ。修復後、城館が一般に公開されるかどうかは不明だが、この手の歴史的な建物によくあるように、結婚式やパーティの会場として貸し出される可能性もあると噂にきいた。ヴァイセンフェルスの「狩りの館」のように誰でも使える施設になる可能性も、皆無ではないかもしれない。

いつか、落成がなった暁に、バッハが《たのしきヴイーダーアウ》を上演した祝宴を再現する試みが行われたら、そのときその場にいるひとたちは、「バロック」が時を超えて再現される瞬間に立ち会うことになるだろう。

コーヒーハウスのテーマソングか、バッハ家の風景か

「ツィンマーマンのコーヒーハウス」と《コーヒー・カンタータ》BWV211

バッハの世俗カンタータのなかで一番有名な作品といえば、《コーヒー・カンタータ》BWV211ではないだろうか。コーヒー狂いの娘とそれをやめさせようとする父親が主人公の、ユーモラスな音楽劇だ。コーヒーをあきらめさせようとあの手この手で脅し、すかす父親に、コーヒーを飲ませてくれるならリボンも最新のスカートもいらないと譲らない娘。とうとう父親は最後の手段を持ち出す。コーヒーをやめないなら「お婿さんをみつけてやらない」というのである。お婿さんですって！　ならコーヒーも諦めるわ。どうぞ今すぐ連れてきて！　と狂喜乱舞する娘。けれど「お婿さん」を探しに父親が出て行くと、娘はつぶやく。「コーヒーを飲んでもいいと言ってくれるお婿さんじゃなきゃ、うんといわないわ」。はてさてこの勝負は、娘の勝ちなのだった。

なぜこんなに父親は娘のコーヒー狂いをやめさせようとするのか。流行り物で、みんなが血道をあげていて、けれど高級品、ということもあったかもしれない。一説によれば、コーヒーは媚薬と考えられていたという。父親が心配するのも、当然というところだろうか。

ライプツィヒだけではなく、ドイツの富裕な街や、フランスのような外国でもブームになっていたコーヒーは、いったいどんなものだったのだろうか。《コーヒー・カンタータ》のアリ

アで、娘のリースヒェンはコーヒーの味をこう表現する。

「ああ、コーヒーはなんて美味しいんでしょう！／一千回のキッスよりもっと甘く、マスカットワインよりもっとソフト」

コーヒーの味をキッスにたとえるなんていかにも思春期の乙女らしいと思ってしまうが、臼井隆一郎氏によると、当時のドイツのコーヒーはたっぷり砂糖を入れるのが定番の、とびきり甘い飲み物だったそう。「一千回のキッス」より上かどうかはわからないが、実際に甘かったのはたしかである。

さて、一七三四年に《コーヒー・カンタータ》が初演されたのは、「ツィンマーマンのコーヒーハウス」だった。バッハが「コレギウム・ムジクム」を指揮して、定期的なコンサートを行っていた場所である。

残念ながら、「ツィンマーマンのコーヒーハウス」は現存しない。このコーヒーハウスは、カタリーナ通りの一四番地にあった美しいバロック様式の建物の二階で営業していて、八×一〇メートルと五・五×一〇メートルの広さのふたつの広間があり、およそ一五〇名を収容できたと伝えられる。だがこの建物は、第二次世界大戦中の一九四三年に爆撃で破壊されてしまった。二一六ページでも述べたように、現在、その場所には記念のプレートがかかっている。

とはいえ往時の外観は、J・G・シュライバーによる銅版画でイメージできる。ファサードのまんなかに設けられた数階を貫く張出し窓と、小屋根付きの小窓がひしめく急勾配の屋根は、

銅版画に描かれたツィンマーマンのコーヒーハウス（シュライバー作、1749年）

ライプツィヒのバロック商館の特徴だ。「ツィンマーマンのコーヒーハウス」跡と通りを隔てた向かい側には、この建物とよく似ているといわれる、一七〇五年に造営されたバロック建築の商館「フレーゲハウス」が残る。カタリーナ通りでは、この「フレーゲハウス」をはじめ周囲の建築もドイツ統一後に美しく修復され、バロックの街ライプツィヒの雰囲気を味わえる通りのひとつになっている。

ライプツィヒは、コーヒーハウスの街だった。最初のコーヒーハウスがオープンしたのは、バッハが生まれた一六八五年のこと。「アラビアのコーヒーの樹 Zum arabischen Coffee Baum」という名前のこのコーヒーハウスは、一九世紀にはライプツィヒで活躍したシューマンやワーグナーらの溜まり場になり、現在でも営業している。

バッハが暮らしていた頃は、ライプツィヒには八軒の「公開のコーヒーハウス」があって、「整った設備や素晴らしい景観、上質な楽しみ」「毎日のように開かれている盛大な集まり」を提供していた。コーヒーハウスは「ライプツィヒの人間の半分に会える」といわれた社交場であり、一方で自分ではなかなか買えないような歴史書や新聞が置いてあって読書もでき、チェスやビリヤードといった賭け事も楽しめて、ときには舞踏会なども開かれる、オールマイティの空間だったらしい。

とりわけ、二箇所のコーヒーハウスで開催されていた「公開のコンサート」は、ライプツィヒにしかない名物だった。バッハは、そのうちのひとつである「ツィンマーマンのコーヒーハウス」における公開コンサートを長年にわたって指揮していたのである。ここでバッハが指揮していた音楽団体「コレギウム・ムジクム」は、あのテレマンがライプツィヒで大学に通っている頃に創設したもので、テレマンの後三人の指揮者を経てバッハに受けつがれたものだった。メンバーはライプツィヒ大学の学生や、市の楽師たち。学生だからアマチュアかと思ってしまうが、どっこいなかなかの腕前の人間も多かったようで、ここから「後世に名を知られた名手が育っ」た（ミッラーの言葉。酒田健一訳）りもしたのだった。実際、ドレスデンの宮廷楽長のコンサートマスターをつとめることになるヴァイオリン奏者のヨハン・ゲオルク・ピゼンデルなど、有名な音楽家が何人も巣立っている。バッハは「コレギウム・ムジクム」の指揮を引き受けることで、ケーテンの宮廷楽団とまではいかないまでも、かなりレベルの高い音楽家たちを自分の手兵とすることができた。

当時のドイツの音楽団体の一般的な名称だった「コレギウム・ムジクム」は、各地でさかんに活動しており、市民義勇軍の訓練用のホールである「ドリルハウス」（ハンブルク）などさまざまな公共の場でコンサートを開いていたが、バッハの時代、彼のコレギウム・ムジクムは

「各地にあるコレギウム・ムジクムのなかで、ライプツィヒのバッハのものがもっとも有名」だと言われるまでになっている。バッハの指導の賜物でもあったことはまちがいないだろう。

コーヒーハウスでの公開コンサートは、ドイツでは初めての試みである。そもそも当時は音楽だけを楽しむ「コンサート」という催しじたいが新しかったし、専用のコンサートホールなどなかったから、ライプツィヒのコーヒーハウス・コンサートはたいへん評判になった。各国から人が押し寄せる見本市の期間には、ふだんは週に一回のコンサートが、見本市の客を当て込んで週に二回になっている。ドイツで最初にコーヒーハウスが開館したのは港町のハンブルクだが、ライプツィヒのコーヒーハウスを有名にしたのはまさにこの公開コンサートだった。公開コンサートという新しい試みが始まったおかげで、「ツィンマーマンのコーヒーハウス」はライプツィヒの名物コーヒーハウスの座を獲得したのだった。

日の長い夏の間は、このコンサートは市門の外にある公共の庭園に設けられる「コーヒー庭園」に場所を移し、夏の空気のなかで音楽を楽しみたい人々の欲求に応えた。この手の庭園もライプツィヒ名物で、幾何学的に植えられた植物や、あずまやや温室、花壇や噴水があり、菩提樹の並木が茂る遊歩道とともに、市民たちに憩いの場を提供したのだった。

バッハは一七二九年から四一年まで、中断期間をはさんでこの公開コンサートを指揮した。コレギウム・ムジクムを引き受けることになった時は、「(前任者の)ショット氏のコレギウムは、私が引き受けることになった」と喜び勇んで報告している。一方、指揮を退いた一七四一年には、コーヒーハウスの主人だったゴットフリート・ツィンマーマンが亡くなっている。ツィンマーマンは、自分でバスーンやヴィオローネ、ヴァイオリンやヴィオラなどの楽器を購入し、所有していた。音楽好きだったのかはわからないが、公開コンサートに力を入れていたのはたしかだろうし、彼の死はバッハの引退とも関係があるのではないだろうか。

《コーヒー・カンタータ》も、おそらくツィンマーマンの依頼で作曲されたのではないかと推測されている。コーヒー賛美に明け暮れる内容は、コーヒーハウスのCMソングといっても差し支えない。

コーヒーハウスの公開コンサートは、今とちがって相当にざわざわした雰囲気のなかで行われていたようだ。《コーヒー・カンタータ》の冒頭部分は、当時の雰囲気を想像させてくれる。解説者が登場して、こう切り出すのである。「お静かに、おしゃべりはやめて／耳を傾けて、これから起こる出来事に」。

今日と違うのは、出演者も同じだった。ライプツィヒでは公開の場で女性が歌うことは禁じられていたので、娘のリースヒェンの役は、女装した男性歌手が裏声で歌ったようだ。公開コンサートに出演していた「コレギウム・ムジクム」のメンバーは学生が主体だったようなので、年齢的には娘にふさわしい人間だった可能性はある。

面白いのは、「リースヒェン」という名前が、バッハの実の娘と同じであることだ。遺産目録によれば、バッハはコーヒー用のカップやポットを持っていたので、自宅でもコーヒーをたしなんでいたのだろう。ひょっとしたら、バッハ家でもこんないさかいがあったのかもしれないと想像するのは愉しい。もし頑固親父にバッハ自身が投影されているとしたら、バッハもまた、自分を客観視できることも含めて、相当なユーモア精神の持ち主だったといえるだろう。

偶然ではあるが、またかなり後のことでもあるが、リースヒェンは結果的にバッハの成人した娘たちのなかで結婚した唯一の女性となった。相手はバッハの弟子のアルトニコル。これもまた、父親が「見つけた」といってもいい過ぎではないだろう。アルトニコルはバッハの没後、知的障害があったバッハの息子を引き取るなど、師に忠実な弟子でもあった。

コーヒーを主題にした「カンタータ」を書いたのは、バッハ(台本作者はピカンダー)だけではない。フランスでは一七〇三年にコーヒーが詩に歌われた例があるし、ドイツでも一七一〇年代からコーヒーを賛美する詩があらわれた。だが、バッハ(とピカンダー)の《コーヒー・カンタータ》は、当時ライプツィヒでしか行われていなかったコーヒーハウスにおける公開コンサートのために書かれた、おそらく現存する唯一の世俗カンタータである。

本来「コンサート」という催しは、何かの「機会」とは関係なく音楽だけを楽しむ場であり、この公開コンサートも基本的にそうだったわけだけれど、《コーヒー・カンタータ》はユニークな例外といえるのではないだろうか。この「場」だからこそ生まれた作品であるからだ。

コラム②　二一世紀の「新発見」

「唯一真性の肖像画」は二枚あった！

　コラム①で取り上げた、作品以外の最近の「発見」で衝撃的だったのは、有名なバッハの肖像画の「二枚目」が発見されたことだろう（八ページ参照）。バッハの肖像画といえば誰もが真っ先に思い浮かべる、かつらをかぶり、質素な深緑の上着を着て、手に楽譜を持っているあの肖像画に「二枚目」があったことが明らかになったのだ。

　ライプツィヒの肖像画家エリアス・ゴットロープ・ハウスマンが一七四六年に描いた肖像画は、生前に描かれたバッハの肖像画の中で、唯一真性と断定できるものとして知られる。というのもこの肖像画は、バッハが、弟子のローレンツ・クリストフ・ミツラーが設立した音楽家たちの交流団体「音楽学術交流会」に入会した際、提出を義務づけられたものだったのである。「音楽学術交流会」のメンバーには、テレマンやヘンデルなども名前を連ねており、音楽家の名士会のような性格もあった集まりだった。

　会員は年に一度、交流会に作品を提出する義務があった。肖像画でバッハが手にしている楽譜は、交流会に提出された《六声の三重カノン》BWV１０７６である（この《カノン》が、楽譜には三声しか書かれていないものの、その三声を反転させると六声になるという凝った作品であることは、しばらく前に「題名のない音楽会」(二〇一七年六月二五日)でも放映されて話題を呼んだ)。

バッハの肖像画でこのように具体的な証拠が揃っている作品は、ハウスマンのこの絵だけである。それ以外の「バッハの肖像画」とされるものは、「伝」の域を出ない。ハウスマンの肖像画がバッハの肖像画の代名詞になっているのも当然なのだ。

今ではライプツィヒ市が所有しているハウスマンの肖像画は、歴史博物館として機能しているライプツィヒの旧市庁舎の一角にある小部屋に飾られ、バッハ詣でのハイライトのひとつとなってきた。

ところが二〇一五年、まったく同じ構図のハウスマンの肖像画が、ライプツィヒにあるバッハの研究機関、バッハ・アルヒーフに寄贈された。寄贈者はアメリカの慈善家、ウィリアム・H・シャイデ氏。彼はこの肖像画を六〇年以上所蔵していたが、本家本元であるライプツィヒに返すことを決意したのだという。

第一報を聞いて、心底驚いた。さては旧市庁舎にあるあの肖像画は偽物だったのかと思ってしまったほどである。

そうではなかった。バッハは二年後の一七四八年、同じ肖像画をもう一枚描かせていたのだ。二枚目の肖像画は、次男のカール・フィリップが譲り受け、一九世紀、ジェンケというユダヤ人の一家が買い取る。第二次大戦中、ジェンケ一家はナチスの迫害を逃れてイギリスに移住したが、肖像画に危害が及ぶのを恐れて、友人である「ガーディナー」家のドーセットにある別宅に、しばらくの間預けていた。

実はこの「ガーディナー」家とは、バッハの演奏で世界的に有名な指揮者で、現バッハ・アルヒーフ総裁のジョン・エリオット・ガーディナーの一家である。ジョン・エリオットの言葉によれば、彼は、家の階段の踊り場にかかっているこの「カントールの眼下で」子供時代を過ごしたという。戦後この二枚目の肖像画は、ウィリアム・シャイデに買い取られたのだった。

二枚目のハウスマンの肖像画は、現在、バッハ・アルヒーフが運営するライプツィヒのバッハ博物館に展示されている。一枚目の肖像画より彩色はぐんと鮮やかで、バッハの表情も生き生きとして、私蔵されてきたメリットが感じられる。ライプツィヒに行かれることがあったら、ぜひ二枚を見比べてきていただきたいと思う。

「容貌」への飽くなき追求

二〇一五年まで「唯一の真性」の肖像画として認められていた一枚目のハウスマンの肖像画は、「バッハの容貌」を知る際に、常に手がかりになってきた。一八九四年、聖ヨハネ教会が建て替えられるのに際し、その墓地に葬られたバッハの遺体を特定する作業が行われたが、その際にも、ハウスマンの肖像画に似ていることが重要な手がかりのひとつとなった。バッハの遺体を特定したのは解剖学者のヴィルヘルム・ヒスだったが、彼は遺体の頭蓋骨の模型を作成している。この模型をベースにして造られたのが、聖トーマス教会前（正確には横）に建つ、彫刻家のカール・ルートヴィヒ・ゼフナーによる有名な銅像である。

より詳しい「バッハの容貌」を追い求める試みは、二一世紀に入っても続いている。アメリカの女流解剖学者キャロライン・ウィルキンソンは、二〇〇八年、ゼフナーが作成したバッハの頭蓋骨の石膏像などをもとに、バッハの頭部を3D画像として復元した。細かいシワまで再現された「バッハ」は、たしかに肖像画よりはるかにリアルで、「人間」バッハを近しいものにしてくれる。

バッハの「長持ち」の発見――決め手になったのは「紋章」

現在まで伝わるバッハの遺品はとても少ない。亡くなってから作られた遺産目録には、楽器をはじめ株や金貨、タバコ入れやコーヒーカップ、銀食器などが記載されているが、唯一今日まで伝わっているのはガラス製のグラスである。これは一七三五年頃、ザクセンかボヘミアで作られたもので、バッハへの贈り物と考えられている（贈り主は不明）。正面にはVIVAT（万歳）の文字と、バッハが一七二二年から手紙の封印として使っていた、彼の頭文字を鏡像のように組み合わせた「紋章」が、背面にはバッハへの献呈詩、そして有名なbach の主題（bach の文字に応じた四つの音――変ロ、イ、ハ、ロからなる主題。バッハ自身もひんぱんに用いた）が刻まれているという凝ったグラスだ。紋章といいbach の楽譜といい、そしてVIVAT の文字といい、贈り主のバッハへの敬意が結晶したようなグラスである。

二〇〇九年、現存する二つ目の「バッハの持ち物」が確認された。鉄製の「長持ち」である。それまでバッハのものとは気づかれずに、マイセンの大聖堂博物館の募金箱として使われていたという。

これがバッハの所有だったとわかったのは、「紋章」の存在である。長持ちの蓋の裏側に、「紋章」が描かれていたのだ。「紋章」はバッハ以外使うことができなかったから、これは何よりの証拠だった。長持ちには複雑な錠がついていて、金庫、あるいは貴重品入れとして使われていたことがうかがえる。貴重なものをしっかり管理していただろうバッハの一面を想像させてくれる遺品である。

バッハの「紋章」は、日本ではまだまだ知られていないが、バッハゆかりの地では「バッハ所縁」のトレードマークのように、至るところで見かける。二〇〇〇年に、ライプツィヒ

バッハグラス。VIVATの文字とバッハの紋章が見える

バッハの長持ち

の聖トーマス教会に新造された「バッハ・オルガン」の正面のパイプ上に金色に輝くのも「紋章」だ。「紋章」の存在を知っておくと、バッハとの距離がさらに縮まるかもしれない。実は本書の各章の扉に使用している図像も、この「紋章」である。

ライプツィヒ、聖トーマス教会のバッハ・オルガン。バッハの紋章が見える

ライプツィヒ、バッハ博物館。バッハ博物館Bach Museumの文字の前にバッハの紋章がある

第四章　家庭人バッハ

バッハのすごいところは、ごく普通の市民生活を送ったところだと何度も書いてきたが、それがいちばん顕著なのは家庭人としてのバッハだろう。わずかな資料からかいま見える夫として父としてのバッハは、ある意味理想的かもしれない。妻をいとおしみ、大家族を養い、子供たちの教育に心を砕き、就職の面倒を見た。生涯独身だったヘンデルや妻に先立たれたり浮気されたりしたテレマンのような同時代人と比較してみると、その普通さがよけいに際立つ。

二人の妻との関係は順調で、離婚の危機などなかったのに対し、手塩にかけた子供たちの人生は必ずしも順調なものではなかった。職場から遁走した不肖の息子、精神的な障害をもって生まれた息子……、どんな家庭にも人にいえないことのひとつやふたつあるものだが、バッハ夫妻も同じ悩みを抱えていた。それに一喜一憂するバッハの姿は、とても人間的だ。こと家庭に関しては、大天才バッハもひとりの人間だったのである。

二人の妻とその素顔

バッハは二度結婚した。最初の妻はマリア・バルバラ・バッハ（一六八四〜一七二〇）。旧姓もバッハ、一族間の結婚である。父親同士がいとこなのでまたいとこにあたる。二度目の妻は、バルバラに先立たれて一年半ほど後に迎えたアンナ・マグダレーナ・バッハ（一七〇一〜六〇）。旧姓はヴィルケ。ラッパ吹きの一族に生まれ、結婚当時はケーテン宮廷専属のソプラノ歌手をつとめていた。二人とも美しいソプラノの声を持っていたと伝えられるが、とくにアンナ・マグダレーナはプロの歌手であり、結婚後はバッハの仕事を積極的に、それも見事に手伝った。相当な音楽的才能の持ち主だったのだろう。世が世なら、名ピアニストとして一九世紀の音楽界を席巻したクララ・シューマンのように活躍したかもしれない。

ちなみにマリア・バルバラはバッハより五ヶ月歳上であり、アンナ・マグダレーナは一六歳年下である。同年代の女房に若い再婚相手。男性にとっては理想、という声もきかないでもない。

だが二人に関する情報は極めて少ない。肖像画の一枚もなければ、手紙もほとんど残されていないのだ。間接的な情報もごくわずか。周囲の人間の証言や、公的な記録がせいぜいである。

それでも、彼女たちの像がまったく描けないわけではない。興味深いのは、バッハはおそらくよくある親族間の紹介ではなく、きちんと「恋愛」して結婚したのではないかと思われることだ。例えばバッハの父アンブロージウスも最初の妻に先立たれて再婚しているが、前妻の死からわずか半年後のことだった（バッハをはじめ、残された五人の子供たちの世話役も必要だったから）。それに対してバッハの再婚は、妻を亡くして一年五ヶ月後。これは当時としては短いとはいえない。そして妻は同じ宮廷の歌手。アンナ・マグダレーナがケーテンに就職したのは結婚する半年ほど前だが、ひょっとしたらバッハがスカウトしてきたのかもしれない。アンナ・マグダレーナはその前はヴァイセンフェルス宮廷の歌手であり、バッハはヴァイセンフェルスの宮廷とは関係が深かった。

アンナ・マグダレーナとの結婚式の日、バッハは自宅で開いた祝宴のためにおよそ八〇〜一

○○リットルものワインを買い入れた。ワインは当時は高級品。バッハの喜びがうかがい知れようというものだ。

マリア・バルバラ・バッハ――バッハの結婚式

バッハの最初の配偶者となったマリア・バルバラ・バッハは、バッハとよく似た境遇の持ち主である。前述したように二人は同じ一族の血を引き、またいとこにあたる。彼女の父親ヨハン・ミヒャエル・バッハはゲーレンの街のオルガニストであり、その父ハインリヒ・バッハはアルンシュタットのオルガニストだった。そして二人とも、きょうだいの末っ子だった。

さらに、二人には大きな共通点があった。二人とも、若くして両親を亡くしているのだ。バッハが九歳で孤児になったことはすでに触れたが、マリア・バルバラの父ミヒャエルもやはりバルバラが九歳のときに亡くなる。バルバラの母カタリーナは三人の娘を連れて、アルンシュタットに住む独身の妹、レギーナ・ヴェーデマンのところに引っ越すが、その母カタリーナも一七〇四年一〇月一七日に世を去った。二〇歳になっていたマリア・バルバラは、名付け親で母の姉の夫であるアルンシュタットの市長、マルティン・フェルトハウスに引き取られる。バッハがアルンシュタットの新教会に職を得たのは、その二ヶ月ほど前。バッハもまた、フェルトハウス市長のところに暮らしていた可能性もあるようだ。二人はそれ以前に一族の集まりなどで出会っていたかもしれないが、アルンシュタットで親しくなったのは間違いないだろう。

バッハはアルンシュタット時代、教会の聖歌隊に女性を入れて非難を浴びているが、それがマリア・バルバラだった可能性は高い。

一〇〇ページでも触れたリューベック旅行のとき、バッハにはおそらくブクステフーデの後任として聖マリエン教会のオルガニストになろうという野心があった。だが結局アルンシュタットに戻ったのは、マリア・バルバラの存在も関係していたと思われる。

二人は、バッハがアルンシュタットからミュールハウゼンに転職した一七〇七年の一〇月一七日に、アルンシュタットから四キロほど離れたドルンハイムという村に建つ聖バルトロメオ教会で結婚式をあげた。このタイミングで結婚した理由は、バッハの伯父でエルフルトの参事会員もつとめていたトビアス・レンマーヒルトが子供を残さずに亡くなり、甥や姪にそれぞれ五〇グルデンの遺産が転がり込んだからである。バッハは、それを家庭を持つための費用に充てることができた。わざわざドルンハイムまで来て結婚式を挙げたのは、ここの牧師をつとめていたローレンツ・シュタウバーがバッハの友人だったことが大きいようだ。

聖バルトロメオ教会は、建物はささやかながら、小さな集落には不釣り合いなほど整備された教会である。門をくぐった前庭には、アルンシュタットにあるバッハ像の頭部のレプリカや、バッハとマリア・バルバラが結婚式をあげたことを記した木製の看板が建っている。教会のなかは簡素だが、白とクリーム色に塗られたベンチや壁は新造と見間違えるほどきれいで、ベンチの各列に結婚式の名残りの花が挿されていることもめずらしくない。

バッハとマリア・バルバラが結婚した、ドルンハイムの聖バルトロメオ教会

結婚の日を迎えた時、新郎新婦はともに二二歳だった。聖バルトロメオ教会の教会簿にはこうある。

「一七〇七年一〇月一七日、アイゼナッハ市の有名なオルガニストにして楽師、尊敬すべき故アンブロージウス・バッハ氏の息子で、独身者にしてミュールハウゼンの聖ブラージウス教会のオルガニストである尊敬すべきヨハン・セバスティアン・バッハ氏の結婚式が行われた。妻は、かつてゲーレンのオルガニストであり、その技によって名声を博した尊敬すべき故ヨハン・ミヒャエル・バッハ氏の末娘であり、貞節な処女のマリア・バルバラ・バッハ嬢である。二人は、恵み深きご領主の許可に基づき、アルンシュタットにおいて婚約が宣言された後、我々の神の家で結婚した」（聖バルトロメオ教会の教会簿より。酒

田健一訳）

小さな集落の小さな教会である聖バルトロメオ教会は、バッハが結婚式をあげたおかげで世界的な知名度を獲得することになった。旧東独時代には荒れ果てて存続も危ぶまれていたのに、いまや年間の訪問客は万単位を数える。修復を担ったのは、ドイツ統一後の一九九六年に発足した「友好協会 Freundeskreis」。会員は屋根が落ちて廃墟寸前だった建物を、ボランティアによって三年かけて修復した。いま、聖バルトロメオ教会は再び教会としての機能を取り戻し、定期的な礼拝や、洗礼などの宗教行事も行われている。没後二五〇年の西暦二〇〇〇年には、世界中から三万人近いひとがこの小さな教会の敷居をまたいだ。

会長を務めるジークフリート・ノイマン氏によると、友好協会のメンバーは一八六六人。国籍はドイツに加え、スイス、オランダ、オーストリア、カナダ、ルーマニア、アメリカ、そして日本に及ぶ。バッハにあやかって、ここで結婚式をあげるひとも後を絶たない。二〇一七年からさかのぼって五年間にあげられた結婚式の数はなんと一七六回。もちろん、挙式したカップルのなかには日本人もいる。それもこれも、バッハがここで結婚式をあげてくれたおかげである。「バッハがここで結婚してくれなかったら、教会はとっくになくなっていたでしょう」（ノイマン氏）。

ノイマン氏は、教会を訪れたひとびとに、バッハの「結婚式」の様子を語ってきかせるのが常である。彼が描写する結婚式は、およそこんな感じだ。

「新郎新婦はミュールハウゼンから馬車で出発し、エルフルトに住むバッハの姉のところに立ち寄った。そこで宴会があり、バッハは《結婚式クオドリベット》BWV524を演奏している。かれらはその後アルンシュタットまで行き、一泊。結婚式当日の一〇月一七日、一同は徒歩で、手をつないで楽しい歌を歌いながら、ドルンハイムまでやってきた。教会で待機していた牧師のシュタウバーは、一同が来るのを確認し、鐘を鳴らすよう合図。堂内にはヴァイオリン弾き一名と、歌手二名が待っていた。バッハは自分でオルガンを弾きたいと申し出たが、牧師が花婿にはふさわしくないと許さなかった。一方マリア・バルバラは、自分の結婚式で歌うことを許された。

式のあと、一行はふたたびアルンシュタットまで歩いて戻り、バルバラのおば、ヴェーデマンのところで披露宴を行った」

目で見たようにリアルな話だが、残念ながらすべてが事実であるわけではない。その多くは「言い伝え」(ノイマン氏)であるようだ。たとえば《クオドリベット》をバッハがこの頃作曲したのは確実だが(現存する自筆譜はミュールハウゼン時代のもの)、それを自分の結婚披露宴で演奏したかどうかはわからない。結婚パーティがいつ、どこで行われたかも不明である(一族が集まったはずだから、祝宴は行われただろうけれど)。確実なのは、教会簿のような公式な記録に残っていること、たとえばその八ヶ月後に行われた、シュタウバーとレギーナ・ヴェーデマンの結婚のようなことである。当時四八歳で独身だったレギーナ・ヴェーデマンは、バッハの結婚式をきっかけに、男やもめだったシュタウバーと「恋に落ちた」（ノイマン氏）。この結婚式で、バッハがカンタータ第一九六番を演奏したと言われるが、これも確証はない（バッハとマリア・バルバラの結婚式で演奏された可能性もある）。事実と伝聞がごっちゃになり、「結婚式」のストーリーが生まれた。

この「結婚式」は、式からちょうど三〇〇年後の二〇〇七年にほぼ言い伝え通りに再現された。地元のテレビ局も取材に入ったという。生誕二五〇年の一九三五年にも同じ試みがあったようだ。当時のポートレートは、友好協会が発行した文献で見ることができる。

セバスティアンとバルバラの結婚生活は順調だったようだ。二人は結婚の翌年の一七〇八年六月にヴァイマルに移るが、そのときバルバラは妊娠四ヶ月。同年一二月、長女のカタリーナ・ドロテーアが誕生している（二九日に受洗）。この頃、おそらく子供の世話をしてもらう目的もあって、バルバラの未婚の姉、フリーデレナ・マルガレータが同居するようになった。彼女は生涯独身で、一七二九年に亡くなるまでバッハ家の一員であり続けた。家事や育児の手伝いもしたことだろう。

二人の間には七人の子供が生まれた。一七一〇年には長男のヴィルヘルム・フリーデマン（「ハレのバッハ」）、一七一三年には男女の双子が誕生（ともに夭折）。翌一七一四年には次男のカール・フィリップ・エマヌエル（「ベルリンのバッハ」そして「ハンブルクのバッハ」）が、さらにその翌年の一七一五年には、ヨハン・ゴットフリート・ベルンハルトが生まれている。最後の子供レオポルト・アウグストはケーテンで生まれ、まもなく亡くなった。

二人の家庭生活がもっとも活発だったのは、九年半を過ごしたヴァイマルにおいてだろう。子供たちも弟子も増え、収入も増え、地位もあがり、創作の数も増え、ジャンルも広がった。充実の背景には、安定した家庭生活があったのかもしれない。

マリア・バルバラは、夫がケーテンに転職した三年後の一七二〇年の夏、おそらく突然亡くなった。ケーテン侯爵のお供をして温泉地のカールスバート（現チェコのカルロヴィ・ヴァリ）に出かけていたバッハが戻ってきたら、マリア・バルバラがもうこの世になく、埋葬まで終わっていたのは有名なエピソードである。

バッハの悲しみは想像にあまりある。同じ年に、ハンブルクの聖ヤコブ教会のオルガニストの職に応募したのは、喪失の悲しみをまぎらわせる目的もあったのかもしれない。日本を代表するバロック・ヴァイオリン奏者で指揮者としても活躍する寺神戸亮氏は、ケーテン時代に作曲されたバッハの《無伴奏ヴァイオリンのためのパルティータ》、とりわけ有名な第二番の「シャコンヌ」に漂う悲しみを、妻を喪ったバッハの感情が投影されたのではないかと語っていた。

バッハとマリア・バルバラの「シルエット」だとされる対の影絵が伝承されている。真偽は不明だし、いつ制作されたかもわからない。けれどだからこそ、想像力はそそられる。対になった肖像や影絵は、結婚式にこそふさわしい。バッハの結婚式に、どんな厳粛さが、どんな賑わいがあったのか。ひっそりと、けれどアットホームな明るい雰囲気をたたえて佇むドルンハイムの小さな教会は、今なおその想像力を羽ばたかせてくれる場所である。

アンナ・マグダレーナ・バッハ——あるカントールの妻の人生、理想化された「糟糠の妻」

バッハの「妻」といえば、マリア・バルバラより再婚相手であるアンナ・マグダレーナのほうが知名度が高いだろう。アンナ・マグダレーナの名前で『バッハの思い出』という本も出版されている。残念ながらこの本は本人が書いたものではなく、二〇世紀のはじめにイギリスの女流作家が書き下ろしたものなのだが、なぜか作者の名前を伏せて出版されてしまったため、マグダレーナ本人の作品だと長い間信じられていた。邦訳も出ているが、訳者もほんものと信じて訳していた形跡がある。この本に基づいたフランス映画「アンナ・マグダレーナ・バッハの年代記」（ジャン・マリー・ストローブ、ダニエル・ユイル監督）も制作されており、そこではなんとグスタフ・レオンハルトがバッハを、ニコラウス・アーノンクールがケーテン侯爵レオポルトを演じていた。モノクロで撮られ、きわめて静謐な印象を受ける映画である。

バッハを探索していると、アンナ・マグダレーナの足跡にはよく出会う。バッハは彼女のために二冊の『楽譜帳』を編んだし、マグダレーナはバッハにとって、きわめて有能な写譜家のひとりだった。《無伴奏チェロ組曲》の楽譜は、バッハの自筆ではなく彼女の筆写譜で残っているし（このことを根拠に、《無伴奏チェロ組曲》はじめバッハの作品の多くがアンナ・マグダレーナの作品だという説を主張したドキュメンタリーが先般オーストラリアで制作されたが、これはかなり強引な説である）、晩年の大作《ロ短調ミサ曲》の筆写も手伝っている。写譜を繰り返すうちに、彼女の筆跡が夫に似てきたのは有名な話だ。また、マリア・バルバラには見当たらない本人自身のメッセージや手紙の類も、アンナ・マグダレーナは（第三者による代筆も含めて）いくつか残している。そして彼女の横顔も、近しい人間によって、ほんのわずかだが描写されている。夫自身、彼女は「なかなかよいソプラノの声をしている」と褒めた。

とはいえアンナ・マグダレーナに、モーツァルトの妻コンスタンツェのようなはっきりした輪郭を求めることは不可能である。繰り返しだが肖像画の一枚も残されていないのだ。肖像画が描かれたことはわかっている。クリストフォリという作者が描いた、金の額縁に入った油彩のもので、カール・フィリップが所有していたという。だが残念ながら行方不明になってしまった。だからバルバラ同様、彼女の容貌も想像するしかない。

アンナ・マグダレーナが、相当な音楽的才能の持ち主だったことはたしかである。だが最終的に彼女は、なにより「有名なトーマスカントールの妻」だった。それは、当時の音楽一家に生まれた女性としては、かなり恵まれた人生だったように思われる。バッハ夫妻の子供たちの例を見てもわかるように、そもそも結婚できない女性も少なくなかったのだ。アンナ・マグダレーナの結婚相手は成功した音楽家であり、それなりに裕福でもあった。

アンナ・マグダレーナは、一七〇一年九月二二日、ツァイツという街に生まれた。父は宮廷のトランペット奏者。アンナは七人きょうだいの末っ子だった（またもや末っ子である。バッハには、末っ子と響き合うなにかがあったのだろうか）。

一七一八年ごろ、一家はヴァイセンフェルスに引っ越す。ツァイツの宮廷が移り、音楽家の仕事がなくなったからである。父はヴァイセンフェルスの宮廷に就職し、アンナも上の姉とともに宮廷で歌うようになった。地方の小都市には珍しく、ヴァイセンフェルスの宮廷ではオペラも上演されているくらい音楽が活発だったのである。

運命の転機はその翌年に訪れる。アンナ・マグダレーナはケーテンの宮廷に、おそらくその年にヴァイセンフェルスの宮廷を訪れたバッハの引きもあってスカウトされたのだ。彼女は宮廷楽長バッハのもとで、正式に宮廷歌手として雇われた。女性がケーテンの宮廷楽団に雇われるのは初めてで、しかも三〇〇ターラーという高給だった。これは宮廷楽団では夫の四〇〇ターラーに次ぐ金額で、夫婦あわせての給料は宮廷の音楽予算全体の三分の一にのぼったという。高額の給料の背景に、未来の夫の影響力がなかったか、どうか。

ケーテンに就職しておよそ半年後の一二月三日、マグダレーナはバッハに嫁ぐ。一六歳年上の宮廷楽長からプロポーズされたとき、マグダレーナはどんな気持ちだったろうか。おそらくノーという選択肢はなかっただろう。相手は教会のオルガニストや学校の教師や町楽師ではなく、音楽家としては最高の身分の宮廷楽長なのだから、それなりに「玉の輿」でもあった。結婚後は先妻の残した四人の子供や、先妻の姉やら弟子やらの面倒を見なければならない忙しい生活が待っていたが、それもまた、同時代の多くの女性がたどった運命だった。宮廷楽長の家庭だけあって女中を雇う余裕はあったから、まだ恵まれていた。

二人ともルター派の信徒だったが、結婚式は彼らが通っていたルター派の聖アグヌス教会ではなく、自宅で行われた。再婚の時はそれが一般的だったし、カルヴァン派であるケーテン侯爵の意向もあったという。バッハが結婚式を前に大量にワインを買い入れたのは、前に触れた通りである。宴会に出席した顔ぶれは不明だが、最初の結婚の時と同様、一族も集まったのだろう。

二人が新婚生活を営んだ住まいが、一六〇ページで触れたバッハの「第二の住まい」である。いつかこの空間が整備され、「バッハの住居」として公開される日が来ることを願いたい。

ケーテンでのアンナ・マグダレーナは、家庭とキャリアを両立していた。バッハがケーテン侯爵の誕生日のためにカンタータを作曲すれば、マグダレーナが歌った。だが彼女のキャリアは、ライプツィヒに移ることでほぼ断ち切られる。ライプツィヒでは、女性が人前で歌える場所がなかったのだ。教会は女性禁止だった。有名なコーヒーハウスの公開コンサートも同様だった。オペラハウスは三年前に閉鎖されていた。アンナ・マグダレーナはその美しい声を、もっぱら家族や来客に独占させるしかなかった。ごくたまに、夫に連れられてケーテンやヴァイセンフェルスに赴き、美声を披露する機会はあったが。一七二九年三月二四日には、ケーテン侯爵の葬式に出席するためケーテンに行き、夫が葬儀のために作曲し、ソプラノのためのアリアが三曲ある《レオポルト侯の追悼音楽》ＢＷＶ２４４ａ（一八二ページ参照）を歌っている。

自分の名前での活動はほとんどなくなったとはいえ、マグダレーナが音楽的能力を磨く機会には事欠かなかった。バッハが彼女のために編んだ二冊の『楽譜帳』（一七二二、一七二五）は、バッハ家でふだん演奏されていた音楽の見本市である。バッハは、妻や子が、また妻子と一緒に演奏できるようにと、自作他作を含めてクラヴィーア曲や歌曲を選び、自分で、あるいは妻や息子の手で、『楽譜帳』に書き込ませた。

彼女の横顔がうかがえる記録も、ライプツィヒ時代のものである。子供たちの家庭教師兼秘書として数年間バッハ家に居候していたバッハのいとこの子、ヨハン・エリアス・バッハは、マグダレーナのファンだったらしく、「おばさま」を喜ばせるため、彼女が欲しがっているものを手に入れようと懸命になった。エリアスによれば、マグダレーナは「黄色のカーネーション」や「天空の色をしたなでしこの花」（実際は春に咲くリンドウ）を欲しがったが、これは当時とても人気があった花々だった。とくに「黄色のカーネーション」は品種改良によって誕生したばかりの新種で、園芸愛好家の垂涎《すいぜん》の的だった。マグダレーナはこの黄色のカーネーションを何度もエリアスに催促し、「子供がクリスマスのプレゼントを待ちわびるように」それが届くのをわくわくと待った。念願かなってついに黄色のカーネーションを手に入れたマグダレーナは、「子供を育てるように」カーネーションを世話したという。

マグダレーナは、小鳥も好きだった。ヨハン・エリアスは、彼女のために「ベニヒワ」も手に入れている。花や小鳥を愛で、熱心に世話するマグダレーナの姿は、想像するだにチャーミングだ。忙しい毎日のなかで、生活を楽しむ術も心得ていたのだろう。

夫が亡くなってから、アンナ・マグダレーナはさらに一〇年を生きた。未亡人になった時、彼女の傍には、マリア・バルバラの長女カタリーナ・ドロテーアを含めて五人の子供がいた。彼女はそのうちの三人と、前の年にビュッケブルクに就職したばかりのヨハン・クリストフ・フリードリヒの「後見人」になり、自分の取り分に加えて彼らに渡るべき夫の遺産を受け取ったが、その代わりに再婚を放棄しなければならなかった。あわせて夫の遺産の三分の一がマグダレーナの取り分になったが、その多くは生前に清算されなかったこまごまとしたものの清算に消えたらしい。カントールの住まいを出て、ハイン通りに引っ越したマグダレーナ一家は、おもに大学や市からの「喜捨」で生計を立てた。「喜捨」というと何やらひどく窮乏して受けるようなイメージがあるが、未亡人ならたいてい受け取るものであり、そういう意味では公的な保障に近かった。たとえばライプツィヒの市当局は、マグダレーナに対して毎週一ターラーの「喜捨」をしていたが、これは市門の門番の給料に相当したという。年間にして五〇ターラーとちょっと。夫がライプツィヒで得ていた金額の一〇分の一以下だが、これに加えて大学からの喜捨もあったし（原則として毎月一ターラー八グロッシェン）、出版された夫の楽譜の売り上げからもいくらかの収入を得ていたようだ。

マグダレーナひとりだったら、ささやかな生計は成り立ったかもしれない。だが一三歳と八歳の娘が彼女のところに残ったのに加え、後から、夫のアルトニコルに先立たれて未亡人になったエリザベート・ユリアーナ・フリーデリカ（リースヒェン）と二人の娘も合流し、所帯は合計六人にふくれあがった。一同は、貧しい女性の仕事であった針仕事や、旅館や他の家の下働きをして生活を支えたのではないかと推測されている。

アンナ・マグダレーナ・バッハは一七六〇年二月五日、五八歳で没した。遺体は慣例に従って、バッハの遺体に重ねて埋葬された。一九世紀の末にバッハの遺体が掘り起こされたとき、アンナ・マグダレーナの遺骨も一緒に現れた。小さな驚きは、遺骨の傍に、指輪と指貫が見つかったことだった。

指輪と指貫はマグダレーナの遺品として聖ヨハネ教会の牧師執務室に保存されていたが、指輪は第二次世界大戦中の一九四四年に盗難にあい、残念ながら行方不明である。指貫のほうは二〇一〇年以降、ライプツィヒのバッハ博物館の貴重品展示室に展示されている。遺された彼女の唯一の身の回り品であり、貴重な遺品だ。私たち日本人が親しんでいる指貫とはちがい、指先にかぶせる帽子のような形をしている。指貫を遺体と一緒に埋葬する習慣はなかったそうなので、これはマグダレーナにとって特別なものだったのかもしれない。彼女は裁縫も得意だったのだろうか。だとすれば、マグダレーナの家庭的な顔がもうひとつ加わることになる。ひょっとしたら指貫は、未亡人になった後のささやかな生活を支えただろう針仕事の忠実な友だったのかもしれない。

失われてしまったクリストフォリが描いた肖像画のマグダレーナの指には、ひょっとしたらこの指貫や、失われた指輪が嵌っていただろうか。そう想像をめぐらせるのは、マリア・バルバラとバッハとの結婚式を想像するのにも勝るとも劣らない、愉しいひとときである。

バッハの子供たち

バッハが子沢山だったことはよく知られている。二人の妻との間に、つごう二〇人の子供が生まれた。マリア・バルバラとの間に七人（うち成人した子供は四人。男三、女一）、アンナ・マグダレーナとの間に一三人（うち成人した子供は六人。男三、女三）。成人した男の子はすべて音楽家になったが、音楽的、社会的に成功した息子もいれば、世間とうまく折り合えず、順調な音楽家人生を送りそびれた息子もいた。マグダレーナの長男ゴットフリート・ハインリヒは精神薄弱の傾向があったようで、音楽家として活動するには至っていない。

バッハは息子たちの教育や就職に積極的にかかわった。長男のためには、アンナ・マグダレーナ同様、教育目的をかねた『楽譜帳』を編纂している。またライプツィヒで公開コンサートを指揮していたときは、複数のチェンバロを独奏楽器にしたチェンバロ協奏曲を書いて（ほとんどは編曲もの）、息子たちと人前で共演する機会を作った。就職にかんしても率先して就職先を見つけ、推薦状を書いて後押しした。それらの文面を見ていると、バッハもふつうの父親だったことがひしひしと伝わって来る。

一方でバッハが、息子たちの音楽家としての能力を冷静に判断していたことは興味深い。就職の世話などで手こずらされたにもかかわらず、バッハは音楽家としては長男のフリーデマンをいちばん高く評価していた。父としてのバッハと音楽家としてのバッハは、彼のなかでは違和感なく並存していたようだ。

息子たちの人生行路には、変わりゆく「音楽家」の地位も反映されている。大半の息子たちは、父同様、カントールやオルガニスト、あるいは宮廷音楽家として過ごしたが、末っ子のクリスティアンはドイツを脱出してイタリア、そしてロンドンと、ヘンデルのように自由な人生を送った。さらに息子たちの子供、つまりバッハの孫の世代になると、「音楽家」は既定路線ではなくなった。次男のカール・フィリップの次男にあたるヨハン・セバスティアン（「ヨハン・セバスティアン二世」と呼ばれる）は、絵画を学び、画家の修業にローマに出かけ、残念なことに道中で亡くなっている。三〇歳になる直前だった。

音楽家として活躍した息子たちは、活動した場所にちなんで「ハレのバッハ」（フリーデマン）、「ハンブルクのバッハ」（エマヌエル）などと呼ばれた。以下の息子たちの紹介では、彼らのそうした通称も含めてご紹介していこう。

マリア・バルバラの息子たち

ヴィルヘルム・フリーデマン・バッハ（一七一〇〜八四）——「ハレのバッハ」

いちばん才能に恵まれていたのは、長男のヴィルヘルム・フリーデマンのようである。現代を代表するヴィオラ・ダ・ガンバ奏者のひとりシギスヴァルト・クイケン（一八四ページ以降参照）は、バッハの音楽の素晴らしさを、「どの作品も、聴き手の心に橋をかけることができる」と表現したが、息子たちのなかでは、ヴィルヘルム・フリーデマンの作品が、いちばん「聴き手の心に橋をかける」割合が高いといっていた。作風も息子たちのなかではいちばん古風で、父の影響をうかがわせる。

聖トーマス教会学校、ライプツィヒ大学に学び、一七三三年、ドレスデンの聖ソフィア教会のオルガニストに就職。求職に際して父バッハは、ドレスデンの市議会や教会の役員会長に誓願書を書き、署名も自分でしてしまうほどだった。もちろんフリーデマンは、最終的には能力が評価され、聖ソフィア教会のポストを得たのだが。

続いて一七四六年には、ハレの聖母教会のオルガニストに転職する。ここも、父バッハがオルガンの鑑定を行うなど、父バッハと関係の深い場所だった。オルガニストに加えて市の音楽監督もつとめ、仕事の領域は広がった。

だが高名な父のプレッシャーもあったのか、とりわけ後半生のフリーデマンには奇行が目立った。もともと気難しい性格だったらしいが、ハレの市参事会と衝突を繰り返し、突然辞職する。しばらくぶらぶらした末に、一七七四年にベルリンに転居。エマヌエルの助けなどを受けながら演奏活動などに励むが、結局定職につくことなく亡くなった。困窮したときには、しばしば父の遺産を売却している。

結婚は四一歳のとき。収税吏の娘ドロテーア・エリザベートと結婚し、二男一女に恵まれたが、成人したのは長女ソフィアのみだった。

帽子と毛皮の襟付きコートを着た、フリーデマンの有名な「肖像画」が残っている。だが近年、これはフリーデマンの弟子、ヨハン・クリスティアン・バッハ（一七四三〜一八一四）のものだということが明らかになった。肖像画が誤って伝えられてきたように、フリーデマンの人生にはまだまだ謎が多い。クイケンがいう「聴き手の心に橋をかける」（一八七ページ）音楽の魅力が明らかになるのは、これからかもしれない。

カール・フィリップ・エマヌエル・バッハ（一七一四〜八八）――「ベルリンのバッハ」のちに「ハンブルクのバッハ」

次男のカール・フィリップ・エマヌエルは、息子たちのなかでいちばん父に忠実であり、家族に対しても誠実だった息子である。父の伝記を著し、その遺産を管理し、父の作品を伝える役割を担った。両親が他界した後、遺された娘たちに援助をした唯一の息子でもある。音楽家としても優秀で、順調に出世し、手のかからない息子だった。

仕事の面でも、カール・フィリップは父どうよう聖俗の幅広いジャンルの音楽を書き、成功した。聖トーマス教会学校卒業後、ライプツィヒとフランクフルト（オーデル）の大学で学び、フランクフルトでは法学の学位を取得するなど父よりはるかにいい学歴を手に入れているが、最終的には父と同じ音楽家の道を選んだ。

最初に就職したのは、プロイセンの王太子フリードリヒ、のちのフリードリヒ二世、通称「大王」の楽団である。カール・フィリップは父同様鍵盤楽器の名手であったため、王太子の鍵盤楽器奏者として雇われた。楽団にはバッハと親しい音楽家もいたから、フリーデマンの時と同様、バッハも息子の売り込みに努めた可能性はある。カール・フィリップが父の晩年、フリードリヒの宮廷に父を招く算段をし、その結果《音楽の捧げもの》が生まれたことはよく知られている。

フリードリヒはフルートの名手だったので、カール・フィリップは伴奏者として重宝されたが、雇い主に媚びない性格だったため待遇面では冷遇されたらしい。フルートを吹くフリードリヒを描いたアドルフ・メンツェルの有名な絵画では、カール・フィリップはチェンバロの前に座っており、予定調和的な一員として画面に加わっているが、この絵は後世に描かれた想像上の場面である。

ベルリン時代のカール・フィリップは、宮廷外での活動にも熱心に取り組んだ。当時のベルリンはユダヤ人豪商の後押しもあって音楽愛好家のサークルが活発だったが、カール・フィリップはそこで父の作品の伝播につとめた。ベルリンには理論家肌の音楽家、作曲家が多く、古風な音楽が好まれたことも追い風になった。ベルリンでは一八世紀末に、愛好家による合唱団「ジングアカデミー」が創設され、バッハの作品もレパートリーになり、一八二九年にはメンデルスゾーンの指揮で《マタイ受難曲》を蘇演するという大事業を成し遂げるが、その種を蒔いたのはカール・フィリップと、やはりベルリンで活躍したバッハの弟子たちである。

一七六八年、カール・フィリップはハンブルクに転職する。前の年に亡くなったゲオルク・フィリップ・テレマンの後をついで、ハンブルクの聖ヤコブ教会カントールに就任したのである。これはライプツィヒの聖トーマス教会カントール同様、大都市ハンブルクの音楽界のトップにあたるポストだった。ちなみにテレマンはエマヌエルの名付け親のひとりであり、ゆかりのひとでもあった。

テレマン同様、ハンブルクでのカール・フィリップは、教会での仕事に加え、出版やコンサート活動などマルチな活躍を展開。生前の名声は父をはるかにしのぎ、成功した音楽家として生涯を終えた。またベルリン時代に出版した『クラヴィーア奏法』は、当時のクラヴィーア演奏のテキストとして広く愛好された。クラヴィーア以外には主に室内楽や協奏曲で、新しい時代の趣味を反映した作品で人気を博した。

妻はワイン商の娘ヨハンナ・アリア・ダンネマン。二男一女に恵まれたが、いずれも大成することなく終わっている。

ヨハン・ゴットフリート・ベルンハルト・バッハ（一七一五〜三九）

息子たちのなかでも、「不肖の息子」（バッハの言葉）として父親を悩ませた息子である。聖トーマス教会学校を出た後、二〇歳の時にかつて父がつとめていたミュールハウゼンの聖ブラージウス教会のオルガニストに就職するが、仕事になじめず、翌年早くも転職を模索。父バッハが若い頃に就職しようとしてかなわなかった、ザンガーハウゼンのオルガニストに応募する。父は市長にあてて手紙を二通書き、息子を受け入れてくれるよう頼んだ。それが功を奏したかはわからないが、ベルンハルトはその翌年、ザンガーハウゼンのオルガニストのポストを得た。

だがこの仕事も、一年そこそこしか続かなかった。彼は負債を残し、行方知れずになる。父は息子の保証人となっていたある人物に「ゆくえが知れない」息子の「悪しき素行」を詫び、嘆いた。

結局ベルンハルトは、二四歳の若さでイエナの親戚の家で世を去った。彼はフリーデマンに輪をかけて、世間でやっていくことが難しい人間だったのである。

アンナ・マグダレーナの息子たち

ゴットフリート・ハインリヒ・バッハ（一七二四〜六三）

才能があったことは、父のバッハも認めている。とくにクラヴィーアの能力は高かったようだ。だが大きくなるにつれて知的障害があることが明らかになり、職業人になることはかなわなかった。父が亡くなった後は娘婿のアルトニコルの家庭に引き取られ、最終的にナウムブルクで亡くなっている。

ヨハン・クリストフ・フリードリヒ・バッハ（一七三二～九五）——「ビュッケブルクのバッハ」

息子たちのなかで唯一、宮廷音楽家として宮仕えの人生をまっとうした。聖トーマス教会学校とライプツィヒ大学に学んだ後、一七四九年、一八歳で、ビュッケブルクのヴィルヘルム伯爵の宮廷に就職する。父バッハは視力の悪化に悩まされながら、推薦状を書いて後押しした。父は翌年他界したから、フリードリヒにとってもバッハ一家にとっても、これは渡りに船の就職だった。

ビュッケブルクの楽団は一五名。流行のイタリア音楽がよく演奏され、イタリア人演奏家も多かった。ヨハン・クリストフはビュッケブルクで宮仕えのまま人生を終えるが、時にロンドンやベルリンに旅行したり、後にゲーテの盟友となった神学者、哲学者のヨハン・ゴットフリート・ヘルダーが宮廷牧師としてビュッケブルクにつとめていた時には彼と宗教音楽を共作するなど、まずまず恵まれた人生だった。二三歳のとき、宮廷歌手ルツィア・エリザベト・ミュンヒハウゼンと結婚。息子のヴィルヘルム・フリードリヒ・エルンストはベルリンのルイーゼ后妃のチェンバロ奏者になり、一族最後の音楽家となった。

ヨハン・クリスティアン・バッハ（一七三五〜八二）――「ミラノのバッハ」のちに「ロンドンのバッハ」

末っ子は反逆するというが、ヨハン・クリスティアンほどその言葉通りの末っ子もめずらしい。何しろイタリアへ音楽修業に行き、カトリックに改宗してしまったのだから、ルター派プロテスタントが家是だったバッハ一族の異端児である。父バッハはクリスティアンのことを「バカ」だが、それゆえに「幸福だろう」と評した。ベルリン時代にこの腹違いの弟の面倒を見ていたカール・フィリップは、クリスティアンについて「誠実なファイト（バッハ一族の始祖）とはまるで違う」と書き残した。母国のドイツからイタリアに行き、最終的にロンドンに落ち着いた人生行路は、ヘンデルとも似通う。クリスティアンのような国際派が出たことは、土着の音楽家一族だったバッハ一族の終焉を物語ってもいる。

一五歳で父を喪ったヨハン・クリスティアンは、ベルリンのカール・フィリップに引き取られた。ちょうど王立オペラハウスが開場したばかりで、その刺激を存分に受けたようだ。一七五五年にミラノへ旅立ったとき、女性歌手が一緒だったというのもクリスティアンらしい。ちなみにロンドン時代、三八歳で結婚した妻チェチーリア・グラッシもイタリア人のオペラ歌手だった。

ミラノでは、有名な大聖堂の第二オルガニストとして活躍。カトリックに改宗したのはこの時代だ。一七六一年には、トリノの王立歌劇場でオペラ《アルタセルセ》を発表して成功。名声は国際的なものになり、ロンドンからオペラの依頼が舞い込む。イタリアではナポリのサン・カルロ歌劇場でも成功を収め、当代を代表するオペラ作曲家のひとりに数えられるようになった。

ロンドンではオペラとならんで、ガンバ奏者のカール・フリードリヒ・アーベルと組んで始めた公開コンサート・シリーズ、「バッハ・アーベル演奏会」が評判になる。有名作曲家が競って新作を発表し、人気演奏家も大勢客演した。ロンドンを訪れたモーツァルト父子が出演したのは有名なエピソードだ。クリスティアンはモーツァルトの才能に目を見張り、モーツァルトもクリスティアンを慕った。しかし幼いモーツァルトよりクリスティアンの才能に惚れ込んだのは、モーツァルトの父レオポルトだったという。

オペラ作曲家としての最後の成功は、モーツァルトとも縁が深いマンハイムの宮廷から依頼された《テミストークレ》と《ルーチョ・シッラ》。一七八一年には公開演奏会の場から引退し、バディントンに移って翌年没した。妻には王室から年金が与えられ、生活には不自由しなかったようだ。

クリスティアンの本領は室内楽にあったともいわれるが、この分野での彼の音楽は、父バッハよりモーツァルトにテイストが近い。当時の音楽の最前線であるロンドンの空気が感じ取れるといってもいいだろう。

バッハの娘たち

当然のことだが、娘たちに関する情報は息子たちより圧倒的に少ない。当時、オペラのプリマドンナにでもならない限り、女性が音楽家として自立できる可能性はほとんどなかったから、バッハ夫妻が娘たちにプロとしてやっていけるような音楽教育を授けたとは考え難い。もちろんホームコンサートには参加したようだし、長女はアンサンブルで「なかなかの腕前」だと父親に褒められていたようだが。

自立できないなら結婚するしかないわけだが、成人した娘のうち結婚したのがひとりだけというのも驚きである。その娘とは、アンナ・マグダレーナの次女エリザベート・ユリアーナ・フリーデリカ。婿はバッハの愛弟子、ヨハン・クリストフ・アルトニコルである。エリザベートは「リースヒェン」という愛称で呼ばれていたらしいが、二八三ページでも触れたようにこの愛称は《コーヒー・カンタータ》のヒロインであるコーヒー好きの娘と同じだ。《コーヒー・カンタータ》では、父は婿を探してくることで娘のコーヒー好きをやめさせようとするが、作品成立より一〇年以上後にリースヒェンの「婿」となったアルトニコルがコーヒーより魅力的だったかどうかは、残念ながらわからない。アルトニコルが優秀な音楽家であり、バッハの信頼厚い弟子だったことはたしかだが。

未婚のまま残った他の三人の娘たちについて、バッハ夫妻ができることはなかったのだろうか。バッハ家には大勢の弟子や音楽家が出入りしていたのだから、チャンスがないわけではなかったろうにと思ってしまうのは勝手なことだろうか。

だがこの時代、未婚女性は意外に多い。父や家族の庇護がなくなれば、未亡人になったアンナ・マグダレーナ同様、あるいはもっと厳しい境遇が待っていた。他家の女中や下働きを務めることもあっただろう。

とにもかくにも三人の娘は、「バッハ」の姓のもとで生涯を終えた。父が健在なときには女中を雇っていたが、父の死後は自分たちが雇われる立場になったかもしれない。マグダレーナの末娘レギーナ・スザンナは世紀を越えて生き、貧困に陥った。楽譜商や出版業者、楽器製作者などが、彼女の窮状を見かねて新聞紙上などで、「才能にあふれた一族の最後の梢」（『一般音楽新聞』の発行人で、募金を呼びかけたロホリッツの言葉）である彼女への募金を募った。その結果に対して、レギーナ・スザンナ自身、新聞紙上で礼を述べている（もっとも彼女の言葉があまりにもあっさりしていたので、募金の立役者だったロホリッツが美辞麗句を書き加えて誇張したのだったが）。ここでもまた、偉大な父の名が彼女を救った。彼女がもし結婚していたらこんなことにはならなかったのかどうか、それは神のみぞ知るというべきだろう。

バッハの作品は現存するものだけでも約一千曲を数える（失われた作品はおそらくもっと多い）。加えて、日々さまざまな解釈が生まれ、新しいディスクが生産されている。《ゴルトベルク変奏曲》だけでも、ちょっと検索すれば百を超えるCDが見つかる。この分野でもバッハはまさに「大海」なのである。

クラシック音楽の面白さのひとつは、同じ曲でも演奏家によってまったく違って聴こえる、つまり解釈の違いを楽しむことにあるが、バッハの音楽の「解釈」は、従来のクラシック演奏の範疇を超えて広がっている。まずバッハの音楽は、ジャンルを超える。ずい分前から、ジャズのような別のジャンルのアーティストに積極的に演奏されているのだ。バッハの時代は、現代のジャズのように演奏家が楽譜にない即興や装飾をするのがふつうだったし、加えてバッハの音楽には、多少手を加えても音楽の輪郭が変わらない堅牢さや、ジャズやロックに通じる躍動的なリズムがある。チック・コリアやジャック・ルーシェら、ジャズの名ピアニストによるバッハ演奏はおなじみだ。また、おそらく鍵盤楽器のために書かれた《フーガの技法》を弦楽器用に編曲したりと、楽器を変えての演奏もさかんである。

さらにバッハ演奏には、この半世紀の間でクラシック音楽界のメインの潮流となった「古楽」（当時の楽器や演奏法などを再現した演奏）の分野を常にリードしてきた面がある。その結果現在のバッハ演奏は、同じ曲でも、声楽曲なら従来の大オーケストラと合唱団によるものから古楽系の小規模な団体によるものまで、鍵盤作品なら一九世紀以来のピアノでの演奏から二〇世紀に演奏法も含めて復活したチェンバロとその仲間やオルガンまで、百花繚乱《ひゃっかりょうらん》の状態になっているのだ。

《マタイ受難曲》ひとつとっても、「名盤」とされるものをいくつか聴き比べてみると、時代によってオーケストラや合唱の編成、使用している楽器、テンポなどが明らかに違うことがわかる。時代が下るにつれ、テンポは速くなり、楽器は古楽器（当時の楽器を復元したもの。ピリオド楽器、オリジナル楽器とも呼ばれる）に、編成は小さくなる傾向にあるのだ。

試しに、冒頭の合唱曲の演奏時間を比べてみよう。ウィレム・メンゲルベルクがアムステルダム・コンセルトヘボウ管弦楽団を指揮した一九三九年の録音では一〇分五二秒かかっているのに対し、カール・リヒターがミュンヘン・バッハ合唱団&オーケストラを指揮した一九五八年の録音では九分五二秒、さらにグスタフ・レオンハルトが古楽器オーケストラであるラ・プティット・バンドを指揮した一九八九年の録音では八分二五秒、さらに鈴木雅明指揮のバッハ・コレギウム・ジャパンの一九九九年の録音では八分七秒である。古楽器オーケストラならテンポが速いかというとそう決まったものでもなく、リッカルド・シャイーがゲヴァントハウス管弦楽団（モダン楽器）を指揮した二〇〇九年の録音だとなんと五分三八秒！　と最速だ。このあたりは時代の趣味もあるのだと思う。テンポ以外でも、オーケストラや合唱の編成、響きの感触など、予備知識がなくとも聴けば違いがわかるはずだ。

筆者の体験でいうと、二〇一七年の受難週に現地を訪れ、《ヨハネ受難曲》を三回聴いたことが強烈だった。三回とも、まったく異なるタイプの演奏だったのだ。地元の合唱団に古楽器のオーケストラと歌手が加わったヴァイマルの市立教会での演奏（「はじめに」五ページを参照）、昔ながらの少年合唱団（聖トーマス教会合唱団）と大オーケストラ（ゲヴァントハウス管弦楽団）による聖トーマス教会での演奏、古楽器のオーケストラにわずか八人の歌手で、合唱の各パートもひとりで担当し、かつ初演時の礼拝音楽まで再現した今どきの演奏の最先端が体験できたアルンシュタットのバッハ教会での演奏（ソロモンズ・ノット・バロック・コレクティヴ。第二章一一一ページを参照）……まさに三者三様。バッハの受難曲といえば大合唱団と大オーケストラで荘重に厳粛にという時代は過去のものになったとつくづく痛感したのだった。

古楽器演奏の大きな特徴は、研究にもとづく当時の楽器や調律法の復元、編成や演奏法（「演奏慣習 Aufführungspraxis」と呼ばれる）の見直しにある。二〇世紀半ば以降、この分野のリーダーになったのがニコラウス・アーノンクール（指揮）やグスタフ・レオンハルト（チェンバロ、オルガン）といった演奏家である。彼らは当時の楽器をしばしば手作りしながら復活させ、同時にその演奏法を楽器の構造や当時の文献、オリジナルな楽譜に基づいて研究した。たとえばチェンバロは爪で弦を弾いて音を出す楽器で、弦をハンマーで叩くピアノとは本質的に構造が違い、ピアノのようにタッチを変えて変化がつけられる楽器ではない。それまでのチェンバリストはピアノの延長線上のようにチェンバロを扱うことがしばしばだったのだが、レオンハルトは当時の演奏法に関する文献などを研究し、アーティキュレーションや指使いの追求などを通じてチェンバロという楽器の魅力を最大限に引き出すことに成功した。

一八世紀以前の楽譜は、記譜されている情報は最小限であり、演奏者が即興や装飾を行って補うことを前提にしている。だが時とともにそのような実践は忘れられ、また一九世紀以降はオルガンが時代の趣味に合わせて改造されたように、流行の楽器にあわせてほんらいの楽譜を書き変えることもごく普通に行われていた。たとえばチェンバロ用の作品を、ピアノで演奏しやすいように「改訂」してしまうというようなことである。その結果、オリジナルな形をとどめない楽譜が大量に出回っていた。レオンハルトやアーノンクールらは作曲家の自筆譜などオリジナルな楽譜にあたり、作品の本来の姿をよみがえらせた。この方面の研究は以前からあったのだが、演奏家としても優れていたレオンハルトらの出現以降、研究と実践がより並行して進むようになり、古楽演奏のレベルも飛躍的に上がったのである。

とりわけ一九七一年から八九年にかけて、アーノンクールとレオンハルトが古楽器のオーケストラを率いてバッハの教会カンタータ全曲を録音したことは、バッハの声楽作品の演奏に大きな影響を与えた。今やバッハを演奏するプロフェッショナルの多くが古楽の演奏家であり、彼らのトップクラスの水準はきわめて高い。それは、毎年訪れているライプツィヒのバッハ・フェスティバルでも痛感する。一方で、ピアノをはじめとするモダン楽器（「古楽器」に対して今使われている楽器をこう呼ぶ）での演奏も変わらずさかんだ。

いろんな解釈を受け入れ、それぞれに魅力があるという懐の深さ。それがバッハという作曲家の偉大さであり、大海と称される理由のひとつなのだろう。

以下、超有名曲を中心におすすめのディスクをご紹介してゆく。各作品の解説については、基本的に第二章および第三章をご参照いただきたい（ページ数はカッコ内に表示）。基本的に一作品一ディスクだが、注目の映像があったり、古楽器とモダン楽器の聴き比べが面白いものは複数ご紹介している。カンタータや鍵盤楽器作品のように作品数が多い分野では、当該のジャンルの代表的な名盤や、切り口も含めて注目のディスクという観点から選んでみた。ページ数が限られているため、有名作品でも外したものもある。ご理解をいただければありがたく思う。

繰り返しだが、バッハは作品も解釈も膨大で、非力な筆者にはすべてを網羅することは不可能だ。また生演奏で聴いて素晴らしかった演奏家や演奏団体が、ディスクで聴くとさほどでもないという例も少なくない。話題のディスクでも、そのような理由から選ばなかったものもある。名盤のほまれが高いディスクが抜けているケースも多々あると思うが、あくまで筆者個人のささやかな経験、そして好みにもとづくひとつのご提案であることをご理解いただければ幸いである。

三大宗教曲

《マタイ受難曲》ＢＷＶ２４４（解説二一二ページ）
鈴木雅明指揮　バッハ・コレギウム・ジャパン　キングレコード　KICC293/5
日本から生まれた世界の古楽オーケストラ&合唱団バッハ・コレギウム・ジャパンによる、

透明感にあふれ、明晰にして感動的な演奏。聴き比べに興味がある方は、前述したメンゲルベルク、リヒター、レオンハルト、シャイーの録音なども聴かれてみると面白いと思う。

参考ディスク　ハインリヒ・シュッツ《マタイ受難曲》SWV479
ハンス＝クリストフ・ラーデマン指揮　ドレスデン室内合唱団　Carus　83・259

バッハより一世紀前に生まれ、「音楽の父」ならぬ「ドイツ音楽の父」と称されるシュッツによる《マタイ》（一六六六年）。語りをメインに、シュッツがイタリア滞在で学んだ二重合唱による無伴奏の合唱がはさまる（コラールはない）、美しいがシンプルな音楽による受難物語だ。シュッツからバッハへ、百年で《マタイ受難曲》はここまで変わった。

《ヨハネ受難曲》BWV245（解説二二一ページ）

ヨス・ファン・ヘルトホーフェン指揮　オランダ・バッハ協会（一七二四年初演版）　チャンネル・クラシック　CCSSA32511
フィリップ・ヘレヴェッヘ指揮　コレギウム・ヴォカーレ（一七二五年版）　ハルモニア・ムンディ　HMC901748

《ヨハネ受難曲》は大規模改訂が繰り返された。ここではともに古楽団体による演奏で、一七二四年の初演版と、初演の翌年に上演された一七二五年版をご紹介する。冒頭合唱から異なるので要注目。初演時の編成を忠実に再現したオランダ・バッハ協会の質朴な響き、ヘレヴェッヘ&コレギウム・ヴォカーレの劇的で華やかな響き、同じ古楽団体でも色合いが異なって印象的だ。

参考DVD　サー・サイモン・ラトル指揮　ベルリン・フィルハーモニー管弦楽団　ベルリン放送合唱団　ピーター・セラーズ演

出　ベルリン・フィルハーモニー・レコーディング　KKC9098

演出つきの《ヨハネ》の映像。この手の試みはしばしばあるが、バッハの音楽自体があまりにも雄弁なので、下手に演出をするとちぐはぐになるケースもある。そんななかで、筆者はこれがいちばんしっくりきた。ソリストはもちろん、時に群衆になり、時に信徒としてギリシャ悲劇のコロスのようにドラマを見守りながらひとりひとりが綿密な演技を担う合唱の「声」を含めた雄弁さ！　オーケストラメンバーも積極的に「劇」に加わる。黒装束の演奏家たちと白い照明が織りなす光と闇。音と言葉による全人類の悲劇。同じ演奏家による《マタイ》のDVDもある。

《ロ短調ミサ曲》BWV232（解説二二八ページ）
トーマス・ヘンゲルブロック指揮　バルタザール・ノイマン合唱団　フライブルク・バロックオーケストラ　ドイツ・ハルモニア・ムンディ　05472 77380 2

個人的に、バッハ作品のなかで最愛の曲である《ロ短調ミサ曲》。これはおそらく人生でもっとも聴いたCDで、無人島に一枚持って行くならこのディスクと決めている。ドイツ古楽界の雄ヘンゲルブロックの超名演。オーケストラと合唱（スーパーソリスト合唱団と呼びたくなるほどうまい）が創る純度の高い澄んだ響きはバロック・オルガンのよう。これまで生演奏で体験した《ロ短調》の最高峰もヘンゲルブロックだった。

参考DVD　ヘルベルト・ブロムシュテット指揮　ゲヴァントハウス室内合唱団　ゲヴァントハウス管弦楽団　ユーロアーツ　2054518

「ライプツィヒ・バッハ・フェスティバル」二〇〇六年のファイナルコンサートの実況録画。バッハゆかりの聖トーマス教会内部の映像もたっぷり楽しめる。同じブロムシュテット&ゲヴァントハウス管による二〇一七年のファイナルコンサートの映像も発売になった。

カンタータ

カンタータ第一四〇番《目覚めよ、と我らに呼ばわる物見らの声》ＢＷＶ１４０、第一四七番《心と口と行いと生きざまもて》ＢＷＶ１４７（解説二〇九ページ）

サー・ジョン・エリオット・ガーディナー指揮、イングリッシュ・バロック・ソロイスツ、モンテヴェルディ合唱団　ユニバーサル・ミュージック　UCCA3140

有名なコラールがベースにある人気作品二曲を組み合わせたディスク。第一四〇番には曲名と同じフィリップ・ニコライのコラールが、第一四七番にはミヒャエル・ヤーンのコラール《主よ、人の望みの喜びよ》が登場する。イギリス生まれのガーディナーはカンタータ全曲の演奏、録音を行った大ベテランで、現在ライプツィヒ・バッハ・アルヒーフ（研究およびフェスティバルの主催を行う組織）の総裁をつとめる（彼の父親は最近発見されたハウスマンの二枚目の肖像画をかつて所有していた。二八五ページ参照）。バッハの音楽にあふれる「歓び」と敬虔さが同居した、聴きやすくも品格のある演奏。

カンタータ第八〇番《われらが神は堅き砦》BWV80、カンタータ第一四七番《心と口と行いと生活で》BWV147（解説二〇九、二一〇ページ）

カール・リヒター指揮　ミュンヘン・バッハ管弦楽団、合唱団　ユニバーサルミュージック　UCCG-5395

ルターの有名なコラールがベースになっている第八〇番と第一四七番を、バッハの使徒リヒターの堂々と峻厳な演奏で。

カンタータ第一二番《泣き、嘆き、憂い、怯え》BWV12、第一八二番《天の王よ、汝を迎えまつらん》BWV182、第一六二番《ああ、いまわれ婚宴に行かんとして》BWV162、第五四番《罪に手むかうべし》BWV54（解説一四五ページ）

鈴木雅明指揮　バッハ・コレギウム・ジャパン　ビズ　bis-cd-791

ヴァイマル時代のカンタータを四曲収録。大曲から小曲までバラエティ豊かで、初期カンタータの多彩な世界を味わえる。演奏も高水準。

生の喜び・死の芸術　バッハ：カンタータ&パーセル：モテット（解説一二五ページ）

トーマス・ヘンゲルブロック指揮　バルタザール・ノイマン合唱団&アンサンブル　ドイツ・ハルモニア・ムンディ　BVCD-

31015

珠玉の初期カンタータ第一五〇番《主よ、われ汝をあおぎ望む》BWV150と第一三一番《深き淵より、われ汝に呼ばわる》BWV131に、イギリス・バロックを代表する作曲家、ヘンリー・パーセルのアンセム（無伴奏の合唱曲）、さらにバッハ一族の祖先ヨハン・ルートヴィヒ・バッハのモテットを組み合わせたディスク。凝った構成、至高の演奏。

《狩りのカンタータ》BWV208、《農民カンタータ》BWV212（解説二六八ページ）
アーノンクール指揮　ウィーン・コンツェントゥス・ムジクス　テルデック　WPCS-21142

世俗カンタータの名曲二曲を、古楽演奏のパイオニアの快演で。この手の世俗カンタータは神話の人物などが登場する寓意劇だが、綿密なアーティキュレーションや舞曲のリズムなどを駆使してそれぞれのキャラクターをいきいきと際立たせているのはさすがだ。

バッハ&テレマン　カンタータ集
フィリップ・ジャルスキー（カウンターテノール）　フライブルク・バロックオーケストラ　エラート　WPCS-13560

バッハのアルト独唱のためのカンタータ第一七〇番《満ち足れる安らい》BWV170と、第八二番《我は満ち足れり》BWV82に、テレマンの二曲の独唱カンタータを加えたアルバム。二人の作曲家の作風の違いを、現代を代表するカウンターテノールのジャルスキーが鮮烈かつ官能的な美声で描き出す。

参考DVD　カンタータ第二一一番《おしゃべりはやめて、お静かに（コーヒー・カンタータ）》BWV211ほか（解説二七八ページ）

トン・コープマン指揮　アムステルダム・バロックオーケストラ&合唱団　ワーナー　WPBS-90229

カンタータの全曲録音を終えているコープマンが、有名な六曲を映像化。コーヒーハウスでの上演を現代に再現したかのように芝居つきで展開する《コーヒー・カンタータ》は最高だ。即興を交えて繰り広げられるコープマンの自在なチェンバロも素晴らしい。他に初期の名作第一〇六番《神の時こそ、いと良き時》BWV106、一三一番、一四七番、一四〇番、五六番《われは喜びて十字架を負わん》BWV56を収録。

そのほかの声楽曲

《モテット集》BWV225—230

トン・コープマン指揮　アムステルダム室内合唱団　デッカ　4428590

「モテット」は長い伝統を持つ無伴奏の合唱曲（ここでは通奏低音のみの伴奏）。複雑な声楽パートをクリアに清冽に、温かみをもって歌い上げる。

器楽作品

《ブランデンブルク協奏曲》BWV1046―1051（解説一七四ページ）

ベルリン古楽アカデミー　ドイツ・ハルモニア・ムンディ　HMX2901634135

ドイツを代表する古楽オーケストラによる颯爽と躍動的で立体的な演奏。アンサンブルの一体感と各メンバーの名人芸にも圧倒される。

参考DVD　フライブルク・バロックオーケストラ　TDK　TDBA-0005

本作が演奏されていたケーテン城で録画された映像。城内の各部屋が使用されて雰囲気満点だ。フライブルク・バロックオーケストラは、ドイツの古楽アンサンブルの先駆け的存在の実力派団体。来日も多い。

《管弦楽組曲》BWV1066―1069（解説二一八ページ）

ラ・プティット・バンド　コンサートマスター：シギスヴァルト・クイケン　ドイツ・ハルモニア・ムンディ　BVCD-38072

ラ・プティット・バンドはベルギーから生まれた古楽オーケストラの老舗。舞曲で構成される《管弦楽組曲》はバロック時代の宮廷で愛好されたジャンル。古楽器ならではの典雅な音色で、多彩なリズムと祝祭的な響きが楽しめる。

《無伴奏ヴァイオリンのためのソナタとパルティータ》BWV1001―1006（解説一七二ページ）

ヘンリク・シェリング（ヴァイオリン）　ドイツ・グラモフォン　4530042

イザベル・ファウスト（ヴァイオリン）　ドイツ・ハルモニア・ムンディ　HMC902059

モダン・ヴァイオリンの演奏でも、時代が違えばこんなに違う。むらなく美麗な音色でまっすぐに攻めるシェリング、おなじ美音でも自在でしなやかなファウスト、新旧の世代を代表する名手の解釈の違いに瞠目。共通しているのはストイックさか。

《無伴奏チェロ組曲》ＢＷＶ１００７－１０１２（解説一六三、一七三ページ）

アンナー・ビルスマ（バロック・チェロ）　ソニークラシカル　SICC-30104

バロック・チェロの大家ビルスマによる画期的な演奏。バロック音楽は「語るもの」というビルスマの言葉の通り、音楽に細やかな抑揚と情感があり、いきいきと語りかけてくる。さりげなく織り込まれる名人芸にも感嘆。

《オブリガート・チェンバロとヴァイオリンのための六つのソナタ》ＢＷＶ１０１４－１０１９（解説一七六ページ）

レオニード・コーガン（ヴァイオリン）、カール・リヒター（チェンバロ）　コロムビア　COCO-73112

シギスヴァルト・クイケン（バロック・ヴァイオリン）、グスタフ・レオンハルト（チェンバロ）　ドイツ・ハルモニア・ムンディ　BVCD-38090

ぜひモダン楽器と古楽器での聴き比べを。強靭な意志とひたむきな美しさで迫るモダン楽器の演奏、グラデーション豊かな音色と細やかな表情、自在なテンポ感が魅力の古楽器での演奏、どちらも捨てがたい。バロック・ヴァイオリンを演奏しているシギスヴァルト・クイケンは、一八四ページでインタビューを行っているアーティストだ。

「さまざまな楽器による協奏曲」シリーズ第四巻　カフェ・ツィンマーマン　マーキュリー　Alpha811

「さまざまな楽器による協奏曲」のタイトルのもと、バッハの協奏曲をピックアップしたシリーズで話題を呼んだ古楽団体「カフェ・ツィンマーマン」。シリーズ第四巻は、《フルート・ヴァイオリン、チェンバロのための協奏曲（三重協奏曲）》ＢＷＶ１０４４、《ヴァイオリン協奏曲　第一番》ＢＷＶ１０４１などを収録。名手たちが繰り広げる丁々発止は、まさにバロックの協奏曲の愉しみ。

《ゴルトベルク変奏曲》ＢＷＶ９８８（解説二二三ページ）
アンドレア・バッケッティ（ピアノ）　ダイナミック　CDS659

イタリアのピアニスト、バッケッティによる新時代のゴルトベルク。軽やかなタッチによるめまぐるしい超絶技巧、さりげなく織り交ぜられる装飾や即興、変幻自在に飛翔する音楽。イマドキのバッハ、ここにあり。

《平均律クラヴィーア曲集》第一巻　ＢＷＶ８４６―８６９（解説一五四、一七五ページ）

アンドラーシュ・シフ（ピアノ）　デッカ　UCCD-5567/8

グレン・グールド（ピアノ）　ソニークラシカル　SICC-10162/3

「ピアノによるバッハ」の美しさを心ゆくまで堪能させてくれるシフ、強烈な集中力で引き込むグールド。いずれも本作の「面白さ」を語り尽くして飽きさせない。《平均律》を強要されてピアノが嫌いになる時代よ、さらば。

《オルガン小曲集》ＢＷＶ５９９―６４４（解説一五四ページ）

ヘルムート・ヴァルヒャ（オルガン）　ポリドール　POCA-2079

バッハの原点といえるオルガンによるコラールの集大成のような曲集。小曲にこめられたくめども尽きない創意の数々。静かな祈りのように作品に向かい合う誠実な演奏に心を打たれる。

オルガン名曲集

トン・コープマン（オルガン）　グラモフォン　UCCG-50084

《トッカータとフーガ　ニ短調》ＢＷＶ５６５、《パッサカリアとフーガ　ハ短調》ＢＷＶ５８２ほか、コラール以外の代表的な名曲を収録。息を飲む名技と開放感はコープマンならでは。

新発見！　バッハのオルガン芸術（解説二六四ページ）
椎名雄一郎（オルガン）　コジマ録音　ALCD-1122
　二〇〇八年に発見されたオルガン・コラール・ファンタジー《主なる神、我らの側にいまさずして》ＢＷＶ１１２８を含む最近の「新発見」のオルガン曲を中心に収録。樋口隆一氏による詳しい解説つき。

《フーガの技法》ＢＷＶ１０８０（解説二二八ページ）
グスタフ・レオンハルト（チェンバロ）　ドイツ・ハルモニア・ムンディ　BVCD-38102
　バッハ得意のフーガの集大成を、チェンバロという楽器の奥深さを教えてくれるレオンハルトの名演で。からまりあう糸のようなフーガの各声部をくっきりと清冽に弾きわけ、精緻な小聖堂を築き上げる。『クラヴィーア練習曲集第二巻』（《フランス風序曲》《イタリア協奏曲》など）も併録。

そのほかのジャンル

《アンナ・マグダレーナ・バッハのための音楽帳》　トラジコメディア　テルデック　WPCS-21072
　バッハが愛妻のために編んだ、自作他作を含む小品集。ジャンルはアリアからコラールといった歌曲からメヌエットやロンドーといった器楽曲までさまざまで、一家の家庭音楽として演奏された。愛らしい曲の数々は、ハードな日々のなかのつかの間のだんらんを想像させてくれる。

あとがき——バッハがあれば、生きていける

「はじめに」で触れた「バッハへの旅」を始めて、ほぼ二十年になる。これほど続くなど、想像もしていなかった。オペラなどをテーマにしたツアーもやっているが、「バッハへの旅」の強さは別格である。東北大震災が起きた二〇一一年ですら、自粛ムードで海外ツアーが軒並みキャンセルになるなかで「バッハへの旅」は催行されたのである。

もうひとつ驚くのは、「バッハへの旅」の参加メンバーの大半が新規の方だということである。音楽のようなテーマ性のあるツアーはリピーターの方に支えられている面が大きいが、「バッハへの旅」は訪問地が毎回同じであることもあり、リピーターは少ない。いつも新しい顔ぶれだということはそれだけバッハの音楽が広く支持されているということだし、バッハゆかりの地を訪ね、現地でバッハの音楽を聴きたいと思うほどに深く支持されているということでもある。

なぜ、バッハはこれほど支持されるのか。

実は、筆者にもよくわからない。わからないから、繰り返し旅に出るのかもしれない。けれどバッハの音楽が、心を強く支えてくれる音楽であることはたしかだと思う。その背景には、やはり彼が信仰のひとであり、（クイケンが語るように）「自我」を超越したところで作曲して

いたということがあるのではないだろうか。「バッハを聴くと心が落ち着く」とよくいわれるが、これもその点に関係しているのではないかと感じる。「歳を重ねたらバッハが好きになった」という声もよくきくが、本質は同じではないだろうか。

二〇一一年の暮れに、現代を代表する古楽団体のひとつであるオランダ・バッハ協会が来日し、《ロ短調ミサ曲》を披露した。演奏は素晴らしいものだったが、余韻に浸りながらふと思ったのだ。「バッハがあれば、生きていける」と。あの大震災の年の、最後に。

この本は、バッハに、そして「バッハへの旅」に背中を押されて書いた本である。二〇〇〇年に出した拙著『バッハへの旅』がなかったらツアーは生まれなかったが、旅を続けてこなかったらこの本は生まれなかった。二〇〇〇年三月に催行された第一回以来「バッハへの旅」を担当してくれている郵船トラベル(株)の宮本秀文氏には、心からお礼を申し上げたい。氏がいなかったら「バッハへの旅」は続いていなかっただろう。また同じ郵船トラベルの中田聡子氏をはじめ同社の関係諸氏にも、感謝を捧げたい。これまでツアーに関わってくださった手配会社や添乗員の方々、旅先でご案内いただき、時に演奏を聴かせてくださるオルガニストやカントールの方々、そして何より「バッハへの旅」にご参加くださった八〇〇名近い方々に、この場を借りてお礼申し上げる。実は連れ合いとの縁を結んでくれたのも「バッハへの旅」だった。聖トーマス教会には、まだ当分足を向けて寝られそうもない。

前々著からお世話になっている平凡社の岸本洋和さんには、年表の作成など煩雑な作業を含む編集作業をお引き受けいただき、大変ありがたかった。誠実なお仕事に感謝いたします。

本書の執筆にあたり、多くの先達の研究を参考にさせていただいた。本来なら本文中に注をつけて引用箇所を示さなければならないのだが、新書という形式で字数の制限もあり、読みやすさも考えて省略した。ご理解をいただければ幸いである。また外国語（主にドイツ語）の文献に関しては、現地で入手した博物館、教会のパンフレットや刊行物がかなり参考になった。不足なところや至らないところも多々あると思う。ご指摘をいただければありがたい。

とりわけ多くを学んだのが、故川端純四郎氏のバッハに関する著作である。バッハの碩学であると同時にオルガニスト、神学者でもあった氏のバッハ論には、うなずかされることが多かった。政治的、宗教的な背景への言及も勉強になった。どんな芸術も「時代」を抜きにしては語れない。そしてほんものの芸術は「時代」を超える。バッハの音楽のように。

時代を超え、国境を超えて多くの支持を得つづけるバッハの音楽。対立が煽られ、公文書が改ざんされ（バッハの時代の公文書はちゃんと保存されているのに）、フェイクニュースが飛び交うこの時代に、バッハの音楽以上に耳を傾ける価値のある音楽は、たぶんない。

二〇一八年春

加藤浩子

ヨハン・ニコラウス・フォルケル『バッハ小伝』角倉一朗訳、白水社、2003
福島章恭『バッハをCDで究める』毎日新聞社、2010
マルティン・ペッツォルト『バッハの街——音楽と人間を追い求める長い旅へのガイド』鈴木雅明監修、小岩信治、朝山奈津子訳、東京書籍、2005
渡邊温子『古楽でめぐるヨーロッパの古都』アルテスパブリッシング、2016

その他、音楽雑誌の特集、コンサートのプログラム掲載の論文やエッセイなども参考にした。

外国語文献

作品カタログ

Schmieder, Wolfgang, *Thematisch-systematisches Verzeichnis der musikalischen Werke Johann Sebastian Bachs : Bach-Werke-Verzeichnis (BWV)*, Breitkopf und Haertel, 2.Aufl.1990.

上記以外

Gardiner, John Eliot. *A Portrait of Johann Sebastian Bach.* Penguin Books Ltd., 2013.
Elste, Martin. *Meilensteine der Bach-Interpretation 1750-2000.* Metzler/Bärenreiter, 2000.
Heinemann, Michael. *Heinrich Schütz.* Rowohlt, 1994.
Jakobs, Hans-Josef, *Mit Johann Sebastian Bach Unterwegs.* SCM Hänssler, 2010.
Meissner, Michael. *Johann Sebastian Bachs Mühlhaeuser Zeit 1707-1708.* Mühlhauser Museen in Zusammenarbeit mit dem Mühlhauser Geschits-und Denkmalpflegeverein, 2000.
Spitta, Philipp. *Johann Sebastian Bach.* 9 unveränderte Aufl. Breitkopf & Härtel, 1979

その他、現地の教会や博物館、市などが発行するパンフレット、定期刊行物などを参考にした。

久保田慶一編『バッハ キーワード事典』春秋社、2012
ジェイムズ・R・ゲインズ『「音楽の捧げもの」が生まれた晩——バッハとフリードリヒ大王』松村哲哉訳、白水社、2014
マルティン・ゲック『ヨハン・ゼバスティアン・バッハ』小林義武監修、鳴海史生ほか訳、全3巻、別巻1巻、東京書籍、2001
小林義武『バッハ復活——19世紀市民社会の音楽運動』春秋社、1997
小林義武『バッハ 伝承の謎を追う』春秋社、1998
小林義武『バッハとの対話——バッハ研究の最前線』小学館、2002
椎名雄一郎『パイプオルガン入門——見て聴いて触って楽しむガイド』春秋社、2015
ハンス＝ヨアヒム・シュルツェ『コーヒーハウス物語——バッハさん、コーヒーはいかが？』加藤博子訳、洋泉社、1995
鈴木雅明、加藤浩子（聞き手）『バッハからの贈りもの』春秋社、2002
鈴木雅明『わが魂の安息、おおバッハよ！』音楽之友社、2004
関根敏子監修『クラシック音楽の20世紀 第4巻 古楽演奏の現在』音楽之友社、1993
淡野弓子『バッハの秘密』平凡社新書、2013
辻荘一『J.S. バッハ』岩波新書、1982
徳善義和『マルティン・ルター——ことばに生きた改革者』岩波新書、2012
徳善義和『ルターと賛美歌』日本キリスト教団出版局、2017
那須田務ほか『知ってるようで知らない バッハ おもしろ雑学事典』ヤマハミュージックメディア、2009
アンナ・マグダレーナ・バッハ『バッハの思い出』山下肇訳、講談社学術文庫、1997
樋口隆一『バッハ カラー版作曲家の生涯』新潮文庫、1985
樋口隆一『バッハ カンタータ研究』音楽之友社、1987
樋口隆一『新装版 バッハ探究』春秋社、1996
樋口隆一『バッハの四季——ドイツ音楽歳時記』平凡社ライブラリー、2000
樋口隆一『バッハから広がる世界』春秋社、2006
樋口隆一『バッハの人生とカンタータ』春秋社、2012
マリーア・ヒューブナー編『アンナ・マグダレーナ・バッハ——資料が語る生涯』伊藤はに子訳、春秋社、2010
ジョージ・J・ビューロー編『西洋の音楽と社会 5 ドイツ音楽の興隆 後期バロックII』関根敏子監訳、音楽之友社、1996
ヴェルナー・フェーリクス『J.S. バッハ 生涯と作品』杉山好訳、国際文化出版社、1985

参考文献抄

日本語文献

事典

礒山雅、小林義武、鳴海史生編著『バッハ事典——全作品解説事典』東京書籍、1996
角倉一朗監修『バッハ事典』音楽之友社、1993

全集、叢書

礒山雅ほか『バッハ全集』全15巻、小学館、1996-99
角倉一朗ほか監修『バッハ叢書』全10巻、別巻2巻、白水社、1976-99

上記以外

礒山雅『バッハ＝魂のエヴァンゲリスト』東京書籍、1985
礒山雅『J.S. バッハ』講談社現代新書、1990
礒山雅『マタイ受難曲』東京書籍、1998
礒山雅『バッハ カンタータの森を歩む』全3巻、東京書籍、2004-09
クリストフ・ヴォルフ、トン・コープマン編著『バッハ＝カンタータの世界』礒山雅監訳、全3巻、東京書籍、2001-02
クリストフ・ヴォルフ『ヨハン・ゼバスティアン・バッハ——学識ある音楽家』秋元里予訳、春秋社、2004
クリストフ・ヴォルフ『バッハ ロ短調ミサ曲』礒山雅訳、春秋社、2011
臼井隆一郎『コーヒーが廻り世界史が廻る——近代市民社会の黒い血液』中公新書、1992
大角欣矢、加藤浩子編『200CD バッハ 名曲・名盤を聴く』立風書房、2000
大村恵美子、大村健二編『バッハ コラール・ハンドブック』春秋社、2011
川端純四郎『J.S. バッハ——時代を超えたカントール』日本キリスト教団出版局、2006
川端純四郎『バッハ万華鏡——時代の激流に生きた教会音楽家』日本キリスト教団出版局、2013
シギスヴァルト・クイケン『バッハよ、我らのもとにとどまりたまえ』安川智子訳、道和書院、2016
久保田慶一『バッハの四兄弟——フリーデマン、エマヌエル、フリードリヒ、クリスティアン 歴史と現代に響く音楽』音楽之友社、2015

【著者】
加藤浩子（かとう ひろこ）
東京生まれ。慶應義塾大学文学部卒業、同大学大学院修了（音楽史専攻）。大学院在学中、オーストリア政府給費留学生としてインスブルック大学に留学。大学講師、音楽物書き。著書に『今夜はオペラ!』『モーツァルト 愛の名曲20選』『オペラ 愛の名曲20選＋4』『ようこそオペラ!』（以上、春秋社）、『バッハへの旅』『黄金の翼＝ジュゼッペ・ヴェルディ』（以上、東京書籍）、『ヴェルディ』『オペラでわかるヨーロッパ史』『カラー版 音楽で楽しむ名画』（以上、平凡社新書）など。著述、講演活動のほか、オペラ、音楽ツアーの企画・同行も行う。

平凡社新書878

バッハ
「音楽の父」の素顔と生涯

発行日――2018年6月15日　初版第1刷

著者――加藤浩子
発行者――下中美都
発行所――株式会社平凡社
東京都千代田区神田神保町3-29　〒101-0051
電話　東京（03）3230-6580［編集］
　　　東京（03）3230-6573［営業］
振替　00180-0-29639
印刷・製本―図書印刷株式会社
装幀――菊地信義

ISBN978-4-582-85878-5
NDC分類番号762.34　新書判（17.2cm）　総ページ344
平凡社ホームページ　http://www.heibonsha.co.jp/